Libros de Robert T. Ki

• *Padre Rico, Padre Pobre*
Qué les enseñan los ricos a sus hijos acerca del dinero,
¡que las clases media y pobre no!

• *El Cuadrante del flujo de dinero*
Guía del Padre Rico hacia la libertad financiera

• *Guía para invertir*
En qué invierten los ricos, ¡a diferencia de las clases media y pobre!

• *Niño Rico, Niño Listo*
Cómo dar a sus hijos una educación financiera sólida

• *Retírate joven y rico*
Cómo volverse rico pronto y para siempre

• *Historias de Éxito*
Experiencias verdaderas de personas que siguieron las lecciones del Padre Rico

• *Guía para hacerse rico sin cancelar sus tarjetas de crédito*
Convierta la deuda mala en deuda buena

• *El juego del dinero*
Por qué los inversionistas lentos pierden ¡y el dinero rápido gana!

• *Padre Rico, Padre Pobre para jóvenes*
Los secretos para ganar dinero que no te enseñan en la escuela

• *Antes de renunciar a tu empleo*
Diez lecciones que todo emprendedor debe saber
para construir un negocio multimillonario

• *Queremos que seas rico*
con Donald Trump

• *Incrementa tu IQ financiero*
Sé más listo con tu dinero

Despierta el GENIO FINANCIERO de tus HIJOS

¿POR QUÉ LOS ESTUDIANTES
DE **10** TRABAJAN PARA LOS
DE **6** Y LOS ESTUDIANTES DE **8**
TRABAJAN PARA EL GOBIERNO?

AGUILAR

DESPIERTA EL GENIO FINANCIERO DE TUS HIJOS

¿POR QUÉ LOS ESTUDIANTES
DE **10** TRABAJAN PARA LOS
DE **6** Y LOS ESTUDIANTES DE **8**
TRABAJAN PARA EL GOBIERNO?

*"Todos nacen siendo genios,
pero el proceso de vida
le roba la genialidad a la gente."*
R. BUCKMINSTER FULLER

ROBERT T. KIYOSAKI

AGUILAR

De esta edición:

D. R. © Santillana Ediciones Generales, S.A. de C.V., 2013.

Av. Río Mixcoac 274, Col. Acacias.

México, 03240, D.F. Teléfono (55) 54 20 75 30

www.editorialaguilar.com.mx

Primera edición: septiembre de 2013.

ISBN: 978-607-11-2726-6

Traducción: Alejandra Ramos

La cubierta es una adaptación de la edición original.

Impreso en México

PRISA EDICIONES

Dedicatoria

A los padres… los primeros y más importantes maestros de un niño

*"Cuando tenía cinco años
mi madre siempre me decía que
la felicidad era la clave de la vida."*

*"Cuando fui a la escuela me preguntaron
qué quería ser cuando fuera grande.
'Un hombre feliz', contesté."*

*"Me dijeron que no entendía la lección
y yo les dije que ellos no entendían la vida."*

JOHN LENNON

ÍNDICE

Introducción

Capítulo dieciocho

Despierta la genialidad financiera de tus hijos

"Todo mundo es un genio,
pero si juzgas a un pez por su habilidad para trepar un árbol,
pasará toda la vida creyendo que es estúpido."
ALBERT EINSTEIN

Introducción

Cada vez que pienso en escribir un nuevo libro, me pregunto: ¿Por qué voy a hacer esto?

Bien, la respuesta siempre es simple para mí, y siempre es la misma. Toda la vida me he preguntado por qué en la escuela no se imparte ninguna materia sobre el tema del dinero; los maestros se empeñan en martillarnos todos los días en la cabeza lo siguiente:

"Ve a la escuela y estudia para que consigas un buen empleo.
Si no vas a la escuela, no lo obtendrás."

¿POR QUÉ IR A LA ESCUELA?

Lo anterior me hizo preguntarle a mis maestros, "¿Acaso no queremos un empleo para hacer dinero? Si conseguir un empleo tiene como objetivo generar dinero, ¿por qué no vamos directo al grano y nos empiezan a enseñar sobre este tema?"

Pero nunca respondieron mi pregunta.

EL TRAJE NUEVO DEL EMPERADOR

"El traje nuevo del emperador" es un cuento danés escrito por Hans Christian Andersen y publicado en 1837.

EL ARGUMENTO:

Hace mucho tiempo hubo un emperador al que sólo le importaba su ropa y presumirla. Un día lo visitaron dos estafadores y le dijeron que podían fabricarle el atuendo más elegante con una tela hermosísima. Dicha tela, le dijeron, era muy especial porque era invisible para los estúpidos y la gente de origen humilde.

El emperador, un tanto nervioso porque no sabía si podría ver la tela, primero envió a dos de los consejeros en quienes más confiaba para que vieran aquel material tan peculiar. Naturalmente no había ninguna tela, pero ninguno de los consejeros admitió que no podía ver nada, y sólo se dedicaron a alabarla.

Cuando se divulgó el rumor sobre la tela, toda la gente del pueblo se interesó en saber cuán estúpidos eran sus vecinos.

Entonces, el emperador permitió que los estafadores lo vistieran con su traje nuevo especial, fabricado con la tela mágica, para usarlo en un desfile por el pueblo. Aunque él sabía que iba desnudo, no dijo nada porque le daba miedo aceptar que era demasiado estúpido y no veía ninguna tela. También le daba miedo que sus súbditos pensaran que su emperador era un imbécil.

Por supuesto, la gente del pueblo alabó con emoción las magníficas prendas del emperador porque también tenía temor de admitir que no veía nada, hasta que, de repente, un niño dijo, "¡Pero si no trae nada puesto!"

Los padres del niño ahogaron un grito y trataron de acallar a su hijo, pero éste no paraba de hablar. El niño se contoneaba y trataba de quitarse la mano de sus padres de la boca mientras gritaba, "¡El emperador está desnudo!" En muy poco tiempo, algunos de sus compañeros de clase comenzaron a reírse y a gritar al unísono.

Poco después, los adultos se unieron a los chicos y susurraron, "¡Los niños tienen razón! El viejo está desnudo. Es un tonto y espera que nosotros también lo seamos."

LO QUE REALMENTE QUIEREN LOS ESTADOUNIDENSES

En su libro de 2009, *Lo que realmente quieren los estadounidenses* (*What Americans Really Want… Really*), el doctor Frank Luntz —un respetable encuestador que mide el ritmo cardiaco de Estados Unidos— preguntó lo siguiente en su encuesta:

Si tuviera que elegir, ¿preferiría ser dueño de un negocio o director ejecutivo *(Chief Executive Officer,* o CEO, por sus siglas en inglés) de una empresa de la lista *Fortune 500*?

La gente encuestada respondió de la siguiente manera:

80% Dueño de negocio con 100 o más empleados.

14% Director ejecutivo de una empresa de *Fortune 500* con más de 10 000 empleados.

Dicho de otra forma, lo que los estadounidenses quieren hoy es ser *empresarios*.

Ésta es la razón por la que muchos padres continúan diciendo, "Ve a la escuela para que consigas un empleo bueno y bien pagado." Muy pocos padres o maestros sugieren, "Ve a la escuela para que aprendas a *generar* empleos buenos y bien pagados."

Hay una diferencia abismal entre las habilidades de un empleado y las de un empresario; y por supuesto, las habilidades necesarias para ser empresario no se enseñan en las escuelas.

El doctor Luntz descubrió que más del 70% de empleados corporativos de tiempo completo está pensando, o lo ha estado considerando por algún tiempo, comenzar su propio negocio. Muchos sueñan con convertirse en empresarios, pero muy pocos darán el salto de fe que es necesario. La falta de educación financiera es la causa principal por la que mucha gente continuará siendo empleada de otros. Como los empleados carecen de educación financiera, les aterra perder sus empleos, no tener un cheque constante de nómina o, sencillamente, fracasar en el intento.

La educación financiera y la transformación que produce son esenciales para todo empresario.

OLVÍDATE DE LAS MAESTRÍAS

El doctor Luntz también nos dice lo siguiente:

Entonces, ¿cómo podemos preparar a toda una generación de estadounidenses para el éxito en las actividades empresariales? Olvídense de las maestrías. La mayoría de las escuelas de negocios te enseñan a tener éxito en una corporación grande, en lugar de enseñarte cómo iniciar tu propio negocio. Sin embargo, empezar algo de cero y hacerlo prosperar a medida que crece ha sido uno de los puntos más fuertes y de mayor innovación de nuestro país.

Cómo se mata el sueño americano

Los estadounidenses siempre han querido ser empresarios. Haciéndole frente a adversidades inimaginables, la gente emigró a Estados Unidos atraída por la promesa del sueño americano. Millones de personas abandonaron la opresión de las reinas y los europeos, así como la tiranía de dictadores comunistas de otras partes del mundo, tan sólo para darle una oportunidad al sueño americano. A *su* sueño americano.

"Empezar algo de cero, y hacerlo prosperar a medida que crece, ha sido uno de los puntos más fuertes y de mayor innovación de nuestro país", nos dice el doctor Luntz sobre el sueño americano.

Nuestras escuelas, sin embargo, parecen haberse olvidado de este concepto. Tomando en cuenta el sistema de calificaciones con letras, el problema es que el sistema educativo entrena a los jóvenes para que sean estudiantes de "10" o "A" —*académicos*—; o estudiantes de "8" o "B" —*burócratas*—, pero jamás enseñan lo necesario para ser estudiantes de "6" o "C", es decir, *capitalistas*. Y lo más interesante es que son precisamente estos estudiantes de "6" quienes con tanta frecuencia toman el camino empresarial y crean nuevos empleos, iluminados por la antorcha del capitalismo que portan.

Si les preguntaras a los empresarios de hoy en día, muchos te dirían que las burocracias están destruyendo de una forma activa el espíritu empresarial del capitalismo.

También te comentarían que muchos jóvenes graduados carecen de las habilidades necesarias para sobrevivir en el ambiente de trabajo de la actualidad. De hecho, incluso muchos tienen una "mala actitud" respecto a los capitalistas.

EL ODIO A LOS CAPITALISTAS

En 2008, la Fundación Kaufman —un sobresaliente centro de estudios de Estados Unidos— le encargó al doctor Luntz que averiguara lo que los estadounidenses pensaban sobre el capitalismo. En su encuesta se descubrió que:

"Es difícil saber cuál es el sentimiento más fuerte en la actualidad: si el *respeto* por los empresarios o el *odio* por los directores ejecutivos."

En noviembre de 2012, Hostess Brands, fabricantes de reconocidísimos productos horneados como los Twinkies y el pan Wonder, cerraron sus puertas y se declararon en bancarrota. El director ejecutivo de Hostess declaró que la compañía se vio forzada a cerrar debido a las demandas que interpuso el sindicato con el objetivo de conseguir sueldos y prestaciones mayores.

Para empeorar la situación, no sólo resultaron afectados los más de 18 000 empleados: cuando la empresa cerró, las familias de esos empleados también recibieron el impacto. Tomando en cuenta un promedio de cuatro personas por familia, el número de vidas afectadas se incrementó hasta 72 000. Este efecto en cadena se extiende a partir de cada familia y luego afecta a escuelas y negocios como consultorios dentales, tiendas de abarrotes, tintorerías, proveedores minoristas, talleres de reparación automotriz, incluso iglesias y el resto de la comunidad.

Poco después se supo que el director ejecutivo de Hostess Brands y su equipo de enanitos y enanitas sonrientes, se pagaron a sí mismos millones de dólares por concepto de bonos de indemnización.

No queda duda de por qué los estadounidenses ahora *odian* a los directores ejecutivos, y como muchos de ellos son graduados de nuestras más prestigiosas escuelas, esto nos obliga a preguntarnos, ¿eso es lo que se enseña en las escuelas de negocios?

Por desgracia, así es.

Muchos de nuestros estudiantes más brillantes asisten a escuelas de negocios, se gradúan y estudian maestrías, y luego empiezan a ascender en la escalera corporativa como *empleados*, no como *empresarios*. Los más ambiciosos llegan a ser directores ejecutivos de grandes negocios.

Los directores ejecutivos no son capitalistas

Más adelante escribiré acerca del hecho de que la mayoría de los directores ejecutivos no son capitalistas. La mayoría de éstos y de los ejecutivos de corporaciones entran en la categoría de capitalistas gerenciales, es decir, empleados que trabajan para *empresarios* auténticos como Steve Jobs, Thomas Edison, Walt Disney, Mark Zuckerberg y otros, pero que no tienen una participación financiera personal ni inversiones en negocios.

Aquí es interesante destacar que ni Edison ni Disney terminaron la preparatoria, y Jobs y Zuckerberg no se graduaron de la universidad.

La mayoría de los estudiantes de "10" que se gradúan de nuestras mejores escuelas se convierte en "capitalistas gerenciales", es decir, en empleados, y muy pocos de ellos llegan a ser "capitalistas legítimos". Quienes en realidad le han dado una muy mala reputación al capitalismo son los capitalistas gerenciales, o sea, los típicos estudiantes de "10" que terminan consiguiendo empleos demasiado bien pagados.

Los capitalistas gerenciales dan miedo

En su libro, *What Americans Really Want… Really*, el doctor Luntz declara lo siguiente: "… en el mundo actual los 'capitalistas' asustan a la gente y el 'capitalismo' es una manera más de referirse al hecho de que los directores ejecutivos cobran decenas de millones de dólares el mismo día que hacen desaparecer 10 000 empleos con tan sólo una firma."

Aunque es muy trágico, mucha gente no entiende la diferencia entre *capitalistas gerenciales* y los *capitalistas legítimos*.

Simplemente piensa en los directores ejecutivos que recibieron bonos inmensos mientras millones de personas perdían sus empleos, casas y ahorros para el retiro. ¿Es eso lo que están enseñando en las escuelas a nuestros jóvenes más inteligentes y mejor preparados?

Una vez más, la respuesta es "sí". Nuestras escuelas le dan mala reputación a este sistema porque lo que enseñan no es la verdadera doctrina capitalista.

Por desgracia, la mayoría de los padres se enorgullece cuando, apenas a los 26 años, el pequeño Juanito o Susanita se gradúa con honores y consigue empleo en una empresa de la lista *Fortune 500,* con un salario de seis cifras, y empieza a ascender en la escalera corporativa. A estos padres parece no importarles que su hijo o hija haya sido entrenado para convertirse en capitalista gerencial, en lugar de para ser un capitalista legítimo, es decir, un empresario como Steve Jobs o Thomas Edison. La crisis actual se debe a que:

- Las escuelas están más enfocadas en la codicia que en la generosidad.
- Las escuelas proponen la noción de: "¿Cuánto dinero puedo hacer?", contra la de "¿Cuánto dinero puedo hacer sirviendo a otros?"
- Las escuelas tienen como objetivo que los estudiantes *consigan* empleos bien pagados en lugar de que los *creen*.
- En las escuelas se promueve *ascender* en la escalera corporativa, en vez de *crear* empresas con escaleras corporativas propias.
- En las escuelas se promueve la noción de un *empleo seguro*, en lugar de la de *libertad financiera*, y por esa razón, la mayoría de los empleados vive con miedo a "perder su trabajo".
- Las escuelas no enseñan nada sobre el dinero, y por eso, en la actualidad, en Estados Unidos hay millones de personas que dependen de los programas de subsidio como Seguridad Social y Medicar. Asimismo, millones de personas aceptan trabajar para el gobierno o el ejército con el objetivo de obtener su fondo de retiro y prestaciones médicas, y no para servir a su patria.

LA NUEVA DEPRESIÓN

En 2007, el mundo se enfrentó de repente a la Nueva Depresión. Existen varias razones para que haya surgido esta depresión en nuestros días, y algunas de ellas son:

1. Los gobiernos imprimen dinero.
2. Billones de dólares en deuda, tanto personal como gubernamental.
3. Programas de subsidio mal fondeados en Estados Unidos como

Seguridad Social y Medicare, así como la propagación mundial de una mentalidad que privilegia el subsidio y las subvenciones.

4. Altas tasas de desempleo juvenil y deudas estudiantiles que pueden dañar el "valor crediticio" de los estudiantes.

5. Globalización, la cual implica que las economías emergentes ofrezcan mano de obra más barata, y esto, a su vez, provoque la exportación de empleos y salarios más bajos en casa.

A tu hijo le tocará enfrentar estos problemas.

¡EL EMPERADOR ESTÁ DESNUDO!

Así pues, las preguntas que los padres deberían hacerse son: "¿Las escuelas en verdad están preparando a mis hijos para el mundo real?"

La respuesta es "no".

Y por eso, el argumento se hace más complejo… Tal como nos lo advirtió en 1837 Hans Christian Andersen en su cuento sobre el emperador: "Y entonces, los murmullos se propagaron entre la gente hasta que toda la multitud empezó a gritar, 'El emperador está desnudo'."

Por supuesto, el emperador escuchó y, a pesar de que sabía que estaban en lo cierto, que estaba totalmente desnudo frente a toda la gente, mantuvo la cabeza en alto y terminó la procesión.

Me parece que el sistema escolar no puede admitir que no está preparando a los niños para el mundo real porque eso sería como admitir que ha fracasado, y ya todos sabemos lo que el fracaso implica en este tipo de sistema.

Implica que la escuela piensa que tu hijo o hija no es inteligente, cuando, en realidad, sólo no está haciendo lo que la escuela quiere que haga.

Si tu hijo no recibe educación financiera en la escuela, saldrá de ahí desnudo. Podrá ser estudiante de "10", pero en realidad irá desfilando por el mundo como el emperador, así como nos cuenta la historia: "Aunque él sabía que iba desnudo, no dijo nada porque le daba miedo aceptar que era demasiado estúpido y no veía ninguna tela. También le daba miedo que sus súbditos pensaran que su emperador era un imbécil."

Como nuestras escuelas jamás admitirán que no están preparando a tus hijos para el mundo real, entonces queda en manos de los padres —los primeros y más importantes maestros— el trabajo de brindarles a los chicos la educación financiera que necesitan para enfrentar la realidad, ese mundo que sólo funciona con dinero.

¿Las escuelas están preparando a tus hijos para enfrentar el mundo real?

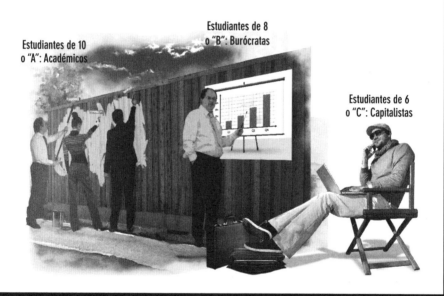

EL MUNDO "REAL"

Estudiantes de 10 o "A": Académicos

Estudiantes de 8 o "B": Burócratas

Estudiantes de 6 o "C": Capitalistas

Versión moderna de *Las aventuras de Tom Sawyer*
MARK TWAIN, 1876

Introducción
a la Primera parte

La escuela es una gran experiencia para algunos niños, pero para otros puede ser la más frustrante de sus vidas.

Todos los niños son genios; por desgracia, su genio puede ser abatido a muy temprana edad.

A Thomas Edison, uno de los más grandes genios de la era moderna, su primer maestro lo calificó de distraído. Con "distraído", quiso decir "confundido o falto de concentración". Edison nunca terminó la escuela, pero se convirtió en inventor y empresario. La compañía que fundó ahora es conocida como General Electric y fabrica productos que han cambiado al mundo. Algunos de los primeros proyectos de Edison fueron el fonógrafo, la cámara para filmar y el foco eléctrico.

Albert Einstein tampoco impresionó mucho a sus maestros. De la primaria a la universidad todos ellos lo calificaron de flojo, torpe e insubordinado. La mayoría decía, "Nunca va a lograr nada"; sin embargo, Einstein se convirtió en uno de los científicos más influyentes de la historia.

"Genialidad" es una forma de referirse a la magia que todos poseemos.

Todos los padres, por ejemplo, de seguro se han dado cuenta de la genialidad de sus hijos. Muchos saben que la verdadera magia de un niño está en sus sueños. A veces notamos los rasgos desde muy temprana edad… las ideas y las cosas que los deleitan, fascinan y desafían. Es por esto que la labor más importante de un padre es proteger y nutrir la genialidad de sus niños.

Este libro se escribió como una guía que te ayudará a desarrollar la genialidad financiera de tus hijos.

Pregunta:
¿Cómo vence
el estudiante de "6"
al estudiante de "10"?

Respuesta:
Estudiando lo que los
de "10" no estudian.

Capítulo uno

Lección #1.
La crisis educativa

En Estados Unidos, la campaña presidencial de 2012 entre el presidente Barack Obama y el antiguo gobernador de Massachusetts, Mitt Romney, sirvió para evidenciar la ligera diferencia en los niveles de educación que había entre ellos.

Aunque ambos son hombres muy preparados, uno de los candidatos era sofisticado en el aspecto financiero, y el otro… no tanto.

OBAMA VS. ROMNEY

Durante la campaña el presidente Obama reveló que pagaba 20.5% en impuestos sobre aproximadamente 3 millones de dólares de ingresos. Mitt Romney, por otra parte, pagaba 14% sobre 21 millones de ingresos.

Esta diferencia entre ingresos e impuestos enfureció a muchos votantes, en particular a los más jóvenes y a los de las clases media y pobre. En lugar de preguntar cómo y por qué Romney hacía más dinero y pagaba un porcentaje menor en impuestos, muchos votantes sólo perdieron la cabeza. Nadie preguntó en realidad, "¿Cómo hace eso Romney?", o "¿Cómo logró ganar 21 millones de dólares y sólo pagar 14% de impuestos?", o "¿Es eso legal?", o "¿Quién es más inteligente en términos económicos, el presidente Obama o el candidato Romney?"

En su segundo periodo como presidente, el señor Obama parece decidido a incrementar —y, de hecho, ya lo hizo— los impuestos para la gente más adinerada en lugar de enseñarle a los niños sobre el dinero y el capitalismo (que son la base de cómo la gente adinerada se vuelve más rica, se mantiene así y, con mucha frecuencia, paga menos dinero en impuestos). Parece que en lugar de enseñarle a los niños a pescar, el presidente Obama prefiere darles el pescado ya en la mano.

Bien, pues este libro es sobre cómo enseñarle a los niños a pescar.

¿Qué se necesita para volverse rico?

Mucha gente cree que los ricos son rufianes, y sí, algunos lo son. Sin embargo, hay mucha más gente que, aunque es rica, es honesta y trabajadora... y no tiene nada que ver con estafadores. Estas personas lograron el sueño americano a la manera antigua, es decir, a través de la educación, el trabajo intenso, la programación bien pensada de presupuestos, la creación y construcción de negocios, la generación de empleos y el menor pago de impuestos posible dentro del marco legal. También construyeron su riqueza a través del estudio de materias que no se enseñan en las escuelas.

Esta diferencia en educación se refleja en el presidente Obama y Mitt Romney.

Ambos asistieron a excelentes escuelas. El presidente Obama se graduó de la Universidad Columbia y la Escuela de Leyes de Harvard. Mitt Romney es graduado de la Escuela de Negocios de Harvard y también de la Escuela de Leyes de esta misma universidad.

La principal diferencia entre el presidente Obama y Romney es que el presidente proviene de una familia pobre y el antiguo gobernador, de una familia acomodada.

Sus historias son similares a las que se narran en *Padre Rico Padre Pobre*. Las lecciones de educación financiera se imparten en casa... no en la escuela.

Este libro fue escrito para los padres que quieren brindarles a sus hijos un inicio financiero en casa por medio del estudio de las materias que la mayoría de los jóvenes —incluso los que siempre sacan 10— nunca estudian.

JUSTIFICACIÓN

El "negocio" de la educación es una de las industrias más grandes del mundo y, de una forma u otra, tiene impacto en la vida de prácticamente toda la gente del planeta. Para el ciclo escolar 2012-2013 en Estados Unidos, se invirtieron 571 mil millones de dólares tan sólo en escuelas primarias y secundarias, las cuales emplean 3.3 millones de profesores de tiempo completo. Pero eso es sólo en Estados Unidos, un país en el que aproximadamente cinco millones de estudiantes ingresaron a la preparatoria para estudiar el ciclo 2010-2011. Las cifras crecen de manera exponencial cuando hablamos de los alcances globales. A menudo me pregunto cuántos de estos chicos terminaron la preparatoria y cuántos la abandonaron. ¿Cuántos entraron a la universidad o al politécnico, y cuántos de verdad se titularon? Las impactantes estadísticas de las deudas por préstamos escolares que abruman a los estudiantes se han podido ver en las principales páginas de periódicos de todo el mundo, pero, ¿y cuántos más de esos jóvenes decidieron estudiar un posgrado —a un costo aún mayor— con la esperanza de obtener salarios proporcionalmente más altos al unirse a la fuerza laboral del mundo?

Por si fuera poco, además de los miles de millones de dólares que se invierten en educación —del nivel elemental hasta el universitario—, el ejército también gasta cantidades similares para entrenar a jóvenes hombres y mujeres para que sirvan a su patria. El entrenamiento corporativo para empleados es otra industria de cantidades estratosféricas, así como las escuelas de oficios que les enseñan a los futuros técnicos a reparar y dar mantenimiento a nuestros autos, refrigeradores, sistemas eléctricos y computadoras.

A pesar de todo lo anterior, a la educación financiera se le ignora casi por completo, al menos en los espacios formales de sistemas y programas escolares. En muchas ocasiones me he preguntado, ¿por qué?

- ¿Podría ser que la falta de educación financiera fuera una de las causas de la crisis económica que atravesamos?
- ¿En qué medida el colapso de las hipotecas *subprime* habrá sido provocado por la falta de este tipo de educación?
- ¿Cuántos de los millones de familias que perdieron sus casas habrán sufrido, en parte, debido a que no tenían educación financiera?
- ¿La falta de educación financiera podría ser la causa por la que tanta gente depende de programas del gobierno como Social Security, Medicare y las pensiones para el servicio público (pensiones que, por cierto, están llevando a la bancarrota a ciudades, estados y países enteros)?
- Estados Unidos —al igual que muchos otros países— ¿se estará dirigiendo a la bancarrota, debido a que millones de estadounidenses necesitan que el gobierno se haga cargo de ellos en los aspectos social, médico y financiero?
- ¿La creciente deuda pública será reflejo de la falta de educación financiera de nuestros líderes políticos y corporativos?
- ¿Estará Estados Unidos cayendo en el mismo tipo de depresión económica que enfrentan Grecia, Italia, Francia, Japón, Inglaterra y España?

Asistencia social para los ricos

Todos conocemos los programas de asistencia social para los pobres, pero, ¿qué hay de la asistencia para los ricos?

- ¿Por qué nuestros líderes —el presidente, el congreso y otros burócratas— votan para otorgarse a sí mismos enormes pensiones y generosos paquetes de prestaciones, mientras el número de familias que dependen de la asistencia social va en aumento? ¿Nuestros líderes tienen tanta necesidad económica como quienes dependen del gobierno para cubrir sus necesidades más básicas?

- ¿Qué pasaría si tuviéramos líderes que supieran generar riqueza, en lugar de sólo gastar el dinero de otras personas (en este caso, de los contribuyentes)?
- ¿Por qué los directores ejecutivos se otorgan aumentos masivos de sueldo, acciones del Mercado de Valores y otras ventajas económicas al mismo tiempo que despiden a los trabajadores? ¿Los directores ejecutivos serán codiciosos a causa de la falta de educación financiera o lo habrán aprendido en la escuela?
- Los banqueros que perdieron miles de millones de dólares ¿tienen una educación financiera adecuada?
- ¿Por qué se despidió a millones de empleados y se cerraron miles de pequeños negocios, mientras que a los banqueros que provocaron el colapso económico se les pagaron bonos multimillonarios?
- ¿Por qué los sindicatos de maestros y los burócratas del gobierno deciden lo que tienen que aprender nuestros hijos? ¿Por qué no preguntarles a los niños y a sus padres qué necesitan aprender?
- ¿Por qué muchos de los trabajadores mejor pagados de Estados Unidos ya no son del sector privado? ¿Por qué en la actualidad algunos de los empleados mejor pagados del país son esos mal llamados "servidores públicos"? ¿Por qué los bomberos y oficiales de policía se retiran con millones de dólares en prestaciones vitalicias? ¿Qué le ha pasado al servicio gubernamental?
- ¿Quién provocó esta crisis financiera?

Las crisis financieras de la actualidad no fueron provocadas por gente pobre y sin preparación escolar. Detrás del caos se encuentran algunas de las personas más educadas del mundo, gente como Ben Bernanke, presidente de la Reserva Federal, ex profesor de Stanford y Princeton, y estudiante de la Gran Depresión… pero, por desgracia, también un hombre sin mucha educación financiera ni experiencia de negocios en el mundo real.

Este libro es sobre educación, pero no sobre la que se imparte en nuestras escuelas.

La crisis educativa

La nuestra no es una crisis financiera sino educativa. El caos comienza cuando nuestros hijos entran a la escuela y pasan años —a veces hasta décadas— sin aprender sobre el dinero y recibiendo información de gente que sabe muy poco sobre el tema.

Por alguna razón nuestras escuelas tienen una visión cuasi-religiosa acerca del dinero. Parecen creer que:

"El dinero es la raíz de todo mal."
Timoteo 6:10

Las escuelas están ignorando el pasaje bíblico que dice:

"Mi gente perecerá por falta de conocimiento."
Oseas 4:6

La gente perece actualmente en el aspecto económico, debido a la carencia de educación financiera en nuestras escuelas.
Lao-Tsé, fundador chino del taoísmo en el siglo V a. C., dijo:

*"Si le das a un hombre un pescado, lo alimentarás por un día.
Si le enseñas a pescar, lo alimentarás por toda la vida."*

Por desgracia, en lugar de enseñarles a pescar, a los niños les estamos inculcando la filosofía económica de Robin Hood:

"Quitarles a los ricos para darles a los pobres."

Y a eso se le conoce como socialismo.

Desafortunadamente, lo único que produce toda esa generosidad al final es sólo más gente pobre. El 2 de noviembre de 2012, en uno de los encabezados de *The Weekly Standard*, se leyó:

"Los rollos de cupones para alimentos crecen 75 veces
más rápido que el número de empleos."

Tal como podría esperarse, los republicanos culpan de la crisis al presidente Obama, y los demócratas, a los republicanos.

Sin embargo, este libro no es sobre política sino sobre educación y sobre el hecho de que la falta de instrucción financiera es la verdadera causa de la crisis económica.

Tiempos de rezago

La mayoría de los maestros es gente increíble, el problema es que tanto ellos como los padres son producto del mismo sistema educativo.

Muchos maestros están frustrados y presionan para que se efectúe un cambio, pero, por desgracia, la industria de la educación parece tener las tasas más bajas en términos de avances.

Las industrias tienen distintos tipos de tiempos de rezago. Una de las definiciones que se dan para *tiempo de rezago* es: la demora que hay entre el momento en que alguien propone una nueva idea y ésta es aceptada. Me han dicho, por ejemplo, que en el ámbito de la tecnología el tiempo de rezago es de 18 meses; el tiempo que pasa entre que surge la idea y se convierte en un nuevo producto. Lo anterior es lo que da pie a que la competencia llegue a ser tan feroz cuando se trata de sacar un nuevo producto al mercado, y lo que provoca que a veces las empresas nuevas fracasen porque no pueden entregar ni productos ni tecnología con la misma velocidad, calidad y buen precio que sus competidores.

En la Era Agrícola, los tiempos de rezago se medían en cientos de años. En la Era Industrial, en incrementos de medio siglo. Ahora, en la Era Digital o de la Información, los tiempos de rezago se miden en semestres.

He escuchado que la industria automotriz tiene un tiempo de rezago de veinticinco años, lo cual significa que las nuevas ideas que ves en los autos de ahora se concibieron un cuarto de siglo atrás; ideas como los autos híbridos. El negocio del gobierno, por otra parte, tiene un tiempo de rezago de aproximadamente treinta y cinco años.

Muchos padres y maestros están frustrados porque, entre todos los sectores industriales, el de la educación es el segundo lugar en tiempo de rezago con un promedio de cincuenta años.

La única industria que le lleva la delantera a la educación en este aspecto es la de la construcción, con sesenta años de rezago.

Ahora, toma en cuenta que todos estos sectores —automotriz, gubernamental, educativo y de la construcción— tienen sindicatos muy sólidos. Los sindicatos son producto de la Era Industrial.

El futuro de la educación

El tiempo de rezago en la industria educativa es tan grande que los niños que empiecen a estudiar en este momento serán abuelos antes de que el sistema adopte los cambios que ofrece este libro.

No obstante, si tú le transmites a tus hijos lo que se enseña aquí, les estarás dando una ventaja financiera. Si los tiempos de rezago continúan siendo los mismos, llegaremos al año 2065 antes de que las ideas de este libro penetren los salones de clase, pero no creo que podamos darnos el lujo de esperar tanto.

Este libro fue escrito para los padres que saben que preparar a sus hijos para el mundo real depende de ellos, no del sistema educativo, y que ese mundo tiene un paso veloz, que cambia todo el tiempo y se centra en la información… Es un universo en el que nunca hemos vivido.

El libro también se escribió teniendo en mente a padres que saben que sus hijos enfrentan desafíos económicos mucho mayores, y con esto me refiero a las montañas de basura financiera que las generaciones previas han ido dejándoles en el camino.

Este libro es para los padres que quieren entender por qué el presidente Obama gana 3 millones de dólares y paga 20.5% de impuestos, mientras Mitt Romney gana 21 millones y sólo paga 14 por ciento.

En cuanto los padres sepan y entiendan las diferencias en la forma en que estos hombres comprenden la economía, podrán pasarles ese conocimiento a sus hijos.

MI HISTORIA

He defendido la educación financiera casi toda mi vida adulta.

En 1973, volví de la Guerra de Vietnam a casa, a Hawai, y me encontré con que mi padre, es decir, el hombre al que llamo mi "padre pobre", había perdido su empleo. Mi padre fue Superintendente de Educación del Estado de Hawai, pero sus problemas comenzaron cuando se postuló como candidato para vicegobernador por parte de los republicanos y se enfrentó a su jefe. Al perder la elección, también perdió su empleo.

Mi padre cometió un suicidio profesional cuando se lanzó para vicegobernador. Arriesgó su "seguridad laboral" porque era un hombre de principios. En cuanto llegó a la cima del escalafón del sistema educativo, cuando fue Director del Departamento de Educación, se quedó aterrado ante la corrupción que descubrió en el gobierno de Hawai, un gobierno al que la revista *Forbes* ha llamado desde entonces, "La Gran República de Hawai". En el mismo artículo que menciono, se puede leer lo siguiente: "El estado impone un impuesto sobre todo lo que se mueva. Fidel Castro se sentiría como en casa si visitara ese lugar."

El presidente Obama creció en Hawai. Él es el primer presidente de Estados Unidos que viene de ese estado. Es posible que el artículo de *Forbes* también explique las perspectivas del presidente respecto al gobierno, los negocios y los impuestos.

EL FIN DE LOS IMPERIOS

Yo no soy ni republicano ni demócrata, y tampoco culpo al presidente Obama de la crisis que enfrentamos. Esta situación se fue gestando durante décadas y, además, también ha habido crisis en otros momentos de la historia. La ignorancia financiera y la corrupción política se han encargado de destruir imperios durante siglos. Esa misma ignorancia y corrupción amenazan ahora con aniquilar a Estados Unidos.

Complejo militar-industrial

El 17 de enero de 1961, el presidente Dwight Eisenhower le hizo a la nación una terrible advertencia sobre lo que describió como una amenaza al gobierno democrático. La llamó "el complejo militar-industrial": una impresionante unión entre contratistas de defensa y las fuerzas armadas. Eisenhower, un general retirado con cinco estrellas de la Segunda Guerra Mundial que dirigió a los aliados el Día D, hizo esta advertencia durante su discurso de despedida desde la Casa Blanca.

LA ECONOMÍA DE LA GUERRA

Si los imperios hacen demasiadas guerras en lugares distantes, también terminan desgastándose. Es precisamente lo que hace Estados Unidos, y con eso, demostramos que no hemos aprendido nada de la historia.

Cuando estaba en la secundaria, escuché la advertencia que el presidente Eisenhower le hizo a la nación sobre la amenaza del "complejo militar-industrial". Pero como yo apenas pasaba de los diez años, hice caso omiso de ésta. Comprendí a qué se refería cuando volví de Vietnam en 1973. La verdad es que no fuimos a luchar por la libertad de los vietnamitas, sino por dinero. Las élites nos mintieron. En realidad no teníamos nada que hacer en el conflicto, excepto por el hecho de que la guerra es un negocio redondo. Cuando volví de Vietnam supe que había llegado la hora de dejar de obedecer órdenes ciegamente; supe que era momento de empezar a pensar por mí mismo.

No critico a mis compañeros —ni marinos ni soldados— porque, en realidad, la mayor parte de los jóvenes hombres y mujeres que conocí en el servicio eran grandes personas dedicadas a su patria. El problema es que estábamos librando guerras para enriquecer al complejo militar-industrial. Cada vez que este complejo necesita más dinero, sólo inicia otra guerra.

En mi opinión, sólo estamos cometiendo los mismos errores en lo que se refiere a la impresión de dinero.

El Imperio Romano se desmoronó en cuanto los romanos empezaron a destruir su propio dinero; a librar guerras en tierras lejanas y a incrementar los impuestos que pagaban los trabajadores.

Estados Unidos repite ahora los errores del pasado y, así, sólo respalda al antiguo dicho:

"Quienes no aprenden de la historia, están condenados a repetirla."

CÓMO ESTUDIAR LAS MATERIAS QUE LOS ESTUDIANTES DE "10" HACEN A UN LADO

En 1973, le informé a mi padre que iba a dejar el servicio militar. Él se decepcionó porque quería que permaneciera ahí para obtener la pensión y las prestaciones médicas. Cuando conté el tiempo que había pasado en la academia militar, vi que ya tenía 10 años acumulados para el retiro. Sólo me faltaban diez más.

Pero en cuanto rechacé la idea de continuar, mi padre pobre sugirió que volara para aerolíneas comerciales, como ya lo hacían muchos de mis colegas pilotos de la marina. Cuando le dije que ya no quería volar, me propuso volver a la escuela para estudiar una maestría y tal vez un doctorado y empezar a ascender en el escalafón corporativo.

Yo amaba muchísimo a mi papá, pero él me estaba sugiriendo que hiciera lo mismo que él había hecho, que siguiera sus pasos y que… una vez más, probara que, si no aprendemos de ellos, continuaremos repitiendo nuestros errores.

Y aunque quería a mi padre, yo no deseaba equivocarme de la misma manera que él lo hizo.

Si hubiera seguido sus consejos, tal vez ahora sería como él… un hombre de más de sesenta años con mucha preparación académica y la esperanza de que los ahorros, mi pensión, Seguridad Social y Medicare se hicieran cargo de mí.

En 1973, decidí seguir los pasos de mi Padre Rico y empecé a estudiar las materias que mi padre pobre rechazaba.

Este libro es precisamente sobre las materias que estudié: esos temas que la mayoría de la gente, incluyendo los estudiantes de "10", desdeña.

En 1997, publiqué *Padre Rico Padre Pobre* por mi cuenta, debido a que todos los editores a quienes se lo ofrecí lo rechazaron. Como ya te imaginarás, los editores son estudiantes de "10", como lo era mi padre pobre. Casi todos me enviaron cartas de rechazo que decían: "No estamos interesados en su libro por el momento." Algunos más honestos llegaron a decirme: "Usted no sabe sobre lo que escribe" o "Sus ideas son ridículas."

"Tu casa no es un activo"

Padre Rico Padre Pobre fue duramente criticado por declaraciones como "Tu casa no es un activo". Pero diez años después, en 2007, millones de propietarios de inmuebles de todo el mundo descubrieron, a la mala, que su casa *no* era un activo. Cuando el valor de las propiedades se desplomó en todo el mundo, millones de personas se vieron forzadas a declararse en bancarrota y a descubrir en carne propia que, en efecto, sus casas podían ser un pasivo enorme.

"Los ahorradores ahora son perdedores"

También se me ha criticado mucho por decir, "Los ahorradores ahora son perdedores"; sin embargo, millones de personas en la actualidad ya saben que los bancos centrales del mundo, como el Banco de la Reserva Federal de Estados Unidos, imprimen billones de dólares y contribuyen a la destrucción del poder adquisitivo que antes tenían los ahorros de la gente.

Antes de 2007 muchos ahorradores vivían de los intereses de sus ahorros, pero después del colapso económico de ese año, los bancos bajaron las tasas de interés sobre los ahorros. Hoy en día, millones de personas viven del capital de los ahorros directamente.

En el año 2000, el precio del oro era menor a 300 dólares por onza. En la actualidad tiene un costo de 1 500 dólares la onza, lo cual es un reflejo más de la pérdida del poder adquisitivo del dólar. Asimismo, los bancos ahora pagan menos del 2% de interés sobre ahorros, a pesar de que la inflación está al 5%... y el gobierno insiste en que no hay inflación. Por esta razón, "Los ahorradores ahora son perdedores". Son matemáticas elementales: 1 500 dólares por una onza de oro es mucho más que 300 dólares. Una inflación de 5% es mayor que 2% de interés sobre tus ahorros. No necesitas saber álgebra ni cálculo diferencial para entender por qué "los ahorradores se convirtieron en perdedores".

"LA DEUDA ES BUENA"

La mayoría de los especialistas financieros le recomiendan a la gente "No tener deudas". Pero para mí, eso sólo es una muestra más de falta de educación financiera.

El hecho es que existe deuda buena y deuda mala. Dicho llanamente, "La deuda buena te puede enriquecer y la deuda mala, puede hacerte más pobre". Por desgracia, la mayoría de la gente sólo conoce la deuda mala, es decir, el dinero que pide prestado para adquirir pasivos en lugar de activos.

LOS IMPUESTOS HACEN QUE LOS RICOS SE VUELVAN MÁS RICOS

Pero la deuda buena no sólo te puede ayudar a ser más rico, también puede reducir lo que pagas de impuestos. El aprendizaje sobre cómo apalancar la deuda buena y entender su capacidad para hacer que los impuestos que paga una persona disminuyan, es un ejemplo de por qué la educación financiera es tan importante.

Si los impuestos son el gasto fundamental para casi toda la gente, ¿no te parece extraño que en las escuelas no se enseñe sobre este tema? ¿Por qué no imparten esta materia? Esta situación nos daría otro punto de vista de por qué el presidente Obama pagó impuestos de 20.5% sobre ingresos de 3 millones de dólares, y Mitt Romney sólo pagó 14% sobre 21 millones.

LA LLAMADA DE OPRAH

Padre Rico Padre Pobre llegó en el año 2000 a la lista de *best-sellers* de *The New York Times*. En aquel entonces, era el único libro publicado por su autor. Y entonces, Oprah Winfrey me llamó. Fui a su programa de televisión y, en ese momento, comenzó el "Efecto Oprah".

Padre Rico Padre Pobre se convirtió en el libro número uno sobre finanzas personales de todos los tiempos. Estuvo en la lista de *best-sellers* de *The New York Times* por más de seis años. Ha vendido más de 30 millones de copias en todo el mundo hasta la fecha, se ha publicado en 53 idiomas y está disponible en 109 países.

La ironía de este asunto es que yo reprobé la materia de inglés dos veces en la preparatoria. Reprobé porque no podía escribir, no podía deletrear y porque la maestra no estaba de acuerdo con lo que yo escribía.

Pero no menciono todo esto sólo para presumir. En realidad, gente de todo el mundo me ha dicho que *Padre Rico Padre Pobre* les habla, los hace vibrar. El libro le ha llegado a gente de todos los rincones del planeta que sabe que su educación tiene lagunas, en particular, en lo que se refiere al dinero. También me han dicho que tengo el don de tomar ideas y conceptos complejos, y simplificarlos. Eso es lo que hice en *Padre Rico Padre Pobre*, y quisiera volver a hacerlo en este libro para padres.

Una de las partes más importantes del libro es la sección de "Acciones para padres", que encontrarás al final de cada capítulo. Esta sección se creó para brindarte consejos, herramientas y fuentes que te ayudarán a dar los primeros pasos en la enseñanza financiera que impartirás a tus hijos.

Un pensamiento final

El presidente Obama y el ex gobernador Mitt Romney son hombres muy inteligentes, y ambos parecen ser decentes también. Los dos recibieron la mejor educación, pero uno de ellos hizo 3 millones de dólares y pagó 20.5% de impuestos, en tanto que el otro hizo 21 millones y sólo pagó 14 por ciento.

Parece que la diferencia no es lo que aprendieron en la escuela, sino lo que les enseñaron en casa. En muchos sentidos, la historia de Romney contra Obama es similar a la historia del Padre Rico contra el padre pobre.

Este libro fue escrito para los padres que desean brindarles a sus hijos el tipo de educación que muy poca gente recibe, ni siquiera los estudiantes de "10".

ACCIONES PARA PADRES

CONVIERTE TU HOGAR EN UN SITIO DE APRENDIZAJE ACTIVO

Los niños aprenden principalmente haciendo las cosas pero, por desgracia, en muchas escuelas se espera que aprendan sentados en un mesabanco, y que luego vuelvan a casa (a sentarse otra vez) y hagan la tarea.

Tú debes crear una "Noche de Educación de Riqueza" (NER, o WEN, por sus siglas en inglés). Aparta una noche a la semana o al mes, y dedícala al aprendizaje activo sobre el dinero. Convierte esa noche en un ritual familiar, ¡y diviértanse!

Usen juegos de mesa como *Monopolio®*, *CASHFLOW®ForKids*, *CASHFLOW 101®* y *202®*, y aprovecha el tiempo para jugar y divertirte. En ese proceso se presentarán oportunidades —relacionadas con el juego— para que hablen acerca de actividades financieras, desafíos y problemas reales y apropiados para las edades de tus hijos. También te invito a que conozcas los juegos financieros en línea de Padre Rico, y los contenidos para dispositivos móviles.

Esa noche semanal o mensual servirá como cimiento para una mejor vida para tus hijos, les ayudará a desarrollar las relaciones familiares y los convertirá en estudiantes de educación financiera con un compromiso permanente.

Usa el libro como apoyo y material para analizar. Padre Rico también cuenta con un cuaderno de trabajo y una guía de estudio: *Estudiantes de 10* ofrece contenidos aún más precisos, así como juegos, actividades y ejercicios. Lo bueno acerca del dinero es que hay mucha información en el mundo, y lo único que una persona o una familia necesita hacer es invertir tiempo para absorberla y para aprender a diferenciar entre la *educación verdadera* y un *discursito de ventas*.

Mi Padre Rico jugó *Monopolio* con su hijo y conmigo por lo menos una vez a la semana durante años. Él aprovechaba las divertidas lecciones que ofrecía el juego para enseñarnos sobre asuntos de la vida real. Mi padre pobre sólo preguntaba: "¿Ya hiciste la tarea?"

Capítulo dos

Lección #2. El cuento de hadas se acabó

Hay muchas razones por las que el papel que juegan los padres en la vida de los niños ha cobrado una nueva y decisiva dimensión. Algunos dirían que los tiempos han cambiado… y que en la actualidad el cambio se ha convertido en una constante en nuestras vidas. En mi opinión, la mayoría de la gente sencillamente no está evolucionando de la misma forma que lo hace la vida. Los consejos financieros que recibimos de nuestros padres son antiguos, pasados de moda, incluso obsoletos para el mundo de hoy.

JUSTIFICACIÓN
EL CUENTO DE HADAS SE ACABÓ

Hubo una vez un mundo en el que lo único que tenía que hacer la gente era ir a la escuela, conseguir un empleo, trabajar arduamente y retirarse. De hecho, hasta hace algunos años la empresa para la que habías trabajado se encargaba de ti al jubilarte… Recibías un cheque de pensión y prestaciones médicas de por vida. Pero ahora todo eso es un viejo cuento de hadas.

Hubo una vez un mundo en el que lo único que tenía que hacer la gente era comprar una casa y esperar a que subiera su valor. Los propietarios se volvían ricos mientras dormían. Muchos podían vender sus inmuebles, hacerse así de una pequeña fortuna para mantenerse en su retiro, comprar una casa más pequeña y vivir felices para siempre. Pero ahora todo eso es un viejo cuento de hadas.

Hubo una vez un mundo en el que el dólar estadounidense era tan valioso como el oro. Pero ahora todo eso es un viejo cuento de hadas.

Hubo una vez un mundo en el que lo único que la gente tenía que hacer en la vida era estudiar una carrera universitaria para asegurarse de que ganaría más dinero que aquellos que no iban a la universidad.

En 2007, el mercado de las hipotecas *subprime* sufrió un colapso, y ése fue el inicio del mayor desastre financiero de la historia. El cuento de hadas se convirtió en pesadilla… En una pesadilla que aún no termina.

Debido al miedo, millones de padres continuaron recomendándoles a sus hijos: "Ve a la escuela y obtén un título universitario para que luego puedas conseguir un empleo bien pagado." Presas del pánico, los padres recitaron este mantra a pesar de que el desempleo ya era muy alto entre los jóvenes, incluso entre los que contaban con títulos universitarios. Muchos graduados que no pueden encontrar trabajo prefieren continuar estudiando posgrados. Sin embargo, cuando estos jóvenes salen de la escuela están aún más endeudados y siguen buscando ese empleo bien pagado de ensueño.

La educación se hace más costosa

¿Por qué si los precios se desplomaron en todo el mundo el costo de la educación se incrementó?

- En 2006, los precios de las casas en Estados Unidos estaban en un promedio de 230 000 dólares. Para 2011, habían caído un 26% y el promedio fue entonces de 170 000.

- Cuando los precios de los inmuebles cayeron, los de la educación universitaria subieron 4.6% entre 2006 y 2007, hasta llegar a un promedio de 22 218 dólares.

- El 9 de octubre de 2007 el promedio industrial Dow Jones llegó a un punto máximo de 14 164, pero para marzo de 2008 había caído más del 50%, hasta llegar a 6 469 puntos.

- Mientras el Mercado de Valores se desplomaba entre 2007 y 2008, las colegiaturas universitarias se incrementaron en 5.9% hasta alcanzar un nuevo promedio de 23 712 dólares.

- En julio de 2008, el petróleo llegó al punto más alto con un precio de 147 dólares por barril, y luego se desplomó hasta 40 dólares por barril antes de recuperarse.

- Mientras los precios del petróleo caían entre 2008 y 2009, las tarifas de colegiaturas universitarias se incrementaban 6.2% para llegar a 25 177 dólares.

- En 2011, las deudas estudiantiles sobrepasaron la deuda de tarjetas de crédito por primera vez por más de 1 billón de dólares tan sólo en Estados Unidos.

DEUDA IMPERDONABLE

Hoy en día, miles de estudiantes sumamente bien preparados dejan la escuela cargados de deudas por préstamos estudiantiles: los más terribles de todos. Los préstamos estudiantiles son los peores porque nunca se condonan ni se liberan. En el caso de los otros tipos de deuda, como la hipotecaria o la de tarjetas de crédito, el deudor puede declararse en bancarrota para que la deuda se elimine. Pero no sucede así con los préstamos estudiantiles. Incluso si el estudiante fallece y si sus padres firmaron como fiadores —como sucede en muchos casos—, ellos están obligados a pagar el préstamo.

EL RELOJ NO SE DETIENE

En cuanto el estudiante se titula comienza a correr el reloj de los intereses acumulables. En lugar de enriquecerse al salir de la universidad, millones de estudiantes se vuelven más pobres y se endeudan más porque los intereses sobre el préstamo estudiantil original comienzan a apilarse.

Un préstamo estudiantil puede afectar negativamente la vida de un joven. El préstamo puede afectar la casa que este joven compre (en caso de que pueda darse el lujo de adquirir una), la calidad de vida de su familia (si acaso puede mantener una familia) y sus esperanzas de tener un retiro seguro (si acaso puede llegar a retirarse).

Para muchos, el préstamo estudiantil se convierte en la legendaria cruz que deben cargar de por vida.

¿Cuánto vale una educación universitaria?

Por primera vez en la historia, la gente está cuestionando el valor de la educación universitaria. Algunos incluso dirán que el Retorno Sobre Inversión (ROI, por sus siglas en inglés) de este tipo de educación es tan bajo, que en realidad no vale la pena invertir en ella.

Entre 2006 y 2007, el salario promedio inicial para los recién graduados en Estados Unidos era de 30 000 dólares. Entre 2009 y 2011 había caído a 27 000.

La crisis del desempleo

El desempleo juvenil es parte de una crisis internacional. Es un problema que ya nos condujo a la "Primavera árabe", a la "Ocupación de Wall Street" y a otro tipo de manifestaciones colectivas de la juventud desempleada.

La conmoción del futuro
Por primera vez en Estados Unidos, mucha gente cree que a sus hijos no les irá mejor que a ellos en el ámbito financiero.

En 2012, mientras la campaña presidencial se calentaba, los dos candidatos presidenciales prometieron devolverle a Estados Unidos sus empleos. Pero, ¿cómo puede suceder eso, si los obreros estadounidenses ganan entre 125 y 200 dólares al día, ya habiéndose incluido las prestaciones? En los países con salarios más bajos, muchos trabajadores ganan sólo 2 dólares al día.

Incluso China está teniendo problemas con estos países. Se estima que hay docenas de lugares en que los salarios de los trabajadores son más bajos que en China. No se necesita ser maestro de matemáticas para darse cuenta de que las fábricas buscan la mano de obra barata y que 2 dólares es mucho menos que 200.

El 5 de noviembre de 2012, la revista *Time* publicó este artículo de Peter Gumbel:

Por qué el problema de desempleo juvenil de Estados Unidos es peor que el de Europa

Las estadísticas más recientes de desempleo dadas a conocer esta semana en los dos lados del Atlántico muestran que el número de desempleados continúa incrementándose en Europa muy por encima de la tasa de Estados Unidos, y que el panorama es particularmente desalentador para los jóvenes europeos menores de 25 años. En las 27 naciones de la Unión Europea, la tasa de desempleo juvenil subió a 22.8% en septiembre, cuando originalmente era de 21.7% el año anterior. En Grecia y España esa proporción es de más de 50 por ciento. Mientras tanto, la tasa de desempleo en Estados Unidos no cambió en esencia durante octubre, y permaneció en 7.9%, según anunció el Departamento de Estadísticas Laborales el 2 de noviembre. Asimismo, la tasa de desempleo en Estados Unidos entre jóvenes menores a los 25 años, fue de 16 por ciento.

Dichas estadísticas, sin embargo, son bastante elusivas porque no nos dicen la verdad completa. No incluyen a los millones de jóvenes que no pertenecen al mercado laboral porque siguen estudiando o porque están inscritos en programas de entrenamiento de algún tipo. Si se toma en cuenta a esos jóvenes, el panorama continúa siendo lúgubre en todos lados, pero Estados Unidos presenta un problema de desempleo juvenil aún mayor que el de Europa.

La educación se está volviendo más decisiva que nunca. Nuestras escuelas ofrecen la importante función de generar trabajadores bien entrenados que apoyen la economía. Preparan, por ejemplo, a los doctores, contadores, abogados, ingenieros, maestros, trabajadores sociales, mecánicos, trabajadores de la construcción, cocineros, oficiales de policía y personal militar que son tan esenciales para la sociedad civilizada.

Pero, ¿cuánta de esta gente —educada o no— podrá conseguir empleo a medida que la economía global se contraiga? En abril de 2012, sólo menos de 50% de la clase graduada de Estados Unidos pudo conseguir un verdadero trabajo. Muchos graduados encontraron algo que hacer, pero se trata de empleos por debajo de sus habilidades y preparación.

La pregunta es, ¿cuál tipo de educación es el más importante?

¿Y por qué si los empleos se siguen fugando a países con salarios más bajos les seguimos diciendo a nuestros hijos "Estudia para que puedas conseguir un empleo bien pagado"? ¿Por qué hablamos de seguridad en el trabajo, si los avances en la tecnología sencillamente hacen que algunos empleos se vuelvan obsoletos? E igual de importante, ¿por qué se imparte tan poca —si acaso se imparte alguna— educación financiera en nuestras escuelas?

En la cima de la cadena alimenticia

La mayoría de los padres quiere que sus hijos tengan una buena educación para asegurar su futuro. Los padres quieren que lleguen a la cima de la cadena alimenticia. Muchos padres le temen a la idea de que sus hijos terminen realizando empleos menores, por debajo de sus capacidades, con salarios inferiores, que paguen mayores impuestos y que, además, tengan que lidiar con la inflación toda su vida.

Los padres tienen la esperanza de que una buena educación les ayudará a sus hijos a tomar la delantera en el salón de clases o los convertirá en los líderes de la manada, es decir, que les servirá para llegar a ser doctores, abogados o directores ejecutivos.

EL DISCURSO DE VENTAS

El discurso de ventas de las escuelas es el siguiente:

"Debes terminar la escuela."
"Debes obtener un título universitario."
"Si no acabas la escuela, no tendrás éxito en la vida."

Las siguientes 50 personas no terminaron la escuela, pero eso no les impidió superarse y llegar hasta la cima.

1. George Washington	Presidente de Estados Unidos
2. Abraham Lincoln	Presidente de Estados Unidos
3. Harry Truman	Presidente de Estados Unidos
4. Grover Cleveland	Presidente de Estados Unidos
5. Zachary Taylor	Presidente de Estados Unidos
6. Andrew Johnson	Presidente de Estados Unidos
7. John Glenn	Astronauta y Senador de Estados Unidos
8. Barry Goldwater	Senador de Estados Unidos
9. Benjamín Franklin	Ministro de Estados Unidos en Francia
10. Winston Churchill	Primer Ministro de Inglaterra
11. John Major	Primer Ministro de Inglaterra
12. Robert Frost	Poeta
13. Florence Nightingale	Enfermera
14. Buckminster Fuller	Visionario e inventor
15. George Eastman	Fundador de Eastman Kodak
16. Ray Kroc	Fundador de McDonald's
17. Dave Thomas	Fundador de Wendy's
18. Ralph Lauren	Diseñador de modas y empresario
19. Doris Lessing	Premio Nobel de literatura
20. George Bernard Shaw	Dramaturgo
21. Peter Jennings	Presentador de ABC
22. Cristóbal Colón	Explorador
23. TD Jakes	Pastor
24. Joel Osteen	Pastor

25. John D. Rockefeller	Fundador de Standard Oil
26. Karl Rove	Asesor presidencial
27. Ted Turner	Fundador de CNN
28. Quentin Tarantino	Director de cine
29. Peter Jackson	Director de cine (*El señor de los anillos*)
30. Mark Twain	Escritor
31. Leon Uris	Escritor
32. Carl Bernstein	Reportero del *Washington Post*
33. Carly Fiorina	Director Ejecutivo de Hewlett Packard
34. Charles Dickens	Escritor
35. Andrew Carnegie	Industrialista
36. William Faulkner	Ganador de los premios Nobel y Pulitzer
37. Li Ka Shing	El hombre más rico de Asia
38. Richard Branson	Fundador de Virgin Atlantic Airways y Virgin Records
39. Enzo Ferrari	Fundador de Ferrari
40. Henry Ford	Fundador de Ford Motor Company
41. J. Paul Getty	Fundador de Getty Oil
42. Jack London	Escritor
43. Larry Ellison	Fundador de Oracle
44. Tom Anderson	Fundador de My Space
45. Mark Zuckerberg	Fundador de Facebook
46. Steve Jobs	Fundador de Apple
47. Steve Wozniak	Fundador de Apple
48. Bill Gates	Fundador de Microsoft
49. Paul Allen	Fundador de Microsoft
50. Ringo Starr	Beatle

QUÉDATE EN LA ESCUELA

Con lo anterior no estoy sugiriendo que los niños deban abandonar la escuela o que ésta no es importante. La educación es fundamental. La pregunta es, ¿qué tipo de educación?, ¿a dónde llevará esa educación a tus hijos?, ¿la educación que reciban los preparará para el futuro?, ¿una verdadera educación les ayudará a tus hijos a tener seguridad financiera en un mundo que es cada vez más incierto?

Este libro es sobre el tipo de educación que no se enseña en las escuelas. Es acerca de cómo colocar a tus hijos en un camino en el que no necesitarán un empleo o una pensión del gobierno para sentirse seguros. Es acerca de cómo llegar a la cima en lugar de trabajar para quienes ahora están ahí.

Este libro es sobre capitalismo. En él se explicará por qué algunos de los líderes más importantes de los negocios de nuestros tiempos nunca terminaron la escuela; ejemplos notables como Steve Jobs, Bill Gates y Mark Zuckerberg. En este libro descubrirás lo que ellos ya saben… y por qué abandonaron la escuela.

EL FUTURO DE LA EDUCACIÓN

Hubo una vez un mundo en el que lo único que un niño tenía que hacer era enfocarse en dos tipos de educación, que son los siguientes:

1. **Educación académica.** Esta educación fortalece las habilidades generales como aprender a leer, escribir y resolver problemas matemáticos. Es un tipo de educación extremadamente importante.
2. **Educación profesional.** Esta educación ofrece habilidades más especializadas para aprender a vivir. Con ella, los estudiantes más brillantes, los de "10", se convierten en doctores, contadores, ingenieros, abogados o ejecutivos de negocios. Los otros tipos de escuelas a este nivel son para estudiantes que quieren llegar a ser mecánicos, trabajadores de la industria de la construcción, cocineros, enfermeras, secretarias y programadores.

¿Qué falta?

3. **Educación financiera.** Es el nivel de educación que no se encuentra en nuestro sistema escolar. *Ésta es la educación del futuro.* Debo reiterar que siempre les recomendamos a nuestros hijos asis-

tir a la escuela para conseguir un empleo y ganarse la vida, sin embargo, no les enseñamos prácticamente nada respecto al dinero.

Las estadísticas nos hablan de una historia más bien triste y aleccionadora. Mientras 90% de los estudiantes quieren aprender más acerca del dinero, 80% de los maestros no se siente cómodo al enseñar esta materia. Algún día la educación financiera formará parte de los programas de todas las escuelas, pero no será pronto.

MI HISTORIA

Mi educación financiera empezó cuando tenía nueve años, gracias a mi Padre Rico. Él no era mi verdadero padre, sino el de mi mejor amigo. Usaba el *Monopolio*® como herramienta didáctica y jugábamos con él por horas después de salir de clases.

Cuando yo llegaba a casa, mi verdadero padre, al que llamo padre pobre, me decía: "Deja de perder el tiempo con ese juego tonto. Deberías estar aquí estudiando y haciendo la tarea. Si no haces la tarea, no tendrás buenas calificaciones, no entrarás a una buena universidad y no conseguirás un empleo bien pagado." Y como nunca sacaba buenas calificaciones —fui el eterno estudiante de "6", o "C"—, mi padre pobre y yo teníamos esta discusión con mucha frecuencia.

Mike, mi mejor amigo, era el hijo de mi padre rico. Fuimos juntos a una escuela que era para niños adinerados, pero la buena noticia es que nosotros éramos pobres (padre rico todavía no tenía una fortuna, y mi padre pobre, aunque llegó a tener éxito, nunca hizo dinero). Debido a lo anterior, padre rico decidió encargarse de nuestra educación financiera jugando *Monopolio* con nosotros de manera regular. Quería que nos volviéramos más inteligentes y adinerados que los chicos ricos.

Un día nos llevó, a su hijo y a mí, a hacer un "estudio de campo", pero en lugar de ir a un museo o galería de arte, nos llevó a ver sus "casas verdes", es decir, sus propiedades para rentar. Ahí fue cuando comprendí que Padre Rico en realidad estaba jugando *Monopolio*... en la vida real. "Un día", nos dijo, "estas casas verdes se transformarán en mi gran hotel rojo."

Cuando regresé a casa y le dije a mi padre que Padre Rico estaba jugando *Monopolio* en la vida real, se rió. Pensó que era ridículo. Me recomendó dejar de perder el tiempo en juegos y me dijo que me pusiera a hacer la tarea.

En aquel tiempo, mi padre era el jefe de educación de la Gran Isla de Hawai. Algunos años después llegaría a la cima del sistema educativo y se convertiría en el Superintendente de educación de todo el estado.

Mi padre pobre era estudiante de "10"; el mejor de su clase, presidente del grupo. Adoraba la escuela. En sólo dos años se graduó de una licenciatura de cuatro años de duración de la Universidad de Hawai. También asistió a la Universidad de Stanford, la de Chicago y la Universidad Northwest.

Mi Padre Rico, en cambio, ni siquiera terminó la secundaria porque su padre murió y tuvo que hacerse cargo del negocio de la familia. A pesar de que su educación formal era limitada, llegó a ser uno de los hombres más ricos de Hawai. Cuando yo tenía diecinueve años, él compró su "hotel rojo" justamente en la playa Waikiki. Sus "casitas verdes" se convirtieron en un gigante "hotel rojo" en sólo diez años.

En aquel entonces, yo no comprendía de qué manera tan profunda cambiarían mi vida el juego de *Monopolio* y la educación de mi Padre Rico. Él usó este juego de mesa para enseñarme a pensar como capitalista.

Mi Padre Rico y mi padre pobre eran diametralmente opuestos. Ambos eran hombres decentes, pero nunca se llevaron bien. Sus diferencias se evidenciaron cuando yo tenía diez años. A mi padre pobre no le hizo gracia que yo acompañara a mi Padre Rico a cobrarles las rentas a los inquilinos de sus "casitas verdes". No le agradaba la idea de que yo cobrara rentas, por lo que se molestó mucho; también mi madre. Ambos pensaban que aquella era una lección demasiado cruel para un niño de diez años. Sin embargo, cobrar aquellas rentas me abrió los ojos a la vida real.

Más adelante comprendí por qué mis padres estaban tan molestos: nosotros rentábamos la casa en que vivíamos y, por supuesto, también había un casero que venía a tocar a la puerta para cobrar la renta. Algunos años después, cuando ya estaba en secundaria, mis padres lograron comprar por fin una casa con el dinero que habían ahorrado.

MI VENTAJA DEL GANADOR

La educación formal era importante para mis dos padres; ambos querían que sus hijos fuéramos a la universidad, y así lo hicimos. El hijo de padre rico se graduó de la Universidad de Hawai y, mientras estudiaba, dirigía los negocios de su padre.

Mi padre no tuvo dinero para pagarme la universidad, por eso, en cuanto salí de la preparatoria supe que tendría que arreglármelas solo. Eso me motivó a solicitar el ingreso a las academias militares. A pesar de que mis calificaciones eran terribles, tuve buenos resultados en el examen SAT y, además, era buen jugador de futbol. Recibí dos nominaciones congresales: una para entrar a la Academia Naval de Estados Unidos en Annapolis, Maryland; y la otra para la Academia de la Marina Mercante de Estados Unidos en Kings Point, Nueva York. Acepté el lugar en Kings Point y me gradué de esa universidad en 1969 con el título de licenciado en ciencias.

Ahora que lo veo en retrospectiva, me doy cuenta de que el tiempo que pasé con mi Padre Rico me brindó una ventaja para ganar en la vida, en lo que se refiere al dinero, en particular. Entre los nueve y los dieciocho años, cuando salí de la preparatoria y me fui a Nueva York, pasé uno o dos días a la semana, a la salida de la escuela, y dos sábados al mes, trabajando para Padre Rico sin recibir un salario. Si ya leíste *Padre Rico Padre Pobre*, entonces estás enterado de cuánto molestaba eso a mi padre pobre. Él creía que mi Padre Rico sólo nos estaba explotando a mí y a su hijo. Como mi padre pobre pertenecía al sindicato de maestros, en realidad no debió sorprenderme escucharlo murmurar sobre "la Ley para el empleo infantil".

La lección de Padre Rico

"Los juegos son mejores maestros que los maestros mismos."

Padre rico nunca nos pagó porque nos estaba entrenando para convertirnos en capitalistas. No nos pagaba porque no quería que creciéramos y fuéramos empleados que sólo trabajan a cambio de dinero. Padre rico quería que fuéramos empleadores... empresarios, capitalistas que aprovecharíamos el Talento de Otras Personas y el Dinero de Otras Personas (OPT y OPM por sus siglas en inglés, respectivamente) que llegaran a trabajar para nosotros.

Obviamente, las ideas de Padre Rico sobre "trabajar para aprender, no para ganar dinero", alteraron muchísimo a mi padre, quien era más socialista que capitalista.

En seguida encontrarás la imagen del cono del aprendizaje desarrollado en 1969 por el doctor Edgar Dale, maestro en educación. El doctor Dale (1900-1985) recibió su título doctoral de la Universidad de Chicago y enseñó durante años en la Universidad Estatal de Ohio.

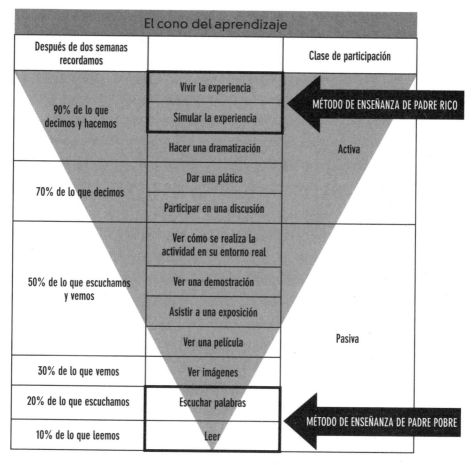

Fuente: Cone of Learning adapted from Dale, (1969)
Reimpreso con autorización. El modelo original fue modificado.

De acuerdo con el doctor Dale, el hecho de que mi Padre Rico usara el *Monopolio* como herramienta didáctica y que nos llevara a cobrar las rentas, era un método muy efectivo para enseñarnos, a su hijo y a mí, sobre el dinero.

Pregunta: ¿Esto significa que la lectura y las conferencias no son importantes?

Respuesta: No, al menos, no para mí. El juego de *Monopolio* me inspiró a aprender más. Hoy en día leo más, estudio más y voy a más clases gracias a que el juego y la simulación de experiencias de la vida real me inspiraron a aprender.

Actividad empresarial
En el libro de Luntz, *What American's Really Want... Really,* el doctor Frank reporta que de los encuestados: 81% dice que las universidades y preparatorias deberían desarrollar habilidades empresariales en los estudiantes de manera activa. 77% dice que los gobiernos estatal y federal deberían motivar a los ciudadanos para que se vuelvan empresarios. 70% dice que el éxito y la salud de nuestra economía dependen de ello.

A pesar de ser pobre y leer con lentitud, pudo asimilar libros sobre temas financieros y empresariales que muy poca gente elegiría para leer. Al juego de *Monopolio* le atribuyo haberme brindado cimientos sólidos sobre los cuales construir mi educación en el mundo real. Pero lo más importante es que aprendí más, retuve más y *quise seguir aprendiendo más*, gracias a la experiencia de jugar *Monopolio* de niño y de aplicar lo que estaba aprendiendo al cobrar las rentas con padre rico. Esas lecciones se quedaron grabadas en mi mente para siempre. Aunque tengo una licenciatura en ciencias de una gran escuela, en realidad no recuerdo mucho de lo que aprendí durante los cuatro años que estudié ahí. Por ejemplo, recuerdo que tomé tres años de cálculo, pero ahora no podría resolver un problema matemático aplicando el cálculo. Ya lo sabemos, hay que practicar. Si en la actualidad fuera científico y lanzara cohetes al espacio, necesitaría el cálculo, pero para ser rico no es indispensable. Lo único que requiero son las matemáticas del nivel elemental: suma, resta, multiplicación y división.

En 1984, mi esposa Kim y yo fundamos una empresa de educación financiera con oficinas en Estados Unidos, Australia, Nueva Zelanda, Singapur, Canadá y Malasia. En la empresa enseñamos actividades empresariales por medio de juegos y simulaciones. El aprendizaje era divertido y emocionante.

Nos retiramos en 1994. Kim tenía 37 y yo 47. Nos retiramos con ingresos pasivos, es decir, el flujo de efectivo que recibíamos de nuestras inversiones. Al igual que padre rico, jugamos *Monopolio* en la vida real, y lo seguimos haciendo. Durante el colapso económico de 2007, nuestros ingresos (flujo de efectivo) se incrementaron al mismo tiempo que los precios de los activos caían. Con esto se confirma que uno de los aspectos esenciales de la educación financiera es saber cómo enfrentar los mercados de valores o los colapsos económicos.

En 1996, Kim y yo fundamos la Compañía Padre Rico (Rich Dad Company). Esta empresa fabrica productos de educación financiera, como los juegos de mesa *CASHFLOW® 101, CASHFLOW® 202* y *CASHFLOW®ForKids*. Los juegos de mesa son una excelente herramienta para que los miembros de la familia aprendan juntos.

También tenemos una creciente línea de juegos electrónicos para dispositivos móviles y tabletas. Nuestros productos electrónicos tienen apoyo en programas en línea y herramientas de asesoría… para que te puedas calificar a ti mismo, corregir, aprender y mejorar.

En 1956, cuando Mike y yo teníamos nueve años, padre rico empezó a enseñarnos habilidades financieras y empresariales por medio de juegos y simulaciones. Él estaba adelantado a su tiempo y, gracias a eso, tuvimos una ventaja para ganar, a la que nuestros compañeros de clase nunca tuvieron acceso.

ACCIONES PARA PADRES

Invierte el tiempo necesario
para hablar de dinero y del papel
que éste juega en la vida

Por desgracia, hay muchos hogares en los que no se habla sobre el dinero. Y si acaso llega a mencionarse, por lo general es como parte de una discusión.

Recuerdo que cuando era niño, mi padre y mi madre peleaban por dinero. Sin importar cuánto ganara mi padre, nunca teníamos lo suficiente. En lugar de hablarnos sobre dinero, mi padre y mi madre, las dos personas que yo más amaba, pasaban el tiempo peleando por él. Padre rico, por otra parte, invertía horas en hablar sobre problemas económicos reales. Hoy en día continúo explorando estos temas, pero ahora lo hago con mi esposa. Kim y yo no peleamos por dinero, sólo tenemos conversaciones sobre el mismo.

En cuanto establezcas el ritual familiar de las Noches de Educación de Riqueza, haz que éste sea un tiempo para hablar sobre problemas económicos de la vida real a medida que estos se vayan presentando. Habla sobre los problemas y los desafíos, sobre lo que los originó y de qué manera piensas resolverlos.

Invierte tiempo en convertir tu casa en un lugar propicio para el *análisis*, no para las *peleas* por dinero.

Capítulo tres

Lección #3. Prepara a tus hijos para lo peor

Debido a que los padres son los primeros y los más importantes maestros de un niño, ellos son quienes deben ofrecer los elementos de construcción de su educación. Los padres celebran las primeras palabras de sus hijos y les dan a conocer las nuevas; les enseñan a contar, a caminar, a leer y a andar en bicicleta. Y a medida que los niños crecen, muchos padres se convierten en su caja de resonancia, en guías, consejeros y modelos a seguir. Los padres interactúan con sus hijos todos los días, por lo que, consciente o inconscientemente, tienen un impacto muy fuerte en sus vidas. Los padres guían con el ejemplo, y cuando los hijos ven que sus padres son abiertos a las ideas nuevas y desean continuar aprendiendo toda la vida, la impresión que reciben es muy fuerte. La vida de un niño cambia cuando sus padres se convierten en maestros y hacen preguntas hasta que las respuestas les quedan bien claras; mantienen la mente abierta a otros puntos de vista y motivan a los niños (y sus cónyuges) a seguir sus sueños por el camino que conduce a una vida millonaria y gratificante.

A menudo veo a padres que caminan sobre la delgada línea que hay entre cubrir y proteger a los hijos de las duras realidades de la vida, y preparándolos de manera proactiva para aquello que, desde la perspectiva del mundo de hoy, parece que será un futuro muy incierto. El mañana les pertenece a aquellos que pueden procesar información, detectar relaciones y tendencias, y ser ágiles y receptivos para cambiar de la misma forma que lo hace el mundo. Además recuerda que, así como el mundo de hoy es muy distinto al mundo en que crecieron nuestros padres, el mundo que tus hijos enfrentarán también será distinto. Podemos esperar desafíos nuevos y diferentes... pero también nuevas oportunidades.

JUSTIFICACIÓN

La mayoría de los estadounidenses ha escuchado referencias a "el gorila de 400 kilos en la habitación". Si tú no estás familiarizado con la frase, sólo te diré que significa que hay algo sobre lo que todo mundo sabe, pero nadie quiere mencionar. Puede ser una idea o tema que es difícil de manejar o necesita confrontarse.

EN EL FUTURO DE TUS HIJOS
HAY CUATRO GORILAS

En mi opinión, hay cuatro gorilas del futuro que tu hijo tendrá que enfrentar. Muy poca gente habla al respecto, pero los gorilas están por ahí y tus hijos necesitan prepararse para cuando tengan que enfrentarse a estos gorilas, más adelante en la vida.

EL GORILA DE 400 KILOS #1:
EL NUEVO PROBLEMA DE LA VEJEZ

El problema de la vejez se volvió un fenómeno nuevo.

En 1935, el presidente Franklin D. Roosevelt aprobó la Ley de Seguridad Social. En aquel entonces se consideraba que tener 65 ya era ser viejo; sin embargo, en la actualidad, "los 65 son los nuevos 45". O al menos, eso es lo que muchos *baby boomers* quisieran creer. En Estados Unidos la gente le tiene más miedo a envejecer y perder su autonomía, que a morir. Con todos los avances médicos y tecnológicos, es posible que para tus hijos ser viejo signifique tener 90 o incluso hasta 120 años. En otras palabras, la vejez se ha convertido en una nueva oportunidad de avanzar… pero también en un problema.

¿La vejez es un activo o un pasivo?
En la Era Agrícola y en la Era Industrial, ser mayor era un activo. Ser viejo significaba ser más sabio. En la Era Digital o de la Información, ser viejo es un pasivo.

En 2012, el gobierno de Estados Unidos finalmente admitió que para 2033 el fondo de Seguridad Social estará en quiebra. ¿Qué edad tendrá tu hijo en 2033? La mayoría de los *baby boomers* estarán cumpliendo ochenta y tantos, pero la pregunta es: ¿cómo podrán los gobiernos continuar cubriendo los gastos de vivienda, alimentación y cuidados médicos adecuados de la población de adultos mayores?

En 2012, la Administración de Seguridad Social reportó que 10.8 millones de estadounidenses ya estaban recibiendo prestaciones por incapacidad. Esta cifra representa un incremento de 53% en la última década. Más de 5 millones de personas han solicitado prestaciones por incapacidad desde que comenzó la crisis en 2007. En cuanto el desempleo aumenta, más gente empieza a cobrar sus prestaciones. ¿Qué va a suceder si la economía permanece sin cambios en este aspecto durante los próximos veinte años, como muchos lo han predicho?

Actualmente, muchos gobiernos están quebrando porque no son capaces de cubrir los planes de pensiones para el retiro de sus trabajadores públicos. El sistema de pensiones de California, por ejemplo, es un desastre.

¿Cómo podrán los gobiernos en el futuro cubrir el gasto de tener gente anciana? Este gorila de 400 kilos ciertamente será uno de los obstáculos de tus hijos.

Padres que envejecen y chicos búmeran

El sueño americano fue, durante años, llegar a tener una casa propia, pero actualmente, la vivienda se ha vuelto multigeneracional, lo que significa que dos, tres y hasta cuatro generaciones llegan a vivir bajo el mismo techo. Ésta es la razón por la que muchos arquitectos ahora diseñan casas con varios espacios habitables separados en una misma construcción.

Asimismo, las familias estadounidenses de ahora tienen "hijos búmeran". Con esto me refiero a los chicos que se van de casa y estudian, pero luego regresan desempleados e incapaces de sobrevivir en el mundo real.

Además de los hijos búmeran, muchos adultos tienen padres que están envejeciendo y dependen de ellos para su cuidado. En Estados Unidos, la asistencia y los cuidados a largo plazo para gente de edad pueden tener un costo de 8 000 dólares mensuales para arriba, lo cual es mucho más de lo que mucha gente gana en ese mismo lapso.

La supervivencia multigeneracional será un problema que tus hijos tendrán que enfrentar. En el futuro, ¿tu hijo se irá a vivir contigo o tú te mudarás a su casa para vivir con él o ella, y su familia? ¿Tus hijos podrán pagar los gastos médicos a largo plazo si corres con la suerte de tener una vida larga?

EL GORILA MÁS GRANDE DE TODOS

A pesar de lo que se podría creer, ni la Seguridad Social ni la vivienda multigeneracional son el problema más costoso que se divisa en el panorama. El gorila más grande que está en la habitación sentado en silencio, es Medicare. Medicare se fundó en 1965 y en la actualidad es un pasivo sin fondos estimado en 100 billones de dólares, lo cual es más dinero que todo el dinero que existe en el mundo. Y, de una forma u otra, tus hijos tendrán que enfrentarse a este gorila de 100 billones de dólares más adelante.

Cuando el presidente George W. Bush firmó la ley de Medicare Parte D., dio pie al problema social más costoso de los últimos años.

Asimismo, Obamacare, del presidente Barack Obama, prepara el terreno para otro problema masivo por el que tus hijos tendrán que pagar, quieran o no. Y de hecho, me parece que Obamacare es aún más problemático que Medicare.

En este momento, la primera oleada de aproximadamente 80 millones de *baby boomers* estadounidenses está empezando a cobrar sus prestaciones de Social Security y Medicare. Apegándonos a las matemáticas elementales, si 80 millones de *baby boomers* le cobran 1 000 dólares al mes al gobierno, eso suma una cantidad de 80 mil millones de dólares mensuales en dinero de los contribuyentes… es decir, tus impuestos y los de tus hijos.

Los *baby boomers* vivirán más que sus padres y necesitarán costosos cuidados médicos para permanecer vivos, mientras alguien (tus hijos y los otros jóvenes de su generación) esté dispuesto a subsidiar sus años dorados. Lo anterior nos conduce al siguiente gorila.

El gorila de 400 kilos #2:
La aceleración de la deuda pública

Casi todos hemos escuchado acerca del poder del interés compuesto. A Albert Einstein con frecuencia se le atribuye haber dicho que este tipo de interés era "la fuerza más poderosa del universo".

Se puede decir que el concepto de la deuda compuesta es paralelo al del interés compuesto y, por desgracia, tus hijos tendrán que enfrentar la tiranía de la deuda compuesta, así como la del interés compuesto sobre esa misma deuda.

En el año 2000, la deuda de Estados Unidos era de más de 5 billones de dólares. Para 2012, había alcanzado los 16 billones.

Asimismo, en 2011, cuando el gobierno de Grecia se declaró en bancarrota, comenzaron los disturbios. Estados Unidos, Inglaterra y Japón podrían no estar muy lejos de lo mismo.

Todo esto nos conduce al siguiente gorila que enfrentarán tus hijos.

EL GORILA DE 400 KILOS #3:
LA NUEVA DEPRESIÓN

Ben Bernanke es actualmente el presidente del Banco de la Reserva Federal de Estados Unidos. Podría decirse que Bernanke es hoy en día el banquero más poderoso del mundo, tan sólo porque tiene el poder de decirle al Tesoro que imprima dólares estadounidenses.

Antes de ser banquero, Bernanke fue profesor universitario en Princeton, y ahí estudió en particular el tema de la Gran Depresión. Él cree que la depresión anterior fue así de severa porque la Reserva Federal —o la Fed, como se le conoce popularmente— no imprimió dinero y eso hizo que la economía colapsara. Es por eso que también está convencido de que la única manera de salvar a la economía en esta Nueva Depresión es mediante la "expansión cuantitativa", también conocida como la impresión indiscriminada de dinero. De hecho, a Bernanke le apodaron "Helicóptero Ben" porque, supuestamente, decía que, si la economía se estancaba, dejaría caer dinero desde helicópteros.

La historia ha registrado dos tipos diferentes de depresiones financieras:

1. La Gran Depresión de 1929 en Estados Unidos.
2. La hiperinflación alemana de la década de los veinte.

Para explicarlo en términos sencillos, la depresión estadounidense se produjo por no imprimir suficiente dinero, y la hiperinflación alemana se produjo por imprimir demasiado.

A continuación leerás algunos comentarios perturbadores hechos por Ben Bernanke, presidente de la Fed y estudiante de "10":

- *"El Gobierno de Estados Unidos tiene una tecnología llamada imprenta [o su equivalente electrónico en la actualidad] que permite producir tantos dólares estadounidenses como uno quiera y sin costo." (2002)*
- *"Los precios de las casas se incrementaron casi un 25% en los dos últimos años. A pesar de que la actividad especulativa aumentó en algunas áreas, a nivel nacional dichos incrementos de precios reflejan en gran medida fuertes cimientos económicos." (2005)*

En 2007, los precios de las viviendas empezaron a desplomarse.

- *"La Reserva Federal no pronostica una recesión en este momento." (2008)*
- *"Allá fuera se escucha la mentira de que estamos imprimiendo. Pero no es verdad." (2010)*

Pregunta y respuesta

Pregunta: Cuánto tiempo duró la anterior Depresión de Estados Unidos?
Respuesta: Duró 25 años. En 1929, el índice Dow estaba a un nivel de 381 puntos antes de desplomarse, y sólo recuperó ese mismo nivel hasta 1954.

Si la Gran Depresión duró 25 años, la Nueva Depresión podría durar de 2007 a 2032.

El presidente Bernanke es un académico distinguido pero, por desgracia, no es hombre de negocios. Desde mi punto de vista, sus declaraciones reflejan que estaba "fuera de contacto" con la realidad.

Después de 2007, me pareció evidente que el presidente Bernanke favorecía el tipo alemán de depresión, una crisis que, de tener éxito, llevará a la hiperinflación. Bernanke cree que para resolver el problema de imprimir dinero tiene que… imprimir más dinero. Es como si un alcohólico bebiera más para curarse la adicción.

La hiperinflación es un periodo de inflación rápida que hace que la divisa de un país pierda prácticamente todo su valor. La hiperinflación podría arrasar con la gente que trabaja para obtener dinero, así como con los ahorradores, los que creen que vale la pena acumular billetes. Es importante destacar esto porque en la anterior Depresión de Estados Unidos, los estadounidenses que tenían empleo y dinero ahorrado fueron quienes salieron ganando.

En la depresión alemana de los veinte, la gente que fabricaba productos necesarios para la supervivencia —como vivienda, deuda y combustible— fue la que sobrevivió, gracias a que pudo subir los precios de los productos que ofrecía.

En la Nueva Depresión, los ahorradores, retirados y trabajadores con salario fijo serán los más afectados. Los deudores y los productores de comida, combustible y vivienda (así como los que poseen oro, plata y diamantes en lugar de efectivo) serán los mayores ganadores.

Pero el punto es que resulta fundamental que prepares a tus hijos para las posibilidades que presentan ambos tipos de depresiones.

Sir Edmond Burke, quien vivió de 1729 a 1797, dijo: *"Aquellos que no conocen los errores de la historia, están destinados a repetirlos."*

Esta crisis financiera global es una condena inminente porque nuestras escuelas no enseñan historia económica o del dinero, materia fundamental de la educación financiera.

La lección de padre rico

La educación financiera debe incluir lecciones de historia. Padre rico me dijo: "Si quieres prepararte para el futuro, debes conocer el pasado."

Las advertencias de los economistas

Hoy en día mucha gente dice que "imprimir dinero" para estimular la economía es parte de la teoría keynesiana. Pero eso es una estupidez. Es una mentira que se le dijo a la gente que no tenía idea de lo que era la teoría keynesiana.

Esto fue lo que comentó el economista británico John Maynard Keynes respecto a la devaluación de la divisa:

Se dice que Lenin declaró que la mejor manera de destruir al sistema capitalista era corromper la divisa... No hay ninguna manera más sutil o segura de anular la base existente de la sociedad, que corromper la divisa... Por medio de un proceso continuo de inflación, los gobiernos pueden confiscar, en secreto y sin ser observados, una importante parte de la riqueza de sus ciudadanos... El proceso involucra todas las fuerzas ocultas de la ley económica del lado de la destrucción, y lo hace de tal forma que ni un solo hombre en un millón podría detectarlo.

El gorila de 400 kilos #4:
Impuestos más elevados

Cada vez que los bancos centrales imprimen dinero, suceden dos cosas.

1. Los impuestos aumentan.
2. La inflación crece (la inflación es otro tipo de impuesto).

El pago de impuestos no es
un acto patriótico

Mucha gente cree que pagar impuestos es un deber patriótico. Una vez más, estas personas son víctimas de la falta de conocimiento sobre la historia financiera.

En 1943, el Congreso de Estados Unidos aprobó la Ley del Pago de Impuestos Vigente para poder financiar otra guerra, la Segunda Guerra Mundial. Por primera vez en la historia, el gobierno estadounidense empezó a tomar impuestos de los cheques de los trabajadores antes de que se les pagara a ellos. Los trabajadores permitieron que esto sucediera porque les dijeron que era en nombre de la lucha por la libertad. Por eso muchos estadounidenses creen que pagar impuestos es patriótico. El problema es que la Segunda Guerra Mundial ya terminó, y Estados Unidos nunca dejó de cobrar impuestos.

Como ya te habrás enterado, los burócratas que dirigen el gobierno saben cómo gastar el dinero, pero no saben cómo generarlo. Por eso sólo saben incrementar impuestos.

El gasto desenfrenado y el incremento de impuestos no es un problema de pobres o de ricos. Al igual que los pobres, los ricos también tienen prestaciones. La diferencia es que los ricos tienen programas corporativos de asistencia, y los pobres, programas sociales de asistencia. Sin tomar en cuenta cómo se les llame, los contribuyentes son quienes pagan el precio.

A menudo, a los programas de prestaciones sociales se les llama "puerco". Los fondos "puerco" incluyen financiamiento de programas como "puentes que no van a ningún lugar" y "fabricación de herramientas que el ejército no quiere". Estos fondos son prestaciones para los ricos porque con ellos se financian proyectos que sólo generan ganancias para los adinerados propietarios de negocios. Si en este preciso momento se recortaran las prestaciones del gobierno, tanto para los ricos como para los pobres, se produciría un colapso más fuerte que el de las hipotecas *subprime* de 2007. Debo admitir, por supuesto, que muchos programas del gobierno son benéficos, pero el problema es que tus hijos tendrán que pagar por todos aquellos programas que implican impuestos mucho mayores.

Los padres deberían hablar con sus hijos lo antes posible acerca de los impuestos, y explicarles quiénes pagan más por este concepto y por qué.

Para ilustrar y explicar el tema de los impuestos, padre rico me dibujó el cuadrante del flujo de efectivo, o *CASHFLOW*®.

Las letras de cada sección representan lo siguiente:
E de Empleado
A de Autoempleado o dueño de negocio pequeño
D de Dueño de negocio grande (500 empleados o más)
I de Inversionista

Todos vivimos en por lo menos una de las cuatro secciones del cuadrante de flujo de efectivo. Lo que determina en qué sección nos quedamos es el lugar de procedencia de nuestro flujo de efectivo, por eso el juego se llama CASHFLOW®. Una sola persona puede tener varios flujos de efectivo y pertenecer a más de uno de los cuadrantes.

Los empleados del cuadrante E son gente que cuenta con empleos constantes y depende de su cheque de nómina.

Quienes se encuentran en el cuadrante A son los autoempleados que trabajan por hora o comisión, o con base en una tarifa. Muchos estudiantes de "10", como doctores y abogados, pertenecen al cuadrante A.

El cuadrante D está lleno de gente como Steve Jobs y Bill Gates, es decir, empresarios que inician negocios que se vuelven muy grandes.

La gente del cuadrante I son inversionistas profesionales y activos como Warren Buffett.

La mayoría de las personas que dicen dedicarse a la inversión son inversionistas pasivos que invierten en pensiones, cuentas individuales de retiro (IRA, por sus siglas en inglés), y portafolios 401(k). Como estas personas son inversionistas pasivos, y no se desempeñan a nivel profesional, sus inversiones están gravadas con niveles más altos de impuestos.

La mayor parte de los directores ejecutivos pertenecen al cuadrante E. También se les conoce como "capitalistas gerenciales" y son empleados que trabajan para empresarios. Los verdaderos capitalistas son gente como Steve Jobs, Bill Gates o Mark Zuckerberg, es decir, empresarios cuyas compañías tienen contratados a más de 500 empleados, y que hicieron la transición del cuadrante A, a los cuadrantes D e I.

Los sistemas educativos preparan a la gente para permanecer del lado izquierdo del cuadrante de flujo de efectivo, en las zonas E y A. Es por eso que la mayoría de los padres le recomienda a sus hijos "Estudiar en una escuela y conseguir empleo" (Cuadrante E), o "Convertirse en doctor o abogado" (cuadrante A).

Mi mamá y mi papá querían que cuando creciera fuera parte de los cuadrantes E o A.

Mi Padre Rico quería que cuando creciera fuera parte de los cuadrantes D e I.

Las diferencias entre lo que paga la gente de los distintos cuadrantes son abismales.

El lugar donde reside una persona en el cuadrante de flujo de efectivo —es decir, dependiendo de dónde vienen sus ingresos—, es lo que define cómo se gravan dichos ingresos. El diagrama que aquí se presenta muestra tipos de ingresos de los diferentes cuadrantes, así como la información de quién paga los porcentajes más altos de impuestos hoy en día.

PORCENTAJES DE IMPUESTOS PAGADOS POR CUADRANTES

Ahora ya sabes por qué el presidente Obama pagó 20.5% de impuestos y Mitt Romney pagó sólo 14 por ciento. La diferencia se encuentra en los distintos tipos de ingresos que se obtienen en los cuadrantes. El presidente Obama tiene la perspectiva de los cuadrantes E y A, en tanto que Mitt Romney tiene la de los cuadrantes D e I.

La mayoría de los socialistas pertenecen a los cuadrantes E y A; los verdaderos capitalistas, a los cuadrantes D e I.

Como podrás ver, recomendarles a tus hijos y motivarlos a "ir a la escuela para conseguir un empleo" en el cuadrante E, o "ir a la escuela para llegar a ser doctores o abogados" en el cuadrante A, es como sugerirles que trabajen para obtener ingresos por los que pagarán los porcentajes más altos de impuestos. De todos los cuadrantes, los estudiantes de "10" —o de "A"—, los doctores y abogados del cuadrante A son quienes más impuestos pagan.

Cada vez que las multitudes gritan, "Que se les cobren impuestos a los ricos", se aumentan los impuestos que pagan los asalariados con altos ingresos de los cuadrantes E y A, es decir, gente como directores ejecutivos, doctores y abogados. Los verdaderamente ricos, los capitalistas legítimos de los cuadrantes D e I, pagan, si acaso lo hacen, muy pocos impuestos.

Salario: 1 dólar al año

Pregunta: ¿Por qué el salario de Steve Jobs era de sólo 1 dólar anual?

Respuesta: Jobs era un verdadero capitalista. Sus ingresos no provenían de los cuadrantes E o A.

Para algunas personas, como el presidente Obama, esto podría sonar deshonesto e injusto, pero más adelante analizaremos por qué los beneficios fiscales para las personas de los cuadrantes D e I no solamente son justos, sino también necesarios para asegurarse de que la economía continúe creciendo.

Si tus hijos aprenden desde pequeños lo necesario sobre los impuestos, tendrán tiempo para tomar mejores decisiones de vida acerca de lo que querrán estudiar y cuáles cuadrantes son mejores. Nadie, sin embargo, debería elegir un cuadrante específico sólo para pagar menos impuestos. Entender las diferencias fundamentales entre los cuatro es parte de una buena educación financiera. Asimismo, al comprender los cuadrantes, los distintos tipos de ingresos y los impuestos que se pagan sobre los mismos, tus hijos contarán con cimientos que les permitirán tomar decisiones informadas respecto al dinero, los negocios y las inversiones.

Debo mencionar que preparar a tus hijos para los cuadrantes D e I, es algo que toma tiempo. Steve Jobs, Bill Gates y Mark Zuckerberg comenzaron sus viajes a estos cuadrantes cuando eran adolescentes. Estos tres hombres abandonaron escuelas muy buenas como Harvard y Reed College porque, en principio, la escuela sólo prepara a los estudiantes para los cuadrantes E y A, no para los D e I.

Al preparar a tus hijos para la batalla que librará contra los gorilas que lo esperan en el futuro, es importante hacerle saber que existen otras opciones más allá de "ir a la escuela, conseguir un empleo, trabajar arduamente y pagar impuestos cada vez más altos".

Más adelante ahondaré en el tema de por qué las tasas de impuestos son distintas en los cuadrantes. También te diré por qué, cuando la gente grita "¡Cóbrenles impuestos a los ricos!" las autoridades tienden a no molestar a la gente de los cuadrantes D e I. Sin importar cuánto se esfuerce el presidente Obama, las personas de los cuadrantes D e I siempre encontrarán maneras legales para pagar menos impuestos.

La lección sobre capitalismo comienza con el primer capítulo de *Padre Rico Padre Pobre*: "Los ricos no trabajan para obtener dinero." Dicho llanamente, quienes trabajan por dinero, es decir, las personas de los cuadrantes E y A, pagan los porcentajes más altos de impuestos. Las personas de los cuadrantes D e I son capitalistas, y los capitalistas hacen lo que el gobierno quiere que se haga, como generar empleos y producir viviendas accesibles. Es por eso que pagan menos impuestos. Lo anterior sucede en todas las economías de Occidente.

Esta diferencia en impuestos se aclarará en las secciones subsecuentes, ya que los gravámenes fiscales son una parte importante de la educación financiera de cualquier persona.

¿ES DEMASIADO TARDE PARA CAMBIAR DE CUADRANTES?

Pregunta: *¿Una persona tiene que ser joven para hacer la transición de los cuadrantes E y A, a los cuadrantes D e I?*

Respuesta: *No. El Coronel Harlan Sanders no inició su viaje sino hasta que se retiró. Cuando tenía 65 años, se construyó una nueva vía rápida frente a su pequeño establecimiento de pollo, y su negocio se vino abajo. Fue entonces que dejó el cuadrante A e inició su franquicia de Kentucky Fried Chicken en los cuadrantes D e I. La ventaja del Coronel fue que era muy bueno para cocinar pollo en el cuadrante A cuando comenzó su viaje a los cuadrantes D e I.*

Inspiración vs. motivación

Inspirar: la palabra proviene del latín *ispiratio* que significa "en espíritu" o "inspirado por Dios".

Motivar: la palabra proviene del latín *motere* que significa "mover".

Los cuadrantes D e I son muy exigentes, por lo que, para pertenecer a ellos se requiere de educación financiera sólida y de un comienzo a temprana edad. Muchas personas inician la travesía pero pocas la concretan, sin embargo, quienes lo logran obtienen recompensas inmensas. El éxito en los cuadrantes D e I es como escalar el Monte Everest, como subir a la cima del mundo, a la cima de la cadena alimenticia financiera. Si tus hijos empiezan a prepararse muy pronto, tendrán mayores oportunidades de llegar ahí.

La buena noticia es que para triunfar en los cuadrantes D e I, no tienes que ser la persona más inteligente. Esto significa que no tienes que ser un estudiante de "10" o de "8". Eso es más importante en el cuadrante E y, en particular, en el A. Podría decirse que el éxito en D e I es algo más como trabajo de equipo. Lo único que tienes que hacer es rodearte de gente inteligente, confiable y trabajadora, y aunque eso suena bastante sencillo, permíteme decirte que, muy a menudo, es el mayor desafío de estos cuadrantes.

MI HISTORIA

En 1969, me gradué de la Academia de la Marina Mercante de Estados Unidos, en Nueva York. Como la Guerra de Vietnam estaba en curso, me propuse como voluntario para servir a mi patria en lugar de iniciar mi carrera como oficial de un buque mercante, profesión para la que me había preparado en cuatro años de estudios. Tenía un excelente trabajo reservado como oficial de un buque petrolero de la Standard Oil, pero sabía que primero tenía que servir a mi patria.

Fue por eso que, en 1969, en lugar de navegar para la Standard Oil, fui voluntario para acciones militares como marino y asistí a la escuela de vuelo.

En el momento que atravesé la entrada de la Escuela Naval de Vuelo de Estados Unidos, en Pensacola, Florida, comenzó una gran aventura de aprendizaje para mí.

La preparatoria había sido una experiencia terrible, ya que la academia era hostil y competitiva, sin embargo, la escuela de vuelo fue el inicio de una relación amorosa que tuve con el aprendizaje. A pesar de lo desafiante que fue la escuela de vuelo, el gusto por aprender nunca me abandonó y, por primera vez en mi vida, me sentí feliz de ser estudiante.

Es indispensable amar el aprendizaje porque la educación es un proceso, como se indica en el diagrama siguiente.

PROGRESO EDUCATIVO

La Escuela Naval de Vuelo fue un proceso en el que en verdad la oruga se transformó en mariposa.

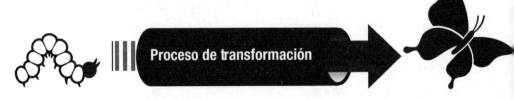

La escuela de vuelo fue algo más que sólo una experiencia educativa: fue una experiencia de transformación. Mi estancia ahí me desafió en los aspectos mental, emocional, físico y espiritual y, además… adoré los obstáculos que se me presentaron. Eso es lo que debería hacer la educación: inspirar al estudiante a aprender y ser más de lo que es.

Creo que una de las tareas más importantes de los padres es encontrar el proceso educativo que pueda hacer surgir los dones de sus hijos e inspirarles el amor por el aprendizaje. Puede tratarse de música, jardinería, arte o leyes. En mi caso, fue la escuela de vuelo porque, como ya mencioné, volar renovó mi amor por aprender, de la misma manera en que el juego de *Monopolio*® me inspiró a ser rico.

Por desgracia, si sólo motivas desde el exterior en lugar de inspirar desde el interior, la motivación se convierte en manipulación.

Es más importante que el proceso educativo inspire al niño y haga surgir su genialidad, que regañarlo por no sacar buenas calificaciones en los exámenes y hacerlo sentir estúpido.

Si un niño recibe educación financiera sólida en casa, podrá hacer lo que más le guste en la vida y, de todas formas, le irá bien en el aspecto financiero. Me pondré a mí mismo de ejemplo. Actualmente soy maestro pero, aunque la mayoría de los maestros obtiene sus ingresos del cuadrante E y se queja porque no gana suficiente dinero, yo no tengo ninguna razón para protestar. ¿Por qué? Porque soy maestro del cuadrante D. Como también pertenezco al cuadrante I, no necesito un cheque de nómina. La mayoría de mi dinero proviene de ese cuadrante, en el que los ingresos se gravan a una tasa mucho menor de manera legal, y con frecuencia, incluso a una tasa del 0 por ciento.

Usa los cuadrantes para inspirar

La lección para los padres es: "El cuadrante es más importante que la profesión."

Buena parte de este libro es sobre las diferencias en educación, habilidades y experiencia que se requieren para tener éxito en los cuadrantes D e I. La verdadera pregunta es, "¿cuál cuadrante inspira más a tus hijos?"

Los cuadrantes E y A nunca me inspiraron a aprender; los cuadrantes D e I, sí.

En realidad no importa mucho qué profesión elija un niño. Yo, por ejemplo, soy maestro, pero ejerzo en los cuadrantes D e I, no en el E.

La lección de padre rico

"Lo que define la habilidad para obtener ingresos de una persona no es la profesión sino el cuadrante."

Mi madre y mi padre pertenecieron al cuadrante E y se mantuvieron ahí siempre. A menudo decían: "Los ricos pagan menos impuestos porque son unos estafadores." Aunque mis padres estaban bien preparados, su educación académica nunca incluyó el estudio de los cuadrantes, los distintos tipos de ingresos ni los impuestos.

Nunca me imaginé que sería maestro, lo único que sabía era cuáles eran los cuadrantes sobre los que no podía dejar de pensar.

A Steve Jobs le sucedió lo mismo. Si lees su biografía, podrás ver que él no soñaba con llegar a ser un empleado ni un autoempleado, dueño de su propio negocito. Sus sueños eran mucho más grandes.

PREPARARSE PARA LO PEOR

Una de las razones por las que la gente tiene problemas cuando trata de cambiar de cuadrante es porque casi todos eligen su cuadrante con temor, más que con inspiración. Por ejemplo, la mayoría de la gente elige el E porque le da miedo no tener dinero y, por lo tanto, busca seguridad en el empleo, prestaciones y un cheque constante de nómina.

Muchos se acercan al cuadrante A porque carecen de confianza. Por lo que he visto, a la gente de A le cuesta trabajo confiar en los demás. Son personas que quieren hacer su trabajo y ser su propio jefe, y por eso a menudo dicen: "Si quieres que algo se haga bien, tienes que hacerlo tú mismo."

El problema del cuadrante A es que, en realidad, tú no eres dueño de un negocio sino de un empleo. Si dejas de trabajar, lo más común es que tu ingreso también se detenga, lo cual significa que tu única manera de ganar es manteniéndote ocupado.

Un negocio en el cuadrante D, en cambio, continúa generando ingresos, trabajes o no.

ENTRENAMIENTO PARA LA VIDA

Kim y yo nos retiramos a los 37 y los 47 años porque contábamos con ingresos que provenían de los cuadrantes D e I, no de E o A.

Disfruté mucho de la escuela de vuelo porque ahí nos inspiraron a confrontar nuestros miedos todos los días. No ingresé ahí para recibir un cheque de nómina o prestaciones para un retiro temprano como muchos de los otros pilotos lo hicieron. Los marinos de carrera son empleados del gobierno de Estados Unidos.

Yo me inscribí en el Cuerpo de Marina y en la escuela de vuelo porque deseaba recibir la inspiración y la preparación necesarias para la guerra. En lugar de buscar seguridad, nuestros instructores nos forzaban a practicar en "maniobras de emergencia" en cada uno de los vuelos. En vez de rezar y esperar que las cosas salieran bien, los instructores a veces dañaban las naves de alguna manera, incluso al punto de ahogar los motores, pero de esa forma nos forzaban a enfrentar el miedo, a mantenernos tranquilos y continuar con el vuelo. Fue el entrenamiento perfecto para la vida y para los cuadrantes D e I.

Mucha gente tiene problemas económicos sólo porque sus emociones dominan sus vidas. En lugar de enfrentar sus temores financieros, se ocultan. Muchos empleados del cuadrante E se esconden detrás de un escudo llamado cheque de nómina y seguridad en el empleo. Los autoempleados del cuadrante A se ocultan detrás de la pantalla de un fuerte individualismo y de la necesidad de sobresalir como los más inteligentes y capaces.

HABLA CON TUS HIJOS SOBRE LOS GORILAS

En lugar de proteger a tus hijos del mundo real con consejos como tener buenas calificaciones y un empleo, háblales acerca de los cuatro gorilas a los que se enfrentarán en sus vidas. Los niños son muy inteligentes en lo que se refiere al dinero. Permíteles prepararse para sus futuros de la misma manera que mis instructores de la escuela de vuelo me ayudaron a prepararme para Vietnam.

Sé que muchos expertos dirán que no es bueno espantar a los niños, pero no se trata de eso, sino de prepararlos para el futuro. Si ellos enfrentan sus temores y se preparan para lo peor, tendrán una mayor oportunidad de vivir una vida mejor.

Luego, si tus hijos deciden que prefieren buscar la seguridad de un empleo en el cuadrante E o la independencia del cuadrante A, por lo menos tendrán la oportunidad de tomar decisiones personales mejor informadas. Si creen que sus mayores oportunidades de triunfar se encuentran en D e I, entonces tendrán tiempo para prepararse. De la misma forma que Steve Jobs y Bill Gates comenzaron sus procesos cuando eran adolescentes, lo mejor es que tus hijos también lo hagan pronto, en particular si desean ser empresarios.

Tus hijos enfrentarán un mundo muy distinto a éste en el que vivimos ahora. Las oportunidades económicas serán enormes, pero también los problemas. Las bancarrotas de países enteros ya comenzaron; el hecho de que Grecia estuviera a punto de quebrar fue tan sólo el principio.

A menudo escuchamos a algunas personas decir: "A la siguiente generación de estadounidenses no le irá tan bien como a las anteriores." Tal vez sea cierto porque nuestras escuelas no están preparando a los niños para el mundo real ni para el futuro. Dicho de otra forma, además de proteger a tus hijos del futuro, tienes que prepararlos para que lo enfrenten.

UNA ÚLTIMA REFLEXIÓN SOBRE LA HISTORIA FINANCIERA

El presidente Richard Nixon sacó al dólar estadounidense del patrón oro en 1971. Con ese acto, el dólar dejó de ser dinero verdadero y se convirtió en divisa, en un instrumento de deuda, un pagaré de los contribuyentes estadounidenses.

La economía tuvo un auge después de ese año pero, por desgracia, era una economía construida sobre la deuda.

Luego, en 2007, explotó el globo de la deuda y, debido a eso, ahora estamos en medio de una crisis financiera, en una Nueva Depresión.

Quizá éste sea el precio que debamos pagar por no aprender del pasado.

LA HISTORIA SE REPITE

Mayer Amschel Rothschild, nacido en 1744, fue fundador del imperio bancario Rothschild y explica el origen de la crisis financiera global de la siguiente manera.

> *"Si me dan el control sobre la divisa de una nación, dejará de importarme quién haga las leyes."*

Cuando el presidente Nixon sacó al dólar del patrón oro en 1971, dejó de importar quién hiciera las leyes. Ya no importaba si lo hacían los republicanos o los demócratas. Los banqueros del mundo tomaron el control del país más poderoso del mundo: Estados Unidos de América.

Sin embargo, el presidente Nixon no fue el primero en caer bajo el poder de los banqueros.

Thomas Jefferson, uno de los padres fundadores de nuestra patria, firmante de la Declaración de Independencia y tercer presidente de los Estados Unidos, declaró:

> *"Si la gente norteamericana alguna vez le permite a los bancos controlar su dinero, primero con la inflación y luego con la deflación, los bancos y las corporaciones que prosperan en su entorno les arrebatarán su propiedad a los ciudadanos hasta que sus hijos despierten y descubran que son indigentes en el continente que sus antepasados conquistaron."*

Jefferson también nos advirtió:

> *"Sinceramente creo que las instituciones bancarias son más peligrosas para nuestras libertades que los ejércitos en pie de guerra; y que el principio de gastar dinero para que lo pague la posteridad... es una estafa a la gente del futuro a un nivel masivo."*

Dicho de otra forma, los bancos centrales, creados en 1913 —y de entre los cuales el más poderoso de la historia es el de la Reserva Federal—, han estado robándoles el futuro a nuestros padres, hijos y a los hijos de nuestros hijos. Es un tipo de robo que se ha extendido por todo el mundo, impulsado por la crisis global que enfrentamos en este momento.

El Banco de la Reserva Federal no es una iniciativa de Estados Unidos sino un cártel controlado por las familias bancarias más ricas del mundo. Ya no es asunto Federal; ni tú ni yo tenemos control sobre él. Además, no tiene reservas y no necesita dinero porque él mismo lo imprime. No es un banco.

En 1913, se aprobó la 16ª Enmienda de la Constitución, la cual le otorgaba al gobierno federal el poder de aplicar una tasación fiscal a sus ciudadanos por concepto de ingresos. La 16ª Enmienda condujo a la creación del Servicio de Rentas Internas de Estados Unidos (IRS, por sus siglas en inglés), y le dio el poder de cobrar esos impuestos.

Ese mismo año, los ciudadanos de Estados Unidos perdieron el control sobre su dinero. La gente más rica del mundo se apoderó del país que pronto se convertiría en el más poderoso de todos. Entonces comenzó un tremendo atraco por medio de los impuestos, ya que éstos son el medio por el cual los ricos y los poderosos logran meter sus manos en nuestros bolsillos, aprovechando el poder que tienen sobre el gobierno.

Este robo de nuestro futuro mediante las familias bancarias del mundo es lo que me hace creer que no tenemos educación financiera confiable en nuestras escuelas y, sobre todo, me confirma que los padres deben llenar ese vacío y preparar a sus hijos para las realidades financieras del futuro.

Thomas Jefferson, nacido en 1743, nos advirtió sobre lo anterior. Aquí hay otro fragmento de su advertencia:

"Los bancos y las corporaciones que prosperan en su entorno, les arrebataran su propiedad a los ciudadanos hasta que sus hijos despierten y descubran que son indigentes en el continente que sus antepasados conquistaron."

Esto podría explicar por qué nuestro gobierno rescató a los megabancos como Goldman Sachs y Bank of America, así como a corporaciones como AIG y General Motors, y todo, con el dinero pagado por los contribuyentes. Las acciones no se llevaron a cabo para salvar empleos sino para salvar a los ricos.

¿El fin de la Fed?

Durante la elección presidencial de 2012, Ron Paul, diputado de Texas y candidato en las elecciones primarias republicanas, habló sobre su libro llamado, *Fin a la Fed* (*End the Fed*). En ese libro Paul escribe acerca del poder de un banco central, cuyo funcionamiento va en detrimento de los intereses personales de los estadounidenses. En otras palabras, ¿quién paga el salario del presidente de la Fed, Ben Bernanke?

Paul inspiró el movimiento fundamental conocido como Fin de la Fed.

Thomas Jefferson habría estado de acuerdo, ya que en el siglo XIX, dijo: *"El poder [sobre el dinero] les debería ser arrebatado a los bancos, y restaurado a la gente a quien pertenece legítimamente."*

Esfuerzos inútiles

Aunque el esfuerzo es bastante noble, trabajar con el objetivo de acabar con la Fed es una pérdida de tiempo. Quizá todo el corrupto sistema sufra un colapso al igual que le sucedió al Imperio Romano en el siglo V. ¿Se derrumbará? ¿Cuándo sucederá? ¿Quién lo sabe?

En lugar de darle Fin a la Fed, mi padre rico nos enseñó, a su hijo y a mí, a "ser la Fed". "Ser la Fed" exige un alto nivel de educación financiera, y por eso, él comenzó a enseñarnos a tan temprana edad.

Para cuando termines de leer este libro habrás aprendido que tú también puedes inspirar a tus hijos a "ser la Fed", en lugar de tratar de darle "fin a la Fed".

Asimismo, para cuando termines de leer, habrás comprendido cómo, al igual que lo hace la Fed, yo también imprimo mi propio dinero y pago menos impuestos como lo hacen las más grandes empresas del país... de manera legal. Y debo destacar este punto porque con la educación financiera —el tipo de educación que puede transformar tu vida—, tú y tus hijos también podrán "fabricar su propio dinero".

Ahora bien, debo ser claro: no quiero decir que esto sea justo, pero hay muchas cosas en la vida que no lo son. Lo que trato de decir es que la "libertad" es un concepto noble y, de hecho, creo que fue el mismo por el que fui a la guerra. Este concepto incluye la libertad de elegir. Creo que nuestro sistema educativo es disfuncional porque no le brinda a nuestros estudiantes la libertad de opinar respecto a la educación en los cuatro cuadrantes. Nuestro mundo necesita más hombres y mujeres como Steve Jobs, gente que necesitó abandonar la escuela para aprender sobre los cuadrantes D e I. Pero, ¿por qué tienen que dejar la escuela para hacer eso? Steve Jobs generó empleos. Nuestras escuelas producen suficientes directores ejecutivos, es decir, capitalistas gerenciales que sólo son empleados y necesitan un empleo para sí, pero muy a menudo terminan destruyendo los empleos de las demás personas.

No es justo que en nuestras escuelas se enseñe historia selectiva ni distorsionada. ¿Por qué no decirles la verdad a los chicos? Gran parte de la historia se refiere al dinero. Por eso, decir que las guerras se libraron por la libertad es distorsionar la verdad. Las guerras se pelean por dinero porque la guerra es un gran negocio.

Decir que Cristóbal Colón fue un explorador, por ejemplo, es una distorsión de la verdad, una opinión sesgada. Colón fue un empresario a quien la reina Isabel financió, y que fue en busca de una ruta de comercio a Asia.

Colón fue el Steve Jobs de su era. Su descubrimiento de la riqueza del norte y el sur de América hizo de España la nación más rica del mundo en aquella época.

Gracias a todo el oro robado por los grandes exploradores (piratas) como Francisco Pizarro, Fernando de Magallanes y Hernán Cortés, la economía española entró en auge. España, alguna vez una gran nación, es ahora, junto a Grecia, Italia y Francia, uno de los casos perdidos de la economía. En esta ocasión, la economía de España, como la del resto del mundo, tuvo un auge y un colapso, pero no de oro y plata, sino de deuda y dinero falso de los Bancos Centrales.

Los grandes piratas siguen rondando por todo el mundo. Ahora ya no hacen travesías en navíos: ahora dirigen bancos internacionales.

Vale la pena repetir las palabras de Mayer Amschel Rothschild de 1838:

> *"Si me dan el control sobre la divisa de una nación,*
> *dejará de importarme quién haga las leyes."*

Hoy en día tal vez diría:

> *"Si me dan el control sobre las divisas del mundo,*
> *dejará de importarme quién haga las leyes."*

LECCIONES APRENDIDAS CON EL JUEGO DE MONOPOLIO®

Las reglas del *Monopolio* dicen que: *"El banco nunca quiebra. Si el banco se queda sin dinero, el banquero puede emitir tanto como necesite con sólo escribir en papel común."*

Ésta es la razón por la que padre rico usaba el *Monopolio* para enseñarnos a su hijo y a mí acerca del dinero. Padre rico solía decir, "El *Monopolio* es el verdadero juego de la vida".

EL MUNDO ACTUAL

El mundo actual funciona con dinero falsificado, deuda y pagarés de los contribuyentes.

Los banqueros que construyeron este castillo global de naipes se hicieron muy ricos y recibieron donativos y bonos del gobierno, mientras millones de contribuyentes empobrecían a toda velocidad.

Pero esto no sólo pasó en Estados Unidos, es un problema global.

LOS GORILAS INTERNACIONALES

Te presento algunos ejemplos modernos de lo que sucede cuando los piratas toman el control del dinero de una nación.

Japón

La economía de Japón ha permanecido estancada por más de veinte años a pesar de que este país tiene una de las tasas más altas de ahorro del mundo. Hasta ahí llegó la noción de que los norteamericanos sólo tienen que ahorrar más dinero para salvar a la economía.

Grecia

Grecia se fue a la bancarrota en 2012 y entonces los jubilados comenzaron a suicidarse porque no querían enfrentar la vejez en medio de la pobreza. Le siguen España, Italia y Portugal. En muchos países, las personas más inteligentes y mejor preparadas abandonan sus hogares para buscar oportunidades en otros países. A esta crisis se le conoce como "fuga de cerebros".

Italia

En Italia, a principios de 2012, el precio del galón de gasolina subió de 10 dólares a 16 en sólo un día. Esto sucedió porque hubo un incremento en los impuestos para ayudar a pagar los intereses de la deuda pública. El problema de los burócratas con mayor preparación académica es que creen que aumentar los impuestos salvará la economía. Las imposiciones fiscales matan a las economías porque los banqueros y los políticos se enriquecen con ellas.

Cada vez que los bancos imprimen dinero, suceden tres cosas: los impuestos y la inflación aumentan, y la gente empobrece.

Francia

Francia, la segunda economía más importante de Europa, tiene una deuda muy fuerte debido a que su crecimiento se estancó. En lugar de trabajar con más ahínco, los franceses quieren tener más tiempo libre, trabajar menos y retirarse más jóvenes. La productividad va en descenso, y Francia... también.

Para resolver el problema, Francia está incrementando los impuestos para los ricos... de la misma manera que lo quiere hacer Estados Unidos. Pero cuando les cobras a los ricos, ellos se van del país (y se llevan su dinero con ellos).

China

El motor de crecimiento de China ha comenzado a fallar a medida que el desempleo y el poder militar van en aumento.

México

En México, el vecino de Estados Unidos, los grandes narcos tienen más dinero, armas e influencia que el gobierno. Evidentemente, este entorno no es el más indicado para educar a los niños.

DALES A TUS HIJOS UNA VENTAJA FINANCIERA

Si quieres que tus hijos tengan una ventaja de ganador en la vida, enséñales sobre el dinero y sobre su impacto en la historia. Enséñales las verdaderas reglas del dinero y de los impuestos.

En una de las secciones del libro, aprenderás las ventajas de los ganadores en la vida real, que la educación financiera podría darle a tus hijos. Son ventajas de los ganadores que ni siquiera los estudiantes de "10" tienen.

EL FUTURO DE TUS HIJOS

Repetiré la advertencia de Edmond Burke: *"Aquellos que no conocen los errores de la historia, están destinados a repetirlos."*

Yo, en lo personal, preferiría aprender de la historia del dinero... que permitir que el futuro de éste me aplaste.

Se ha reportado que desde 1971 el dólar estadounidense ha perdido más de 90% de su poder adquisitivo. Y créeme, no van a pasar otros cuarenta años antes de que pierda el 10% que le queda.

Piensa en lo siguiente: si le enseñas a tus hijos a ser capitalistas, los educas y les hablas sobre las ventajas de los ganadores que los cuadrantes D e I les ofrecen a los capitalistas, y si los informas acerca de las verdaderas reglas del dinero y los impuestos, habrá menos probabilidades de que los cuatro gorilas pisoteen su futuro.

ACCIONES PARA PADRES

Usa los problemas económicos como oportunidades para aprender

Mi madre y mi padre se esforzaron para proteger a sus hijos de los problemas económicos.

Lo malo fue que, aunque los cuatro hijos sabíamos que teníamos problemas, decidimos ocultarnos de ellos en lugar de enfrentarlos.

Cuando mi Padre Rico tenía problemas de dinero o de trabajo, usaba el problema de la vida real como una oportunidad para aprender. Invertía el tiempo necesario para explicar el problema y las posibles soluciones a éste.

Padre rico solía decir: "Los problemas te pueden hacer más inteligente, pero también te pueden empobrecer. Tú eliges."

Cuando haya problemas económicos en el hogar, le sugiero a los padres que usen este libro u otras fuentes para encontrar las posibles soluciones a esas dificultades financieras personales. Luego discutan el problema y las soluciones porque, de esa forma, los miembros de la familia se harán más inteligentes en el aspecto económico y podrán superar el problema.

Los integrantes de la familia pueden aprovechar los problemas económicos —y trabajar en las soluciones— para volverse más sagaces al mismo tiempo. Más adelante, cuando tus hijos enfrenten problemas de dinero, este hábito les ayudará a ver los problemas como una oportunidad para aprender a manejar dificultades de este tipo.

Si tus hijos son demasiado pequeños o no están listos parar manejar los problemas económicos del mundo real que suelen ser tan perturbadores, entonces llévalos de compras y habla con ellos sobre la forma en que haces el presupuesto para alimentar a la familia. Ésa es una forma de brindarles educación financiera del mundo real.

Todos tenemos apuros económicos… hasta la gente rica. Sin embargo, lo que nos puede hacer más ricos o pobres es la forma en que enfrentamos esos apuros. He aprendido a no desperdiciar un buen problema económico porque, cada vez que en casa resolvemos uno, el proceso nos ayuda a ganar experiencia.

Capítulo cuatro

Lección #4.
Ventanas de aprendizaje

Estoy seguro de que la mayoría de los padres está al tanto de que sus hijos tienen conciencia del dinero. Cuando son bebés, el brillo de las monedas capta su atención y, a medida que crecen, los niños empiezan a tener noción de lo que cuestan las cosas. Muchos tal vez recordamos los sermones de nuestros padres cuando les decíamos que queríamos una bicicleta o un juguete nuevo: "¿Tú crees que el dinero crece en los árboles?"

Los niños ven que el dinero cambia de manos —en la tienda de abarrotes, en el cine, en la gasolinera— y, por lo tanto, también desarrollan a temprana edad una noción de lo que son los sueldos y los gastos. Llega un momento en que les agrada tener su propio dinero, ya sea las pocas monedas que les trae el ratón de los dientes, el dinero que les da papá por ayudar en el jardín, o los billetitos que les regala la abuela en su cumpleaños.

Pregunta: *¿A qué edad deberías comenzar a enseñarle a tus hijos sobre el dinero?*

Respuesta: *En cuanto entiendan la diferencia entre un billete de muy baja denominación y uno de mayor denominación.*

JUSTIFICACIÓN

Todos los niños atraviesan por tres ventanas importantes de aprendizaje. Las primeras tres ventanas son:

Primera ventana: Del nacimiento a los 12 años.

Segunda ventana: De los 12 a los 24 años.

Tercera ventana: De los 24 a los 36 años.

LAS TRES VENTANAS DE APRENDIZAJE

Cuando se les enseña a los niños es importante estar consciente de las tres ventanas de aprendizaje y de lo que los niños experimentan a medida que van atravesando por las distintas etapas de desarrollo.

VENTANA DE APRENDIZAJE #1

Del nacimiento a los 12 años. Aprendizaje dramático

La mayoría de los psicólogos especializados en educación están de acuerdo con que la ventana del aprendizaje #1 es el periodo de aprendizaje más dramático para los niños. Todo lo que ven, prueban y sienten, se transforma en una emocionante experiencia de entendimiento. Tal vez aún no comprenden lo que significa la palabra *caliente*, pero muy pronto sabrán lo que se siente.

En esta ventana de aprendizaje el cerebro del niño es como arcilla y aún no se ha dividido. No es sino hasta los 4 años que el cerebro se empieza a fraccionar en hemisferio derecho e izquierdo.

Si se dice que en una persona "domina el lado derecho", significa que es más artística, creativa y libre en su forma de ver la vida. Si se dice que "domina el lado izquierdo", significa que esa persona es más estructurada y lineal, y menos creativa. Se dice que la oralidad, la lectura, la escritura y las habilidades y aptitudes matemáticas se encuentran en el hemisferio izquierdo. Las escuelas tradicionales consideran que los estudiantes en que domina este hemisferio son inteligentes.

Las escuelas de arte, música y danza tienen la tendencia a atraer estudiantes en los que domina el hemisferio derecho.

Si un niño es zurdo, las tendencias de dominación de hemisferio derecho o hemisferio izquierdo podrían estar intercambiadas.

Varios investigadores creen que en los grandes genios hay un equilibrio en cuanto al dominio, es decir, ambos hemisferios ejercen igual poder. Un investigador estudió a individuos como Winston Churchill quien, cuando era niño, decía con frecuencia que veía destellos en su cerebro que lo deslumbraban. Algunos minutos después era capaz de articular su genialidad. Dicho en términos sencillos, el destello de genialidad sucedía en el hemisferio derecho, el lado creativo. Como la capacidad de hablar proviene del lado izquierdo, el destello de genialidad tenía que viajar del hemisferio derecho al izquierdo, lo que le permitía hablar sobre sus nuevas ideas. Hoy en día podríamos decir que era algo como: "Una luz que apareció en mi cabeza." No obstante, como era de esperarse, no todos los investigadores están de acuerdo con esta escuela de pensamiento.

Una de las razones por las que los juegos como el *Monopolio* son excelentes herramientas educativas, es que involucran ambos hemisferios del cerebro. Los juegos tienen el poder de capturar a la persona en su totalidad, no sólo al hemisferio izquierdo. Esto es aplicable en niños y adultos. En otras palabras, el aprendizaje es un proceso tanto físico como emocional y mental.

Sin tomar en cuenta de qué lado te inclines respecto a este debate, lo que sí parece ser cierto es que durante la primera ventana, del nacimiento a los 12 años, los niños son como máquinas de aprender. Los padres no tienen ni siquiera que motivarlos, ya que ellos aprenden de manera activa y pasan de gatear a caminar, hablar, comer y andar en bicicleta con toda naturalidad. La pequeña máquina de aprender llega a cansar a los padres.

Y luego el niño va a la escuela.

La primera ventana de aprendizaje es cuando los niños aprenden idiomas y acentos. Por ejemplo, la forma de hablar de un niño que nació en Alabama podría crecer con acento sureño, mientras que un niño nacido en Nueva York desarrollará un característico acento neoyorquino. Más adelante, el niño puede aprender otro idioma pero, con frecuencia, el primer acento que adoptó cuando era pequeño se transmite al idioma recién aprendido.

Los niños que crecen en Europa tienen la ventaja de que pasan los primeros años de su vida —cuando está abierta la primera ventana— en un ambiente cultural de múltiples idiomas. Más adelante esta experiencia les permite aprender nuevos idiomas y hacer el cambio de uno a otro con facilidad. En contraste, los niños que crecen en ambientes en los que solamente se habla un idioma a veces tienen problemas para aprender otros más adelante.

En la primera ventana de aprendizaje, el niño desarrolla preferencias por culturas, alimentos y música. Lo que puede ser un alimento exquisito para un niño, podría ser repulsivo para otro. El niño que crezca en la ciudad tendrá una perspectiva distinta del que crece en una granja aislada. El que crezca en el gueto verá el mundo de una manera distinta a la forma en que lo ve el que se desarrolle en los suburbios. De manera similar, un niño pobre tendrá un desarrollo diferente al de un niño que crezca en la opulencia. Y, naturalmente, los niños que sufren abusos tendrán que enfrentar desafíos más adelante, que los niños que fueron criados con amor jamás entenderán.

Entre el nacimiento y los 12 años, el cerebro del niño es bastante suave. A medida que se va dando el aprendizaje, también se forman caminos neuronales en el cerebro. En términos sencillos, los caminos neuronales son como calles. De la misma manera en que una persona que va a una nueva ciudad necesita aprender a moverse en el lugar —aprender el camino de casa al supermercado, al trabajo y a la iglesia—, el cerebro de un niño va formando estos caminos cuando aprende a gatear, caminar, hablar y andar en bicicleta.

Los 12 años son importantes como parteaguas porque, después de esta edad, el cerebro empieza a borrar o deslavar partes de él mismo que no han formado caminos neuronales todavía. Dicho de otra forma, "o lo usas o lo pierdes".

En cuanto los caminos neuronales se forman y las partes no usadas del cerebro se borran, se hace más difícil aprender cosas nuevas. Después de los 12 años ya no es tan sencillo conectar los puntos para el aprendizaje. En lugar de tan sólo trazar líneas, a partir de esa edad los puentes se tienen que construir sobre crestas de montañas y valles en un cerebro que ya evolucionó y comienza a envejecer.

Es por eso que sí hay algo de verdad en el viejo dicho: "No puedes enseñarle nuevos trucos a un perro viejo." Entre más grande seas, más se desacelera el proceso de aprendizaje, y más difícil se hace construir nuevos caminos neuronales.

Estos periodos se llaman "ventanas" porque eso es justamente lo que son: una ventana, una apertura que por un breve lapso te permitirá aprender algo. Por ejemplo, hay una ventana para aprender a caminar. Si el niño no aprende a hacerlo durante esa primera oportunidad, existe la posibilidad de que quede incapacitado para siempre porque las habilidades esqueléticas, musculares y motoras, nunca se desarrollaron. Sucede lo mismo en lo que se refiere a aprender a hablar y a socializar con otras personas. Si un niño no aprende a leer y escribir durante la primera ventana de aprendizaje, podría quedar dañado e impedido de por vida. Podría aprender estas habilidades más adelante, pero siempre será más difícil. Si se pierde la ventana, se cierra.

Recuerdo la historia de una niña, cuyos padres la encerraron en un clóset por años. Antes de que la encontraran, la niña ya había perdido la primera ventana de aprendizaje y la mayor parte de la segunda. A pesar de que actualmente se encuentra libre, continúa teniendo severos problemas de discapacidad mental, física, emocional y social. Nunca desarrolló los caminos neuronales normales que muestran los otros niños al crecer.

VENTANA DEL APRENDIZAJE #2

De los 12 a los 24 años. Aprendizaje rebelde

Cuando el niño entra a los años de adolescencia aprende por medio de su rebeldía. Por ejemplo, si le dices a un adolescente furioso: "No bebas", lo más probable es que beba o que, al menos, se sienta más inclinado a experimentar con las bebidas alcohólicas. Si te pide el carro y le dices, "No manejes rápido", de seguro manejará a toda velocidad. Si le dices, "No tengas relaciones sexuales", más curiosidad le va a dar el sexo, en especial, debido a la presión que los chicos viven hoy en día por parte de sus compañeros.

La segunda ventana de aprendizaje se llama ventana de *aprendizaje rebelde*, porque los niños aprenden por medio de la rebeldía en esta etapa de sus vidas. Los niños quieren aprender *exclusivamente* lo que a ellos les interesa. Quieren tomar sus propias decisiones y que nadie les diga por dónde ir. Es cuando comienzan a ejercer el poder de pensar y elegir por sí mismos.

La mayor parte de los conflictos entre generaciones surge en esta etapa del aprendizaje. Por ejemplo, la rebelión adolescente y el crecimiento generan nuevas formas de música. En los años cincuenta se trataba de Chuck Berry y Elvis. El rock and roll conmocionaba a los adultos que preferían escuchar jazz. En los sesenta, los Beatles y los Rolling Stones explotaron el rock and roll mediante el nuevo medio de la televisión. En los setenta, John Travolta era el rey del disco. En los noventa, Nirvana, dirigidos por Kurt Cobain, presentó la música grunge. El rap y el hip-hop de la actualidad comenzó a despegar de verdad también en esa década y, por supuesto, Michael Jackson logró borrar casi por completo las líneas entre blanco y negro, música, baile, teatro, videos musicales y coreografías muy elaboradas.

El desafío de la ventana #2

El verdadero desafío del aprendizaje rebelde es que el niño aún no está consciente de las consecuencias. Por ejemplo, si dices, "No manejes rápido", los chicos no entienden lo que podría pasar si manejan a toda velocidad, y desconocen los posibles resultados de sus acciones: consecuencias como multas, accidentes automovilísticos, incluso lo peor, que es la muerte. Tú como padre estás al tanto de estos riesgos y consecuencias, pero tus hijos no.

Como los adolescentes no entienden las consecuencias que podrían tener sus actos, en este periodo de rebeldía muchos pierden el rumbo. Pueden desarrollar hábitos de consumo de drogas, dejar la escuela, convertirse en padres repentinamente o iniciarse en el crimen.

Sobra decir que esta segunda ventana de aprendizaje es muy importante y que el tipo de relación que el niño o la niña tenga con sus padres es crucial. De una forma muy similar a como sucede en la primera ventana, en este periodo de desarrollo los maestros más importantes para los chicos son sus propios padres.

Si el adolescente se mete en problemas en esta etapa, eso no necesariamente quiere decir que el padre sea incompetente o que el mismo chico sea malo. Esta segunda ventana de aprendizaje tiene una función muy importante, ya que es cuando el niño se rebela por instinto y empieza a experimentar porque ésa es su manera de aprender.

Con frecuencia, cuando el chico se mete en problemas y tanto él como su padre o madre tienen que enfrentar las consecuencias, la relación se pone a prueba. Por ejemplo:

- ¿Cómo responden los padres si su hija choca el automóvil? ¿Cómo responden si al hijo lo consignan por manejar en estado de ebriedad? Aquí es cuando la relación padres-hijos se pone a prueba. Es cuando los padres descubren cuán buenos maestros son... o no.

- ¿Cómo responden los padres cuando descubren que su hijo de conducta impecable que está a punto de entrar a la universidad, se gana unos cuantos miles de dólares al mes vendiendo drogas? ¿Llaman los padres a la policía para que arresten a su hijo o hacen todo lo necesario para encubrir su comportamiento criminal?

- ¿Qué hacen los padres cuando se dan cuenta de que su hijo ha estado faltando a clases y tiene problemas de conducta? ¿Culpan a la escuela de los problemas del hijo? ¿O resuelven el problema trabajando en equipo con la institución, los maestros y el estudiante?

- ¿Qué hacen los padres cuando su hija adolescente llega a casa y les anuncia que está embarazada, pero ni siquiera sabe quién es el padre de su hijo?

103

Es obvio que no hay una respuesta sencilla para estas preguntas. Cada circunstancia es distinta, así como lo es cada adolescente. Incluso en un hogar en el que hay más de un hijo, las diferencias entre ellos pueden ser asombrosas. Las lecciones que los padres dan a cada uno de sus hijos son únicas y, en ocasiones, muy difíciles de impartir. Éste es el momento en que la comunicación y la disposición a tomar en cuenta otros puntos de vista se vuelven un aspecto crucial.

Creo que la etapa más difícil en la vida de un individuo es precisamente la de esta ventana de aprendizaje, entre los 12 y los 24 años. Si un niño logra superar este periodo con éxito, tendrá mayores oportunidades de que le vaya bien en la vida. Entonces, la pregunta es: ¿qué tan bien preparado estás como padre para manejar la segunda ventana de aprendizaje, esos años en que tu hijo va a aprender por medio de su rebeldía? Si hiciste un buen trabajo en la primera ventana, tendrás más probabilidades de guiarlo bien en la segunda ventana. Y si en estos años te has conducido pensando: "Con suerte, crecerán y dejarán los problemas atrás", lo has hecho bien. La mayoría de los chicos efectivamente crecen y superan sus dificultades, pero algunos no lo logran, y ahí es cuando el desempeño de los padres es fundamental.

Ventana de aprendizaje #3
De los 24 a los 36 años. Aprendizaje profesional

Esta ventana de aprendizaje es en la que el adulto aprende a "hacerse camino en la vida". También es una etapa muy importante porque es cuando los padres comprueban qué tan bien desempeñaron su papel como padres y como maestros. Todos sabemos que el mundo real no siempre es justo, equitativo o amable, y que, de hecho, puede impartir lecciones con bastante rudeza.

En la tercera ventana de aprendizaje, el individuo empieza a echar raíces en el aspecto profesional. Por ejemplo, si estudió medicina, comenzará a ver qué tan bueno es como médico. También descubrirá si eligió la profesión adecuada. Si carece de educación profesional, entonces irá de un empleo a otro antes de encontrar su lugar, si acaso llega a encontrarlo. Muchos jóvenes batallan mucho porque no tienen el valor necesario para perseguir sus sueños pero, con frecuencia, es en ese momento que despierta su genialidad y el chico descubre sus dones y talentos.

Por lo general, durante esta ventana de aprendizaje la gente joven se casa, inicia una familia y compra su primera casa. Es cuando las personas empiezan a asimilar las realidades económicas del mundo real. La vida se enfoca cada vez más en el dinero y, en ocasiones, en la falta de éste. La forma en que una persona joven enfrente las crecientes presiones financieras dependerá de lo que aprendió sobre el dinero cuando era pequeña, en la primera y la segunda ventanas de aprendizaje.

Desde 2007, millones de jóvenes han sido incapaces de encontrar un empleo adecuado y gratificante o, sencillamente, han estado desempleados en su tercera etapa de aprendizaje. El no poder desarrollarse en esta tercera etapa puede afectar en gran medida el resto de sus vidas. Es por eso que el desempleo juvenil a nivel global representa un problema demasiado grande y no sólo se trata de "jovencitos que no consiguen trabajo". El hecho de que haya toda una generación de jóvenes adultos desempleados podría significar, en el futuro, una dificultad de proporciones masivas, y tus hijos van a tener que enfrentarse a eso.

Un maestro podría enseñarle a tus hijos durante un semestre o un año escolar, pero los padres son maestros de por vida. La consistencia y estabilidad que le brindan a la vida de sus hijos —a través de todas las ventanas de aprendizaje— te debe dar una idea de por qué son los maestros más importantes.

MI HISTORIA

Obviamente, cuando tenía nueve años no sabía nada acerca de las ventanas de aprendizaje; sólo sabía que algo me hacía falta en la escuela. Se trataba de información sobre el dinero, y por eso fui en busca de padre rico. De forma instintiva supe que necesitaba otro maestro y que tenía que ser diferente.

Mi búsqueda de un nuevo maestro comenzó en realidad cuando tenía 7 años y vi a mi madre sentada en la mesa de la cocina llorando. Lloraba porque los recibos se juntaban y nuestra familia no tenía dinero para pagarlos. Todavía recuerdo que me mostró el estado de cuenta del banco, lleno de líneas con números rojos.

En la década de los cincuenta, los bancos les enviaban a sus clientes estados de cuenta mecanografiados. Era un documento de color dorado. A principios de mes, después de que mi padre depositaba su cheque de nómina, los números estaban en tinta negra, pero a medida que mis padres emitían cheques, esos números se volvían rojos, con lo que se indicaba que no había suficiente dinero en la cuenta bancaria para cubrir los cheques. Se habían sobregirado.

Me molestó mucho encontrar a mi mamá llorando. Como sólo tenía 7 años no podía entender por qué una persona podía llorar por dinero. En ese momento se abrió mi primera ventana de aprendizaje.

Le pregunté a mamá qué estaba haciendo papá respecto al problema. Ella lo defendió diciendo: "Hace todo lo que puede. Trabaja muy duro y está estudiando para terminar su maestría y su doctorado, y así conseguir un empleo donde le paguen mejor."

Yo sólo tenía 7 años, así que no entendía de qué hablaba mi madre. Lo único que sabía era que algo andaba mal, algo muy importante.

Ahora que soy adulto me dan ganas de gritar cada vez que escucho que alguien dice: "Voy a volver a la escuela a estudiar para conseguir otro título", y piensa que ésa será la solución a sus problemas.

Creo que todavía puedo escuchar a mi Padre Rico diciéndome: "Si asistir a la escuela te hiciera rico, entonces los maestros serían millonarios."

Mi primera ventana de aprendizaje

Como ya lo mencioné, padre rico nos enseñaba a su hijo y a mí las lecciones económicas después de jugar *Monopolio*. En lugar de decirnos qué hacer y advertirnos que no cometiéramos errores, usaba los que habíamos cometido durante el juego para establecer conversaciones y lecciones que debíamos aprender.

De acuerdo con la teoría de las ventanas de aprendizaje, en aquel entonces mis caminos neuronales relacionados con el dinero se empezaron a configurar, mientras jugaba *Monopolio*.

Nunca tuve buenas calificaciones en la escuela. Sin importar cuánto me esforzara, siempre fui un estudiante promedio. A mis dos padres les preocupaban mis calificaciones. Mike, el hijo de padre rico, tampoco tenía un desempeño escolar mucho mejor que el mío.

Un día padre rico se acercó a nosotros y nos dijo: "Sus calificaciones son importantes, pero les voy a contar un secreto de la vida real."

"¿Cuál secreto?", le preguntamos.

Padre rico se inclinó hacia delante y susurró: "Mi banquero nunca me pidió la boleta de calificaciones. A él no le importa si fui buen estudiante o en qué escuela estudié."

Con curiosidad, le preguntamos: "¿Qué es lo que quiere ver tu banquero?"

"Mi estado financiero", nos contestó, al mismo tiempo que se estiraba para abrir uno de los cajones de su escritorio. De ahí sacó el documento y, cuando nos lo mostró, dijo: "Cuando sale uno de la escuela, el estado financiero se convierte en la nueva boleta de calificaciones. El problema es que los niños salen de la escuela sin siquiera saber lo que es este papel."

Cuando Kim y yo creamos *CASHFLOW®*, lo diseñamos pensando en un estado financiero como el que se muestra a continuación.

Profesión

Jugador

Objetivo: sal de la carrera de la rata logrando que tu ingreso pasivo sea mayor que tus gastos totales.

ESTADO FINANCIERO

Ingresos

Descripción	flujo de efectivo
Salario:	
Intereses / dividendos	
Negocio de bienes raíces	

Auditor

(La persona que está a tu derecha)

Ingreso pasivo: $ _____
(Flujo de efectivo
de intereses / dividendos
+ bienes raíces / negocios)

Ingreso total $ _____

Gastos

Impuestos	
Pago hipotecario:	
Pago escolar:	
Autofinanciamiento:	
Pago de tarjetas de crédito:	
Gastos menores:	
Otros gastos:	
Gastos de los niños:	
Pago préstamo:	

Número
de niños $ _____
(Comienza el juego sin niños)

Gasto por niño $ _____

Gasto total $ _____

Flujo de efectivo mensual (NÓMINA) $ _____
(Ingreso total – gasto total)

BALANCE GENERAL

Activos

Ahorros:		
Acciones / fondos / CD	# de acciones	costo / acción:
Bienes raíces / negocios	enganche:	costo:

Pasivos

Pago hipotecario		
Préstamo escolar:		
Autofinanciamientos:		
Tarjetas de crédito:		
Deuda menor:		
Bienes raíces / negocios:		Hipoteca / pasivo

Préstamo

Este juego —diseñado con el estado financiero como elemento fundamental— es en realidad el siguiente paso evolutivo del *Monopolio*. Es una forma de aplicar las lecciones aprendidas sobre dinero e inversiones en el juego de la vida real.

Mientras estaba en mi primera ventana de aprendizaje, padre rico imprimió para siempre la imagen del estado financiero básico en mi mente. Este sencillo diagrama se volvió parte del desarrollo de mis caminos neuronales, caminos que, algún día, llegarían a establecer la dirección que yo tomaría en la vida.

Éste es el diagrama de padre rico del estado financiero. Este documento se convierte en tu boleta de calificaciones en cuanto sales de la escuela; es la única "boleta" que querrá ver tu banquero.

ESTADO FINANCIERO

Siempre que padre rico nos enseñaba acerca del lenguaje del dinero, usaba definiciones muy sencillas para explicar las palabras más comunes del vocabulario financiero. Por ejemplo, en lugar de las definiciones tan complejas y confusas que se pueden encontrar en el diccionario para "activo" y "pasivo", él usaba definiciones simples que cualquiera podía entender.

Digamos que el diccionario *Webster's* define activo como:

ac-ti-vo sustantivo

a. Propiedad de una persona fallecida que por ley está obligada a pagar sus deudas y herencias.

b. Propiedad total de una persona, asociación, empresa o estado, aplicable o sujeta al pago de deudas.

Padre rico definía la palabra "activo" en términos muy sencillos: "Algo que lleva dinero a mi bolsillo." Su definición de "pasivo" era igual de simple: "Algo que saca dinero de mi bolsillo."

Las flechas del diagrama anterior ilustran el flujo de efectivo. Lo que define la diferencia entre activos y pasivos es, nada más, la dirección del flujo mismo. Es decir, el dinero que entra y el dinero que sale.

Para padre rico, las palabras "flujo" y "efectivo" eran las más importantes en el ámbito del dinero. Si no podías ver hacia dónde corría el flujo del efectivo, entonces no podías saber si algo era un activo o un pasivo.

Por eso, padre rico decía: "Mi casa no es un activo." Y no lo era porque, a pesar de que estaba libre de hipotecas y deudas, él de todas formas tenía que pagar impuesto predial, electricidad, drenaje, agua, mantenimiento y seguros cada mes. Así pues, debido a que su casa, su residencia personal, sólo sacaba dinero de su bolsillo, en realidad se trataba de un pasivo.

Las propiedades que padre rico rentaba a otros, en cambio, eran una historia diferente. A pesar de que estaba endeudado por las mismas, en realidad eran activos porque los pagos por concepto de rentas que recibía de sus inquilinos cubrían las hipotecas, impuestos y reparaciones de las propiedades, y además, llevaban dinero a su bolsillo.

Padre rico se volvía cada vez más rico porque cada año compraba más propiedades para rentar. Fueron casitas verdes, pero sólo hasta que pudo empezar a comprar hoteles rojos. En cuanto tuvo varios de estos hoteles, dejo de comprar casitas verdes.

Mi Padre Rico nos repetía constantemente: "Los activos ponen dinero en mi bolsillo", y luego dibujaba en el estado financiero una línea que iba de la columna de activos a la columna de ingreso. Sus palabras, la explicación y el diagrama grabaron la definición en mi mente e hicieron que en mi cerebro se creara un camino neuronal. En lugar de usar las palabras sólo para definir (hemisferio izquierdo), también llegué a tener una imagen (hemisferio derecho) que podía asociar con la experiencia física de jugar *Monopolio*.

Lo más importante de todo es que tuve un gran maestro, un hombre paciente que sabía de lo que hablaba, un hombre que nos amaba y nos hizo saber que éramos importantes para él. Padre rico quería que nos fuera bien en el mundo real. A pesar de que tenía muchas ocupaciones, jugó *Monopolio* con nosotros por horas. Nos estaba preparando para el mundo real, un mundo cuyo combustible era el dinero.

Padre rico no sólo decía algo una vez con la esperanza de que eso bastara para que lo aprendiéramos. Él creía que la repetición era un elemento fundamental del aprendizaje a largo plazo. Sin importar cuántas veces nos dijera que algo era importante, sabíamos que lo seguiría repitiendo. Si me decía "Los activos llevan dinero a tu bolsillo", y luego trazaba líneas en su diagrama que iban de la columna de activos a la de ingreso, yo sabía que volvería a escuchar y ver aquello mil veces más. Y por supuesto, cada vez que jugábamos *Monopolio*, también nos recordaba: "Los pasivos sacan dinero de tu bolsillo."

Hoy en día sé que mi casa —mi residencia personal— es un pasivo porque hace que se fugue dinero de mi bolsillo. También sé que mis edificios de departamentos, edificios comerciales, pozos petroleros y negocios, así como la propiedad intelectual de mis libros, juegos y patentes, son activos que llevan dinero a mi bolsillo cada mes. Gracias al flujo de efectivo de mis activos no necesito un cheque de nómina ni un plan de retiro.

Einstein dijo: "Simplicidad es genialidad." Mi Padre Rico no era un genio en el aspecto académico, pero sí en el financiero, y lo único que hacía era jugar *Monopolio* en la vida real.

Casi toda la gente, incluso la que abandona la escuela, puede jugar *Monopolio* en la vida real. Es importante que cada persona encuentre el juego que más le guste. Steve Jobs, por ejemplo, adoraba su juego: el de hacer que la gente se sintiera inteligente, moderna y genial... es por eso que las tiendas de Apple tienen barras de genialidad en lugar de mostradores de servicio. Al Coronel Sanders le encantaba el negocio del pollo frito y de las franquicias. Walt Disney adoraba hacer que la gente fuera feliz y por eso construyó la fantasía del reino mágico conocido como Disneylandia. Ninguno de estos hombres terminó la universidad, pero todos encontraron su juego preferido, y a través de ese juego su genialidad pudo surgir.

Sucede lo mismo con muchos atletas. Tal vez su genialidad no surja en los salones de clase, pero en cuanto pisan la cancha de basquetbol, el campo de futbol o el de golf, son como peces en el agua.

Para alguien que ama la música, tal vez se trata de tocar un instrumento o cantar. Mick Jagger asistió a una prestigiosa escuela porque iba a ser contador, pero luego su genialidad surgió gracias a que se convirtió en parte de los Rolling Stones.

A menudo se pueden detectar las señales de la genialidad de un niño si se analizan los sueños que tiene para el futuro. En el juego de *CASHFLOW*, por ejemplo, antes de que se arrojen los dados por primera vez, ya todos los jugadores eligieron su sueño.

En mi primera ventana de aprendizaje descubrí la diferencia entre los capitalistas y toda la demás gente. Encontré el juego que quería jugar y, para cuando tenía 12, aquella imagen estaba tatuada en mis caminos neuronales.

Los E y los A se enfocan en la supuesta seguridad de un empleo:

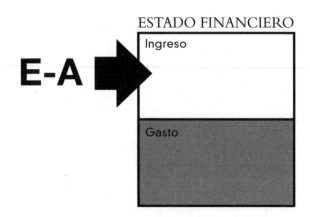

Los D e I se enfocan en la propiedad / producción y adquisición de activos:

BALANCE GENERAL

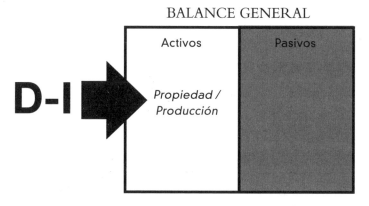

Cuando tenía 12 años no sabía de qué manera iba a adquirir activos como negocios y propiedades, sin embargo, mis caminos neuronales se estaban formando y se enfocaban en la columna de activos. Cuando iba con padre rico a cobrar rentas o a desalojar inquilinos, mis caminos se hacían más firmes y eso me ayudaba a convencerme más de cuál sería mi dirección en la vida. Aunque no me daba cuenta en aquel entonces, ya estaba haciendo planes para volverme capitalista.

MI SEGUNDA VENTANA DE APRENDIZAJE

La etapa entre los 12 y los 24 años fue muy interesante para mí. Estaba en problemas académicos en la preparatoria porque ya había reprobado dos veces inglés, a los 15 y a los 17. Debo agradecer que mi padre fuera el Superintendente de educación porque, si no hubiera sido por él, tal vez habría tenido que abandonar la escuela a los 15.

La primera vez que me metí en problemas académicos, mi padre no entró en pánico ni me regañó. Sólo me dijo: "En la vida te vas a encontrar con mucha frecuencia a gente que no te agrade y a la que tampoco le agrades. Tienes que aprender de la experiencia, superarla y seguir adelante." Él se refería a mi maestra de inglés, una horrible persona que reprobó a casi dos terceras partes del grupo.

Luego mi padre despidió a la maestra. Le explicó a la asamblea de profesores de preparatoria que: "El trabajo de un maestro es enseñar, no reprobar a sus estudiantes. Si el estudiante falla, es porque el maestro falló primero."

Genialidad inspiradora

Muchos años después, en la Academia de la Marina Mercante en Nueva York, conocí al maestro de inglés de mis sueños. Era un gran maestro que me inspiró a escribir. Después de haber batallado con esta materia durante toda la preparatoria, el primer grado universitario lo terminé con una "B", su equivalente es "8". De no haber sido por el Doctor A. A. Norton, tal vez ahora no sería reconocido como autor de *best-sellers*.

Cuando volví a reprobar inglés, a los 17, papá sonrió y dijo: "Ahora estás por tu cuenta." Esto me hizo acercarme a hablar con el maestro, volver a hacer algunos exámenes y, al final, me titulé con "6".

Por otra parte, también a los 15 años, padre rico nos permitía a su hijo y a mí estar presentes en sus juntas de administración de los sábados. En ellas reunía a contadores, abogados, arquitectos, constructores, banqueros, gerentes de ventas, gerentes inmobiliarios y de recursos humanos para hablar de los desafíos que enfrentaban sus negocios.

El mejor equipo gana

Muchos de los asesores de padre rico, como sus abogados, contadores y banqueros, eran estudiantes de "10" o "A". Se trataba de individuos muy preparados en el aspecto académico. Algunos otros eran gerentes muy competentes, es decir, estudiantes de "8", burócratas cuya habilidad era tratar con gente, uno de los aspectos más duros de un negocio. Algunos tenían títulos universitarios. Otros fueron subiendo por distintos puestos. El equipo de padre rico incluía abogados, contadores, banqueros, gerentes y otros líderes. A menudo decía: "Los negocios son un deporte de conjunto. Quien tiene el mejor equipo, gana."

También decía: "Uno tiene que ser inteligente para estar en los cuadrantes E y A, pero en los cuadrantes D e I, eso no es necesario. Lo único que tengo que hacer es rodearme de estudiantes de '10'."

MIS PROPIOS ASESORES

Hoy en día tengo mi propio equipo de asesores. Son expertos en áreas muy específicas de negocios e inversión. Han escrito libros en los que comparten su conocimiento y experiencia, y que ahora también son parte de la serie educativa Asesores de Padre Rico.

ES DIFÍCIL PENSAR

Henry Ford, otro hombre que tampoco acabó la escuela, tuvo un excelente equipo de asesores. Hay una anécdota sobre él que va más o menos así:

Un grupo de académicos se reunió en su oficina para probar que Ford era "estúpido". Cuando comenzó la reunión, los académicos le hicieron preguntas y, como respuesta a cada una de ellas, Ford sólo levantaba uno de los muchos teléfonos que tenía sobre el escritorio y decía: "Pregúntale a él" o, "Pregúntale a ella."

Sintiéndose frustrado, el académico principal dijo sin pensar: "A eso nos referimos, usted no sabe nada. Cada vez que le hacemos una pregunta, sólo nos dice que le preguntemos a alguien más."

Ése era el momento que Ford estaba esperando. Hizo una pausa, y luego dijo: "Yo contrato a la gente más preparada que sale de las escuelas de ustedes. Estas personas me responden de la forma en que ustedes les enseñaron a hacerlo. Mi trabajo consiste en pensar."

Luego dijo las palabras por las que es famoso ahora:

"Pensar es el trabajo más arduo que existe…
y tal vez por eso, muy poca gente se atreve a hacerlo."

La reunión había terminado.

EL PODER DE LOS IDIOMAS

Yo no era muy bueno para aprender idiomas. No sólo reprobé inglés en dos ocasiones, también reprobé las materias de francés, español y japonés. Sin embargo, en las reuniones de mi Padre Rico, me di cuenta de que la gente hablaba distintos idiomas dependiendo de su profesión. Por ejemplo, los abogados hablaban el idioma de la ley; los contadores, el de la contabilidad; los banqueros, el de la actividad bancaria; y los jardineros, el del urbanismo. Comprendí que si quería ser capitalista tenía que aprender los idiomas de las distintas profesiones que se hablaban dentro del inglés mismo. Supe entonces que, si estudiaba los idiomas del dinero, podría generar más recursos que la mayoría de los estudiantes de "10".

Estando todavía en la preparatoria, durante mi segunda ventana de aprendizaje, me hice el propósito de poner atención a las palabras que usaban los distintos tipos de profesionistas. En otras palabras, me di cuenta de que si aprendía a hablar y a entender las distintas palabras y los lenguajes de las profesiones —aunque en realidad todas eran parte del inglés—, tendría una ventaja para ganar.

En mi segunda ventana de aprendizaje, entre los 12 y los 24 años, observé a padre rico desenvolverse como parte de mi rutina. Él era un hombre sin mucha preparación formal que dejó la escuela a los 13 años, pero ahora dirigía un equipo de personas muy inteligentes, talentosas y con experiencia.

Cuando le pregunté cómo era eso posible, me contestó: "Con respeto. Todos somos buenos en algo; tenemos habilidades y talentos especiales que los otros no. Los demás saben que los necesito y ellos me necesitan a mí. Por eso el respeto mutuo es la base de este tipo de relación. El respeto es más importante que el dinero. Si una persona percibe que se respeta su genialidad, entonces trabajará con diez veces más ahínco. Si no se siente respetada, entonces sólo querrá más dinero y trabajar menos."

También en mi segunda ventana de aprendizaje aprendí la importante lección de la diversidad. Tener dos padres me permitió ver que mi padre pobre operaba dentro de una cultura monoprofesional. Casi todas las personas que lo rodeaban eran maestros con, por lo menos, un título universitario. Quienes tenían doctorados solían mirar con desprecio a los que sólo contaban con maestría o licenciatura.

Más adelante esta lección se volvió fundamental porque reconocí la verdad que contiene el viejo dicho: "Las aves de la misma especie vuelan juntas." Ahora me doy cuenta de que los oficiales de policía se juntan con otros oficiales, los abogados con abogados y los corredores de bienes raíces, con otros corredores de bienes raíces.

A los 18 años, cuando ingresé a la Academia de la Marina Mercante de Estados Unidos en Nueva York, me di cuenta de que si quería ser un estudiante de "6" o de "C" —es decir, un estudiante del capitalismo—, tendría que aprender a ser líder y "generalista", en lugar de ser un especialista como lo son los doctores, abogados, técnicos o maestros. Sabía que tenía que aprender a trabajar con gente de todos los sectores, gente con distintos antecedentes educativos, étnicos y económicos.

Hoy en día, uno de mis modelos personales a seguir en el ámbito del liderazgo en los negocios, es Donald Trump. A pesar de que es rico y exitoso, Donald trata a la gente con respeto, sea pobre o rica. Al trabajar con Donald descubrí que su forma de comunicarse, aunque agresiva, siempre es respetuosa.

Donald y yo reconocemos y apoyamos la industria de las redes de mercadeo porque para tener éxito en ese ámbito se requiere un desarrollo personal de muy alto nivel, así como habilidades de liderazgo. Dicho de otra forma, si quieres aprender, hay gente y organizaciones que están dispuestas a guiarte en este campo.

El punto principal aquí es que hay demasiados estudiantes que siguen en la escuela, se preparan académicamente y se especializan más. Los capitalistas —es decir, los estudiantes de "6" o de "C"— deben ser generalistas, no especialistas. Si deseas ser capitalista, debes recordar que las habilidades de liderazgo y de trato con la gente son esenciales. Si eres un genio introvertido y prefieres enviar mensajes electrónicos que hablar, tal vez no tengas muchas probabilidades de llegar a ser capitalista.

MI TERCERA VENTANA DE APRENDIZAJE

Cuando regresé de Vietnam en 1973, a los 25 años, sabía que tenía que tomar algunas decisiones en mi vida. Sin embargo, de algo estaba seguro: en cuanto terminara mi carrera como piloto, me volvería capitalista.

Al ver a mi padre pobre desempleado, en la mejor época de su vida, a los 53 años —y sin ninguna propiedad ni opción para producir algo—, mis caminos neuronales hacia el capitalismo se convirtieron en carreteras de alta velocidad. Sabía que podía volver a mi antiguo empleo en la Standard Oil de California y navegar como oficial de buque, o podía volar para aerolíneas comerciales como lo hacían muchos de mis compañeros, pilotos de la marina. Sin embargo, eso habría significado especializarse, es decir, tener un enfoque reducido porque los oficiales de buques sólo pasan tiempo con otros oficiales, y los pilotos sólo se relacionan con pilotos.

La ventaja del ganador que tenía entonces era mi Padre Rico y sus lecciones acerca de las decisiones que se toman en la vida.

DISTINTOS SALONES DE CLASE

Padre rico solía señalar el cuadrante del flujo de efectivo que se presenta a continuación, y decía: "Cada zona es un salón de clases distinto. En cada uno se enseñan materias diferentes, se desarrollan habilidades variadas, y por lo mismo, se requieren distintos tipos de maestros."

Cuando comencé mi tercera ventana de aprendizaje de joven, supe que había llegado el momento de decidir cuál cuadrante, es decir, en cuál salón de clases estudiaría a partir de entonces. Si hubiera vuelto a navegar o volar, habría elegido el cuadrante E. Pero a la edad de 25, estaba listo para mi siguiente experiencia educativa en los cuadrantes D e I. Iba a volver a ser estudiante. No sabía cuánto me tomaría graduarme de esos cuadrantes, pero al menos tenía de mi lado la educación que me había brindado padre rico, la cual comenzó con el juego de *Monopolio* a los 9 años.

En 1973, a los 25 años, supe que era hora de tomar una decisión para mi vida, mi primera decisión real como adulto. Mi padre pobre sugirió que volviera a trabajar como oficial en un buque de la Standard Oil o que tratara de conseguir un empleo volando para las aerolíneas comerciales. Pero eso habría significado ser empleado en el cuadrante E. Cuando le dije a mi padre que los días de navegación y vuelos se habían acabado, me sugirió volver a la universidad y estudiar una maestría o tal vez hasta un doctorado como él mismo había hecho.

Le hice caso y me inscribí en el programa de maestría de la Universidad de Hawai, pero no pasó mucho antes de que el recuerdo de cuánto odiaba la escuela volviera a mí. Después de aprender a volar tomando clases con verdaderos pilotos de combate, fue difícil tratar de aprender de profesores universitarios que tenían muy poca, o a veces nada de experiencia en negocios de la vida real.

Cuando fui joven, en mi primera y segunda ventanas de aprendizaje, tuve la oportunidad de presenciar muchas de las reuniones que padre rico celebró con su personal y equipo de administración. Por eso, al estar de vuelta en la universidad, me di cuenta de que tenía más experiencia del mundo real que mis profesores, muchos de los cuales jamás habían iniciado o dirigido un negocio.

Cuando les hacía preguntas, a menudo me contestaban con teoría de libros de texto en lugar de darme respuestas y aprendizaje de la vida real. Para el tercer mes del programa de maestría, ya había empezado a reprobar otra vez. En verdad quería aprender, pero el ambiente de los salones de clase de la maestría no era el adecuado para mí.

UN NEGOCIO NO ES UNA DEMOCRACIA

Fue durante una clase excesivamente aburrida cuando me acordé de una reunión muy intensa que tuvo padre rico en una ocasión con su equipo de asesores. Como el ambiente se calentó y los integrantes de su equipo no se ponían de acuerdo, padre rico finalmente dejó las reglas claras, y dijo: "Un negocio no es una democracia. Yo pago sus salarios, así que o hacen lo que quiero o se buscan un empleo nuevo."

Creo que yo tenía unos 16 años y escucharlo decir eso me perturbó bastante. Jamás había visto a hombres y mujeres adultos discutir de una forma tan intensa o emotiva. También recuerdo que muchas de las personas del equipo dieron marcha atrás en cuanto padre rico las amenazó con despedirlas si no cumplían con su trabajo. Padre rico dijo: "Lo único que les pido es que hagan su trabajo. No quiero pretextos. Si no pueden hacerlo, busquen un empleo nuevo."

En cuanto la reunión terminó, padre rico nos llevó a su hijo y a mí a otra parte de la oficina para asegurarse de que estuviéramos bien. Fue entonces que lo escuché decir por primera vez: "Ésta es la razón por la que los estudiantes de '10' trabajan para los de '6'. Los estudiantes de '10' pudieron haber sido buenos en la escuela, pero no tienen las agallas necesarias para comenzar y dirigir sus propios negocios. Estudiaron para llegar a ser especialistas y lo único sobre lo que saben es leyes, contabilidad, ventas o comercio. Saben trabajar a cambio de un cheque de nómina, pero no construir negocios ni hacer dinero. Tienen cerebro pero les hacen falta nervios de acero. Les aterra el riesgo y, si no les pagas, no trabajan. Si acaso trabajan un poco más, quieren que les pagues horas extras. Mis empleados quieren que yo haga las cosas a su manera, pero no están dispuestos a pagar por sus errores si se llegan a equivocar." Luego añadió: "Yo tengo que pagar por mis errores y por los de ellos también. Si la empresa falla, yo soy quien se queda con el desastre, la deuda y las pérdidas financieras en las manos. Ellos solamente tienen que buscar un empleo nuevo. Ésa es la principal diferencia entre los estudiantes de '10' y los de '6'."

Después me dijo: "Las personas como tu padre son estudiantes de '10'. Es gente a la que le va bien en la escuela, pero nunca abandona el entorno académico. Luego se vuelven estudiantes de '8' o su equivalente, 'B'. Con esto me refiero a que se hacen burócratas. Son gente con responsabilidad a la que le aterran los riesgos. La mayoría de los burócratas trabaja para el gobierno u otras organizaciones similares; se oculta en empresas grandes en donde se tolera la política, la pereza y la incompetencia. Los estudiantes de '10' y de '8' prácticamente no pueden sobrevivir en los cuadrantes D e I porque ahí lo más importante es aprender a manejar riesgos y a vivir o morir de acuerdo con los resultados de las decisiones que uno mismo tome."

Padre rico también criticó a mi padre pobre por ser el dirigente del sindicato de maestros. Aunque no me habló mucho sobre ese tema, no pudo ocultar lo que pensaba sobre las organizaciones sindicales. Un día, un grupo de sus empleados se organizó para sindicalizar sus operaciones hoteleras y restauranteras. Padre rico los contuvo al decirles: "Si hacen un sindicato, cerraré el negocio y todos ustedes perderán sus empleos. Yo puedo comenzar un nuevo negocio y, además, no necesito dinero. Sin embargo, ustedes sí necesitan sus empleos. He sido justo con ustedes y sus familias, lo único que les pido es que sean justos conmigo y mi familia." El sindicato perdió cuando se realizó la votación.

Sentado en mis clases de maestría, siendo un adulto y veterano de combate al inicio de la tercera ventana de aprendizaje, y aburrido hasta las lágrimas, comencé a entender mejor las enseñanzas de padre rico. Me di cuenta de que él había enfocado su vida en la columna de activos por medio de la adquisición de propiedades y producción. Era un verdadero capitalista.

Mi padre pobre y los empleados de mi Padre Rico —muchos de los cuales eran estudiantes de "10" y de "8"— enfocaron sus vidas en un empleo seguro y cheques de nómina constantes. Tenían títulos universitarios y empleos, pero en realidad no poseían nada. No tenían propiedades ni producción. No era sorprendente que necesitaran seguridad, prestaciones y planes para el retiro.

Mientras estaba en el programa de maestría y escuchaba que mis maestros repetían información y teoría sacada de libros de texto en lugar de recurrir a su propia experiencia de negocios en la vida real, me di cuenta de que estaba aprendiendo de gente a la que no respetaba. Con esto no quiero decir que no fueran buenas personas, ya que muchos maestros, al igual que mi padre pobre, eran gente generosa y dedicada a su profesión. El problema era que mis profesores de la maestría eran estudiantes de "10" que vivían en los cuadrantes E y A, y yo quería aprender de maestros que se desarrollaran en los cuadrantes D e I.

Tres meses después, abandoné el programa de maestría. Fue la única vez que dejé la escuela. Naturalmente, padre pobre estaba muy desilusionado. Padre rico, no.

Después de aquella experiencia no desaproveché ni un instante y me enfoqué en mi educación en el mundo real. Por sugerencia de mi Padre Rico me inscribí en un curso de inversión en bienes raíces. Recuerdo que cuando me lo propuso, me atreví a desafiarlo. Le dije: "Pero yo no estoy interesado en bienes raíces." También le comenté que no tenía mucho dinero. Él sólo sonrió y me dijo: "Es por eso que necesitas tomar un curso de inversión en bienes raíces. El aprendizaje sobre bienes raíces no tiene como objetivo poseer propiedades, sino aprender a manejar la deuda y el dinero de otras personas (OPM, por sus siglas en inglés), para volverse rico."

Al final me di cuenta de que, una vez más, padre rico me estaba conduciendo a la educación que yo buscaba: educación para la vida en los cuadrantes D e I. Los sencillos diagramas que se presentan a continuación ilustran este punto.

La educación es un proceso. Si quieres ser médico, tienes que ir a la escuela de medicina. Si quieres ser abogado, tienes que ir a la de leyes. Si quieres ser capitalista de los cuadrantes D e I, tienes que elegir con cuidado a tus maestros, salones de clases y procesos educativos.

En 1974, cuando todavía volaba para el cuerpo de marina, comencé a solicitar trabajo en IBM y Xerox porque ellos tenían los mejores entrenamientos de ventas y administración. Justo antes de terminar mi contrato con el cuerpo de marina fui aceptado en el programa de Xerox Corporation, por lo que volé hasta sus instalaciones de entrenamiento en Leesburg, Virginia. Xerox era sólo otro paso para conectar los puntos, para desarrollar mi proceso educativo y mis caminos neuronales hacia los cuadrantes D e I.

En Xerox trabajé duro para superar mi timidez porque tuve que tocar de puerta en puerta y aprender a manejar objeciones y rechazo para poder vender copiadoras. Finalmente, después de dos años, empecé a vender con mayor naturalidad, y esa actividad se convirtió en parte integral de la persona en que me estaba convirtiendo: un capitalista de los cuadrantes D e I.

COMENZAR ANTES DA VENTAJA

De no haber sido por las enseñanzas de mi Padre Rico, que comenzaron en mi primera y segunda ventanas de aprendizaje, habría seguido los pasos de mi padre pobre. Habría estudiado una maestría, tratado de ascender por la escalera corporativa, y habría competido con mis compañeros de "10" y de "8" en lugar de contratarlos como empleados para que trabajaran para mí.

En vez de trabajar para adquirir propiedades y producir algo —activos, como los llamaba padre rico—, tal vez todavía estaría esforzándome por conseguir un cheque de nómina sobre el que pagaría impuestos cada vez más altos y rezando por no vivir más tiempo del que pudiera mantenerme con mi cuenta para el retiro.

Aquí quisiera enfatizar un punto muy importante: estoy a favor de la educación, sólo que no a favor de la educación en las escuelas tradicionales. Si quieres que tu hijo sea empleado del cuadrante E, o médico o abogado del cuadrante A, entonces la educación tradicional bastará para él o ella. Sin embargo, si deseas que cuente con todas las oportunidades posibles para triunfar, entonces debe educarse en muchos sentidos más. Y en muchos casos, eso significa apartarse de la educación típica y adentrarse en los salones de clases y ambientes de aprendizaje del mundo real menos convencionales.

Algo importante que he aprendido es que cada cuadrante es un salón de clases diferente y, por eso, requiere de distintos tipos de maestros.

Pregunta: *¿Qué sucede si no puedo conseguir un empleo en una compañía como Xerox o IBM? ¿Cómo puedo obtener mi propio entrenamiento y experiencia en ventas?*

Respuesta: *La experiencia y el entrenamiento en ventas son vitales para cualquier persona que quiera ser empresaria, particularmente en los cuadrantes D e I. Hay muchas maneras de conseguir entrenamiento de ventas.*

La lección de padre rico

Recuerda que el dólar se convirtió en deuda en 1971, cuando el presidente Nixon sacó esta moneda del patrón oro. Esto significa que quienes aprendan a aprovechar la deuda —la que sirve para adquirir activos—, tendrán una ventaja de ganadores sobre aquellos que no sepan manejarla, o que sólo la usen para adquirir pasivos como casas, autos o ropa.

Como ya mencioné antes en este capítulo, Donald Trump y yo le sugerimos a la gente que eche un vistazo a las empresas de redes de mercadeo porque suelen proveer entrenamiento de ventas. Muchas de estas empresas ofrecen excelente desarrollo personal, manejo del temor a socializar, manejo del rechazo y entrenamiento de ventas, particularmente para personas a las que les da miedo vender o son nuevas en este campo.

Lo mejor de las empresas de redes de mercadeo es que si no tienes un buen desempeño, no te despedirán como lo habría hecho Xerox conmigo si no hubiera podido vender sus productos y servicios. En realidad, no importa cuánto tiempo trabajé para Xerox, ya que todos los vendedores sabíamos que si no vendíamos, entonces estábamos a sólo uno o dos meses de ser despedidos.

Pregunta: *¿Qué pasa si no tengo suficiente dinero?*

Respuesta: *Es por esta razón que recomiendo tomar cursos de inversión en bienes raíces. Si en verdad llegas a entender las habilidades que se requieren para los cuadrantes D e I, verás que ni siquiera tienes que usar tu propio dinero. Tu trabajo es aprender a captar capital utilizando el dinero de otras personas (OPM, por sus siglas en inglés), no el tuyo; y en este caso específico, el de tu banco.*

Dicho en términos simples, los capitalistas saben cómo usar la deuda para volverse ricos. A esto se le llama *dinero de otras personas*.

Ser capitalista es difícil, y por eso pocos lo logran. En nuestros días es fundamental que inviertas en tu educación y también en la de tus hijos. La gente que no estudia y aprende de manera activa, siempre se va rezagando sin importar en qué cuadrante viva y trabaje.

Si lees las biografías de grandes empresarios, capitalistas extraordinarios como Steve Jobs, Bill Gates y Mark Zuckerberg, verás que comenzaron su camino al capitalismo y sus procesos educativos en la primera y la segunda ventanas de aprendizaje. También lo hicieron así los Beatles y muchos atletas profesionales.

Esto no quiere decir que tus hijos deban saber a qué se van a dedicar desde que están en la primera y la segunda ventanas. Lo que quiero decir es que, sin importar la profesión que elijan, todos los niños tendrán que lidiar con el dinero. Así que, ¿por qué no comenzar a educarlos en el aspecto financiero desde temprana edad para que puedan elegir cuál es el mejor cuadrante o salón de clases para sí mismos?

Mi Padre Rico nos preparó, a su hijo y a mí, para el mundo real del dinero, pero la mayoría de las escuelas no hace eso. Es por esto que el amor, la paciencia y la guía de los padres son esenciales a lo largo de las tres ventanas de aprendizaje, y las lecciones acerca del dinero tienen que ser parte de lo que un niño aprende en casa desde pequeño.

Perros viejos, trucos viejos

En la actualidad, como ya soy un perro más viejo, me doy cuenta de lo lento y difícil que me resulta adaptarme a las nuevas tecnologías. A veces necesito pedir ayuda cuando uso mi computadora o mi celular. Y eso es porque mis antiguos caminos neuronales impiden que se creen otros nuevos.

Tengo un amigo que es doctor. Tiene setenta y tantos años y en el colapso financiero de 2007 perdió mucho dinero. Él nunca manejó sus propios recursos porque decidió entregarle los ahorros de toda su vida a un administrador financiero personal. El administrador tomó algunas malas decisiones y ahora mi amigo el doctor no podrá retirarse en muchos años, si es que acaso alguna vez logra retirarse del todo.

Uno de los conceptos que este mismo amigo no parece entender es el del flujo de efectivo. Cuando le explico que el efectivo fluye hacia mi cuenta bancaria todos los meses, él se queda en blanco. Incluso cuando le explico el concepto con el *Monopolio* —por ejemplo, si le digo que una casa verde produce 10 dólares mensuales—, su mente tiene problemas para asimilar el hecho de que el dinero siempre entra sin tener que invertir tiempo de manera continua.

Ventanas de sabiduría

Cuando algunas ventanas se cierran, otras se abren. Después de los 48 años se abren algunas más. Se les llama, "ventanas de sabiduría".

Esto significa que nuestro aprendizaje se filtra a través de lo que ya aprendimos en otras etapas de la vida.

La forma en que aprovechemos estas "ventanas de sabiduría" dependerá de la calidad de la sabiduría misma. Esto significa que si tuvimos muchas experiencias en nuestros primeros años —tanto buenas como malas—, y aprendimos de ellas, entonces las nuevas lecciones, combinadas con sabiduría, pueden volverse muy poderosas. Estoy seguro de que has escuchado a la gente decir cosas como: "Me da gusto haber pasado por eso. Fue una mala experiencia en aquel momento, pero me hizo una mejor persona."

El único concepto que conoce mi amigo es el de las ganancias de capital, es decir, el margen de ganancia que hay entre lo que pagas por algo —acciones, por ejemplo—, y la cantidad en que lo vendes. Así fue como le enseñaron a invertir cuando estuvo en la universidad. De hecho, él iba bien hasta que el Mercado de Valores se desplomó de 14 000 a 7 000 puntos. Ahora teme volver a la bolsa porque no está seguro si los precios en verdad subirán y porque le da miedo que se desplomen de nuevo. Le sucedió lo mismo a su casa. Su valor cayó de aproximadamente 4 millones de dólares en 2007 a 1.5 millones que vale hoy.

Cada vez que le explico que tengo miles de inquilinos que rentan mis departamentos y me envían cheques cada mes, se me queda viendo como si no entendiera nada. Y de hecho, no lo comprende. Sus caminos neuronales sólo saben lo que son las ganancias de capital y no aceptan el concepto del flujo de efectivo a pesar de que llegó a jugar *Monopolio* cuando era niño. Él entiende que una casa verde le puede hacer ganar 10 dólares al mes, pero en su mente, el *Monopolio* es sólo un juego de niños.

BUENAS NOTICIAS

Recuerda: las ventanas de aprendizaje se abren y se cierran, pero con el tiempo, en la mayoría de los casos, se llega a la sabiduría.

La forma en que aprovechemos estas "ventanas de sabiduría" dependerá de la calidad de los alcances de la persona misma. Esto significa que si tuvimos muchas experiencias en nuestros primeros años —tanto buenas como malas—, y aprendimos de ellas, entonces las nuevas lecciones, combinadas con sabiduría, pueden volverse muy poderosas. Estoy seguro de que has escuchado a la gente decir cosas como: "Me da gusto haber pasado por eso. Fue una mala experiencia en aquel momento, pero me hizo una mejor persona."

MALAS EXPERIENCIAS

La mala noticia es que si lo único que tenemos de nuestra juventud son malas experiencias, y si no pudimos aprender de ellas, entonces ahora sólo las conservamos con arrepentimiento, enojo o resentimiento, y todo el nuevo aprendizaje estará manchado por las emociones que proceden de esas experiencias pasadas.

Creo que todos conocemos a gente que vive eternamente arrepentida. Son personas que dicen cosas como: "Me hubiera gustado…", o "Nunca tuve la oportunidad", o "Si tan sólo hubiera sabido", o "Es demasiado tarde para mí." El conocimiento de nuestras acciones puede jugar un papel determinante en las decisiones que tomemos respecto a movernos e ir más allá del arrepentimiento y la ira que hay en nuestra vida. ¿Por qué albergar negatividad que te puede impedir seguir adelante y vivir la vida que te mereces?

Estoy seguro de que aferrarse a las limitantes y a la pérdida de energía que provocan las malas experiencias no es un ejemplo que los padres quieran darles a sus hijos. Lo que los padres quieren es brindarles todas las ventajas posibles en la vida, y esto puede ser una motivación muy fuerte. Los padres guían y enseñan con el ejemplo, por eso, las decisiones que toman en la vida son mensajes para sus hijos. Cuando los niños ven que sus padres aprenden cosas nuevas, están abiertos a otros puntos de vista, y aceptan (tanto como aprenden) de sus errores, entonces el mensaje es muy claro: el aprendizaje es un proceso que dura toda la vida.

Éste es el tipo de modelos a seguir que necesitan los niños, y si este modelo es un padre que encarna la enseñanza de la vida real que tiene que ver con el aprendizaje que se produce al enfrentar los desafíos y las malas experiencias, entonces los niños en verdad tienen ya a ese maestro especial que "ha vivido la vida" y que toma en cuenta el poder del cambio y de las decisiones.

ACCIONES PARA PADRES

Preséntales nuevas ideas, conceptos, palabras y experiencias a tus hijos de manera regular, e idealmente, en todo momento de la vida cotidiana.

Esto puede ser en casa, en el banco, en el cine, el centro comercial, de vacaciones, incluso en la iglesia. Utiliza las ventanas de aprendizaje como una guía para tratar los temas y ejercicios apropiados para que haya un aprendizaje por medio de la experiencia, adecuado para la edad de tus hijos.

Los padres pueden inventar un juego o ejercicio en relación con una noción o concepto nuevo, y ofrecer un reforzamiento a lo largo del proceso. Busca maneras de integrar más vocabulario e ideas en tus conversaciones de todos los días para que tus hijos asimilen los conceptos y las palabras nuevas de una manera natural.

Ventana de aprendizaje #1

Del nacimiento a los 12 años. Aprendizaje dramático

Si en esta etapa inviertes tiempo en juegos, diversión, conversaciones y situaciones que unan a la familia, cuando tus hijos entren a la segunda ventana de aprendizaje, recibirás grandes recompensas. Esta primera ventana es cuando el cerebro está completo y los caminos neuronales se están conectando. Después de los 12 años, el aprendizaje es un poco más difícil. Para aprender algo nuevo, el camino neuronal tiene que construirse de cero.

En efecto, es más difícil "enseñarle nuevos trucos a un perro viejo", por eso esta ventana es muy importante, y es un momento en que debes trabajar con tus hijos para aprender palabras y definiciones nuevas, y para empezar a explicar conceptos básicos como *deuda, activos, pasivos, ganancia, inversión y empezar tu propio negocio*. La guía de estudio, *Estudiantes de 10*, ofrece juegos, crucigramas, y juegos de búsqueda de palabras para reforzar estos nuevos términos.

Ventana de aprendizaje #2

De los 12 a los 24 años. Aprendizaje rebelde

En esta etapa se debe estimular la exploración. Anima a tus hijos a que encuentren las respuestas a las preguntas que vayan surgiendo. Bríndales las herramientas necesarias para investigar las consecuencias de las acciones y mantente abierto para discutir el proceso con ellos.

Éste es un excelente momento para presentarles el concepto de las consecuencias. En la etapa del aprendizaje rebelde, si le dices a un chico que no haga algo, lo más probable es que desencadenes la respuesta contraria. En lugar de decir "No…", mejor pregunta: "¿Cuáles crees que serían las consecuencias si hicieras eso?"

Motiva a tus hijos para que tomen sus propias decisiones, y si flaquean o fallan, no los rescates. Los humanos aprendemos al vivir las consecuencias que tienen nuestras acciones y decisiones en la vida real y, sobre todo, al superarlas. Busca maneras de incorporar la palabra "consecuencias" en tu vocabulario de todos los días.

Una de las mejores maneras de hacer una declaración respecto al valor de la educación y el deseo de aprender toda la vida es estudiando y creciendo junto a tus hijos conforme ellos vayan madurando y convirtiéndose en adultos.

Ventana de aprendizaje #3

De los 24 a los 36 años. Aprendizaje profesional

Para cuando tus hijos adultos encuentren su camino en la vida, lo más probable es que tanto tu papel como padre o madre y la relación con ellos hayan crecido. Si pudiste establecer un buen vínculo con los chicos e invertiste tiempo en las noches familiares de educación financiera, entonces de seguro obtendrás recompensas. Incluso podrías comenzar a ver que ahora imitan actividades y conversaciones que tuviste con ellos cuando estaban en la primera y la segunda ventanas de aprendizaje.

Los sólidos cimientos de la educación financiera impartida en casa pueden preparar a los niños para tomar las decisiones que se les presenten. Idealmente, en la segunda ventana de aprendizaje tus hijos tendrían que haber empezado a detectar la forma de hacer que su dinero trabaje para ellos.

La tercera ventana es el momento en que los padres ven a sus hijos explorar y encontrar lo que les apasiona, y por eso, es una oportunidad para que apoyen las decisiones y elecciones que les permitirán crear el estilo de vida con que puedan celebrar sus dones y compartirlos con el mundo.

Muchos adultos jóvenes salen de la escuela incluso con un título universitario, pero sin saber qué es lo que en verdad quieren hacer cuando crezcan. En la actualidad, los chicos tienen más opciones, carreras y profesiones entre las cuales escoger. Si tienen una actitud de confianza respecto al aprendizaje, entonces la valorarán más que al dinero.

El éxito
del pasado
no garantiza
el éxito del
futuro

Capítulo cinco

Lección #5. ¿Por qué los graduados con las mejores calificaciones fracasan?

Las buenas calificaciones y el éxito académico pueden ser una espada de doble filo. En el carril de alta que conduce al éxito corporativo, el hecho de ser un alabado estudiante de "10" o de "A" puede abrir algunas puertas y ayudar a encontrar empleo a quienes las universidades designan como sus "mejores y más brillantes" graduados. Y aunque es cierto que el éxito académico puede preparar a algunos estudiantes para vivir en el cuadrante E, existe una vida mucho más maravillosa y plena que la que tendrías si te conformaras con el empleo para el que la escuela te preparó tan bien. El mundo real es un juego completamente nuevo, es emocionante, ágil, y en él aplican diferentes reglas.

La mayoría de la gente estaría de acuerdo con que *casi ninguno* de los empresarios de clase mundial, como Jobs, Branson, Gates y Zuckerberg, entre otros, encaja en esta descripción: *"Obedecen las reglas, trabajan ardua-*

mente y les gusta aprender, pero no son quienes rompen el molde. Se desempe-ñan mejor dentro del sistema y, por lo mismo, no es probable que lo cambien."

El mundo del futuro le pertenece a quienes pueden aceptar el cambio, a quienes ven hacia delante y anticipan sus necesidades, y a quienes responden a las nuevas oportunidades y desafíos con creatividad, agilidad y pasión.

JUSTIFICACIÓN

¿POR QUÉ LOS GRADUADOS CON LAS MEJORES CALIFICACIONES FRACASAN?... Y EN PARTICULAR, ¿POR QUÉ FRACASAN COMO CAPITALISTAS?

En 1981, Karen Arnold, profesora de la Universidad de Boston inició un estudio sobre los estudiantes más sobresalientes y los que más se les acercaban en calificaciones, de los grupos que se graduaban de las preparatorias de Illinois. La profesora Arnold nos dice:

Aunque estos estudiantes tenían los atributos que les asegurarían el éxito escolar, sus características no necesariamente se tradujeron en éxito en el mundo real.

Creo que descubrimos a la gente "responsable" que sabe cómo tener logros en el sistema.

El hecho de saber que alguien es el estudiante más sobresaliente es sólo percatarse de que es sumamente bueno en lo que se refiere a los logros que se miden con un sistema de calificaciones, pero este dato no nos dice nada sobre cómo responden estas personas ante las vicisitudes de la vida.

¿QUÉ LES PASA A LOS ESTUDIANTES QUE SE GRADÚAN CON HONORES?

En su libro, *Lives of Promise: What Becomes of High School Valedictorians* (*Vidas prometedoras: ¿Qué sucede con los estudiantes que se gradúan con honores de las preparatorias?*), la profesora Arnold nos cuenta que los graduados con honores de este nivel van a la universidad y tienen un buen desempeño, con un promedio de 3.6 puntos. La mayoría luego ingresa al ámbito laboral de carreras convencionales como contabilidad, medicina, leyes, ingeniería y educación.

Arnold dice: "Si bien los graduados con honores no cambian al mundo, sí saben dirigirlo, y lo dirigen bastante bien… Sin embargo, sacar siempre '10' o 'A' no significa que esos logros académicos se puedan traducir en logros profesionales." La profesora Arnold también comenta que, "estos estudiantes nunca se enfocan en una sola área en la que puedan verter toda su pasión… Las oportunidades que tienen de volverse famosos o cambiar el mundo desde su puesto de contador, por ejemplo, son muy pocas y rara vez se presentan… Obedecen las reglas, trabajan arduamente y les gusta aprender, pero no son los que rompen el molde. Se desempeñan mejor dentro del sistema y, por lo mismo, no es probable que lo cambien."

LOS RESULTADOS DE LOS EXÁMENES NO EQUIVALEN A LA FELICIDAD

En otro estudio, 95 estudiantes de la generación de la clase de 1940 fueron evaluados hasta llegar a la edad madura. En el estudio se descubrió que, comparados con sus compañeros que sacaron calificaciones bajas, los hombres que obtuvieron la mejores en la universidad no fueron después particularmente exitosos en lo que se refiere a salario, productividad o estatus en los campos en que eligieron desarrollarse. El estudio de Harvard también demostró que las calificaciones altas en exámenes no se tradujeron en mayor felicidad, mejores amistades ni relaciones familiares o románticas más exitosas.

La gaceta *Harvard Business Review* publicó un artículo sobre el éxito académico en el que se mencionaba lo siguiente: *"En su desarrollo, el éxito de tipo académico no fue un indicador eficiente de la productividad en el trabajo, y tampoco se descubrió que el coeficiente intelectual fuera un factor determinante."*

El artículo de *Harvard* también menciona: *"Mucha gente que tiene buenas calificaciones llega a ser bastante petulante respecto a su inteligencia, incluso a pesar del fracaso repetido fuera del salón de clases."*

La mente millonaria

En su libro *La mente millonaria*, Thomas J. Stanley ofrece una investigación estadística profunda con la que se identifican cuáles fueron las variables que hicieron que la gente llegara a ser exitosa en los negocios y a volverse increíblemente rica. A diferencia de lo que mucha gente cree, no hubo correlación entre las calificaciones escolares, la posición social, los resultados del examen SAT y el éxito.

De hecho, 33% de quienes aparecen en las listas de *Forbes 400* de la gente más rica del mundo, no comenzó la universidad o la abandonó. Y el valor neto promedio de quienes sí abandonaron la escuela era mucho mayor que el de quienes sí se graduaron. Los que abandonaron la escuela tenían un valor neto promedio de 4.8 mil millones de dólares. El valor neto promedio de los graduados universitarios era de 1.5 mil millones. Cuando se comparó el valor neto de quienes abandonaron la universidad con el de quienes se graduaron de universidades del grupo Ivy League —como Harvard, Yale y Princeton—, el valor neto de los desertores resultó ser 200% más alto.

Enseñanzas del cono del aprendizaje

A continuación, volverás a ver una imagen del cono del aprendizaje. El cono explica por qué a los graduados con honores les va bien en los cuadrantes E y A, pero suelen fracasar en los cuadrantes D e I de los capitalistas.

El cono del aprendizaje		
Después de dos semanas recordamos		**Clase de participación**
90% de lo que decimos y hacemos	Vivir la experiencia	Activa
	Simular la experiencia	
	Hacer una dramatización	
70% de lo que decimos	Dar una plática	
	Participar en una discusión	
50% de lo que escuchamos y vemos	Ver cómo se realiza la actividad en su entorno real	Pasiva
	Ver una demostración	
	Asistir a una exposición	
	Ver una película	
30% de lo que vemos	Ver imágenes	
20% de lo que escuchamos	Escuchar palabras	
10% de lo que leemos	Leer	

Reimpreso con autorización. El modelo original fue modificado.

A la mayoría de los estudiantes que se gradúan con honores le va bien en la base del cono del aprendizaje; son excelentes lectores y aprenden bien con tan sólo escuchar clases o conferencias.

Los estudios han revelado que sólo cerca de 25% de los estudiantes aprende principalmente por medio de la lectura y las clases. El resto aprende mejor de otras maneras. El sistema educativo enfatiza la lectura y la asistencia a clases y conferencias como las principales formas de aprender, a pesar de que el aprendizaje y la retención a largo plazo son mínimos cuando se emplean esos métodos.

La mayoría de los graduados con honores no tiene éxito en los niveles más altos del cono del aprendizaje porque a los estudiantes de

"10" se les acostumbra a pensar que cometer errores es malo y los hace parecer estúpidos. Por eso evitan correr riesgos.

Debido a lo anterior, a muchos les cuesta trabajo triunfar en la parte superior del cono del aprendizaje: "Vivir la experiencia real." La profesora Arnold nos explica: "Obedecen las reglas, trabajan arduamente y les gusta aprender, pero no son quienes rompen el molde. Se desempeñan mejor dentro del sistema y, por lo mismo, no es probable que lo cambien."

MI HISTORIA

MI PADRE FUE UN GRADUADO CON HONORES

Mi padre proviene de una familia de seis hijos. Tres de ellos fueron graduados con honores, incluido mi padre. Los tres llegaron a obtener doctorados. Dos de los otros estudiaron maestrías. El sexto, sólo licenciatura.

Quizá mi padre fue un genio académico. Él leía y estudiaba con voracidad; estudió la licenciatura en sólo dos años en la Universidad de Hawai. A pesar de que tenía un empleo de tiempo completo y se dedicó a criar a su familia, también encontró tiempo para tomar cursos avanzados en la Universidad Stanford, la de Chicago y la Universidad Northwestern. Finalmente, obtuvo su doctorado de la Universidad de Hawai. Asimismo, fue reconocido como uno de los dos educadores más importantes de la historia en nuestro Estado.

A los 53 años perdió su empleo y, por desgracia, no estaba preparado para dedicarse a nada más. Era maestro de corazón, fue empleado del gobierno y, aparte de su capacidad para enseñar, no contaba con habilidades que pudiera capitalizar.

En cuanto perdió su empleo, sacó del banco su fondo para el retiro y todos sus ahorros, y adquirió una franquicia de un helado de renombre nacional. Su aventura de negocios duró muy poco tiempo. Cuando regresé de Vietnam, en 1973, fue para encontrar a mi padre, un hombre muy bueno, sentado en casa y revisando los avisos clasificados del periódico en busca de empleo.

Según el cono del aprendizaje, él intentó "tener la experiencia real", que se encuentra en la parte superior, pero lo perdió todo. Como era un graduado con honores del ámbito académico, en realidad no tenía las herramientas para enfrentarse al salvaje mundo de los negocios. Mi padre fue del cuadrante E directamente a los cuadrantes D e I... y al final lo perdió todo.

A mi padre le fue bien en la escuela como estudiante de "10". También le fue bien como burócrata en el gobierno, pero, por desgracia, en lo que se refiere a dinero, negocios e inversión, en realidad no recibió educación durante *ninguna de las tres ventanas de aprendizaje.* No pudo sobrevivir en el intenso mundo de los cuadrantes D e I.

EL ÉXITO NO GARANTIZA EL ÉXITO

El mensaje que quiero transmitir en este capítulo es muy sencillo. El éxito en un cuadrante no garantiza el éxito en otro. En el caso de mi padre, ser graduado con honores le permitió ingresar al cuadrante E como burócrata del gobierno, pero sus buenas calificaciones no lo ayudaron en los cuadrantes D e I.

Lo anterior respalda los descubrimientos de los estudios de las universidades de Boston y Harvard. Es por esto que la mayoría de los estudiantes que se gradúan con honores permanece en los cuadrantes E y A, mientras los desertores universitarios como Jobs, Gates, Zuckerberg y otros tantos cientos encuentran y desarrollan su genialidad en los cuadrantes D e I.

Mi Padre Rico con frecuencia decía: "La mayoría de los estudiantes de '10' se conforma con saber que 2 + 2 = 4; pero no saben cómo hacer que 2 + 2 se convierta en 4 *dólares* o en millones. Lo que los capitalistas quieren saber es cómo hacer que 2 + 2 den 4 000 000 como resultado. El capitalista cree que éste es el tipo de matemáticas que vale la pena estudiar."

Una última reflexión

Casi todos los graduados con honores tienen éxito si se limitan a trabajar en el ambiente seguro de los cuadrantes E o A, pero en cuanto entran al altamente competitivo y vertiginoso mundo del capitalismo de los cuadrantes D e I, ya de nada les sirven los estudios universitarios y el promedio que tuvieron. Bajo el riesgo de sonar reiterativo, debo enfatizar lo siguiente: *El éxito en un cuadrante no garantiza el éxito en otros.*

Entre más pronto enseñen los padres a los hijos las diferencias entre los cuadrantes, más fácil será a esos niños empezar a prepararse para la vida.

ACCIONES PARA PADRES

Habla con tus hijos respecto a sus sueños y a las distintas formas en que se define el éxito fuera del sistema educativo.

Me parece que la genialidad de los niños se encuentra en sus sueños. Crear un ambiente en que tu hijo sea libre para hablar de lo que desea en la vida —incluso de sus visiones más grandiosas del futuro— es un ejercicio muy significativo y trascendente. Te sorprenderá la vívida y mágica naturaleza de lo que tus hijos compartirán contigo. Aprovecha ese momento para fortalecer y apoyar la idea de que ellos tienen la capacidad de crear su propio futuro.

Usa el cono del aprendizaje como guía para tus conversaciones. Explícale a tus hijos por qué leer no siempre es la mejor manera de aprender. Háblales de la importancia de las simulaciones y las prácticas, y de la forma en que éstas nos preparan para las experiencias de la vida real.

Podrías llevarlos a ver la práctica de algún equipo deportivo. Explícales que la práctica le sirve al equipo para simular que juega el partido, y que los errores que se cometen en ese momento son sólo oportunidades para aprender a enfrentar los desafíos y las dificultades que pudieran surgir en el futuro.

Capítulo seis

Lección #6. ¿Por qué la gente rica termina en bancarrota?

El primer paso para realizar cambios en nuestra vida comienza con una modificación del contexto, con una variación en la forma en que vemos las cosas y en los filtros que usamos para procesar información y experiencias. Con frecuencia es posible ver que la imagen de una oruga que se transforma en mariposa se usa para ilustrar el concepto de mutabilidad. Esta imagen es muy afortunada porque, en efecto, el cambio es un proceso, y en lo que nos transformamos durante ese proceso es tan importante y sólido como la forma en que surgimos.

Al aprender a transformar los ingresos ordinarios en ingresos pasivos y de portafolio, tendrás la llave para tu futuro… y el de tus hijos. En el Capítulo siete hablaré más acerca de los distintos tipos de ingreso, y de por qué es tan importante entender las diferencias entre ellos. El mundo es un lugar emocionante y cambiante, lo cual significa que todo el tiempo nos encontramos con nuevos desafíos y oportunidades. La preparación de un niño para el mundo del mañana es una de las misiones más importantes que tienen los padres, y por eso, también puede resultar un desafío intimidante. Para comenzar la misión es necesario entender que nuestros pensamientos y acciones —es decir, lo que ponemos en nuestro cerebro y la forma en que actuamos respecto a esa información— deben cambiar… en la misma forma en que lo hace el mundo.

JUSTIFICACIÓN

Hace más de 2 000 años Grecia era el imperio más poderoso sobre la Tierra. Hay muchas palabras en los vocabularios actuales que tienen su origen en el griego, como *democracia, teatro, olímpico y maratón;* incluso las letras como (A) alpha y (B) beta, que nos dieron la palabra *alfabeto.* Los griegos también nos legaron el concepto del "juicio con jurado" y, en el contexto del teatro, nos dieron la tragedia. Hoy en día, la espectacular nación de Grecia se encuentra conectada a soporte vital; es el caso perdido de Europa: una verdadera tragedia griega.

La tragedia griega

Japón, Inglaterra, Francia y Estados Unidos también desempeñan papeles en la tragedia griega que se desarrolla en el escenario mundial. Si otras potencias llegan a colapsar, la obra se convertirá en una tragedia global.

Millones de jubilados de todo el mundo —me refiero a la generación global de *baby boomers,* muchos de los cuales alguna vez fueron ricos— ahora viven con el temor de vivir más tiempo del que pueden respaldar con sus ahorros. Los hombres y las mujeres de mi generación sienten que también tienen una participación, aunque sea menor, en ésta: su tragedia griega privada. Entre el público se encuentran los hijos, nietos y bisnietos de los *baby boomers…* Y todos se preguntan cómo terminará la obra.

El surgimiento de los déspotas

Si esta crisis financiera global no se resuelve, el acto final no será nada agradable. Con frecuencia sucede que, en tiempos de crisis financiera, surge un nuevo tipo de líder, el conocido como *déspota.* Varios de estos líderes fueron verdaderamente infames. Como Franklin Delano Roosevelt, Adolf Hitler, Mao Tse-Tung, Joseph Stalin, Robespierre y Napoleón. Parecerá irónico, pero la palabra "déspota" es de origen francés y se deriva del término griego, "despotes".

Sé que parece una blasfemia incluir a Franklin D. Roosevelt en esta delicada galería; muy a menudo me critican por ello porque él es uno de nuestros presidentes más queridos. Sin embargo, antes de que cierres este libro de golpe, permíteme explicarte cómo llegué a esta conclusión.

Razón #1
Tanto Hitler como Roosevelt llegaron al poder el mismo año: 1933.

Razón #2
Ambos fueron elegidos para resolver el mismo problema: una depresión.

Razón #3
Ambos fracasaron en resolver el problema. La solución de Hitler fue ir a la guerra. La solución de Roosevelt fue ir a la guerra e iniciar el sistema de Bienestar Social. La Ley de Seguridad Social de 1935 es el programa gubernamental más querido en Estados Unidos.

El problema es que las soluciones de Roosevelt no funcionaron; él sólo "pateó la lata en el camino" y así le heredó el problema a los dirigentes del futuro. Actualmente Seguridad Social y Medicare son enormes elefantes blancos de cuya presencia no nos podemos deshacer. Sucede lo mismo en Grecia, Inglaterra, Japón y otros países del mundo. El problema es que ya no podemos seguir pateando la lata hacia el futuro. ¿Significará esto el surgimiento de un nuevo déspota?

Mi generación, la de los *baby boomers*, afirma que merece las prestaciones de Seguridad Social y Medicare, y es cierto, las merece. Nosotros hemos contribuido a los programas sociales, sin embargo, todos los programas sociales del gobierno son esquemas Ponzi. Un esquema Ponzi es una estafa en la que a los inversionistas anteriores —los primeros que participaron— se les paga con el dinero de los nuevos inversionistas.

Todos hemos escuchado acerca de Bernie Madoff, el campeón de peso completo en la arena de los esquemas Ponzi privados. Madoff terminó en la cárcel porque lo que hizo es ilegal y, en mi opinión, también lo que está haciendo el gobierno de Estados Unidos lo es. El sistema de Bienestar Social está destruyendo a nuestro país desde lo más profundo. Los programas sociales son tumores cancerosos que crecen en el espíritu de las personas a las que deberían servir. Estos programas no fortalecen a la gente, sólo la debilitan porque la hacen depender del gobierno para resolver sus problemas.

Me he dado cuenta de que hay gente que tal vez merezca beneficiarse de programas gubernamentales. Algunas de esas personas en verdad se encuentran necesitadas. Sin embargo, hay millones de estadounidenses perfectamente capaces y sanos que también reciben la ayuda del gobierno. Y entre esos estadounidenses también están incluidos los líderes de nuestra nación: empezando por el presidente y hacia abajo. El presidente y la gente del congreso reciben cheques de "ayuda" que harían que Bernie Madoff se avergonzara. La línea de alimentación del gobierno también incluye a los militares retirados, empleados gubernamentales y servidores públicos como policías, bomberos y maestros.

No estoy tratando de criticar a estas personas o de culparlas por haber elegido su profesión. De hecho, le tengo un respeto enorme al trabajo que desarrollan nuestro personal militar, la policía, los bomberos, los maestros y otros trabajadores del gobierno. Lo que hacen es muy importante.

Lo que me preocupa es la creciente "mentalidad de subsidio", esa actitud de "el gobierno debería hacerse cargo de mí" que se ha generalizado tanto en nuestra cultura. Hoy en día, cada vez que un trabajador pierde su empleo, lo primero que hace es solicitar las prestaciones para desempleados. ¿Pero cómo se le puede llamar a eso "prestaciones"?

¿Qué tiene que ver la creciente noción de que se tiene derecho a las subvenciones con este libro y con la forma en que los padres preparan a sus hijos para el futuro? En realidad es muy sencillo. Yo critico profundamente al sistema educativo y a buena parte del sistema tradicional porque no le enseñan a la gente a pescar. En lugar de enseñarles a los niños a ensartar una carnada y obtener su propio alimento —habilidades y actitudes que los fortalecerán de verdad y los harán confiar en sí mismos y conseguir sus propios recursos—, nuestras escuelas fomentan la cultura de las subvenciones. Esta mentalidad es la que está erosionando los cimientos sobre los que se construyó esta nación. La "mentalidad del subsidio" está destruyendo al imperio norteamericano y al mundo entero.

El abismo fiscal

El polvo apenas se acababa de asentar tras la elección presidencial de Estados Unidos en 2012, cuando la batalla producto del abismo fiscal sepultó a Washington. Esta batalla se desarrolló entre los demócratas, quienes querían "cobrarles impuestos a los ricos", y los republicanos, quienes querían recortar los recursos de Seguridad Social y Medicare (parte del sistema de ayuda social del gobierno). Los problemas subyacentes a esta crisis no se han podido resolver, y ahora, el problema está mutando.

Las diferencias no se han resuelto porque nuestras *dificultades financieras* en realidad son *dificultades sociales*. Hay demasiada gente que no sólo *espera* que el gobierno se haga cargo de ella… también lo *necesita* con urgencia. Y todo porque no puede o no quiere pescar su propio alimento. Como seguramente ya sabes, dentro de poco este problema se convertirá en el problema de *tus hijos*. Y es sólo una de las tantas adversidades que heredará la siguiente generación. Pero entonces, ¿qué puede hacer un padre en esta situación?

LA CARRETA DE LOS SUBSIDIOS

LA LOCURA

Algunas personas dicen que Albert Einstein nos dio la definición más adecuada de la palabra "locura":

"Locura es hacer lo mismo una y otra vez,
y esperar que el resultado sea distinto."

Decirle a tu hijo, "Estudia y consigue un empleo", cuando en realidad los empleos se están yendo al extranjero o son reemplazados debido a los avances tecnológicos, es una locura.

También es una locura decir algo como, "Trabaja arduamente", cuando, entre más trabajes para ganar dinero, más impuestos tendrás que pagar.

Es una locura decir, "Ahorra dinero", cuando el dinero ya no vale nada... ya sólo es deuda: un pagaré firmado por los contribuyentes.

Es una locura decir, "Tu casa es un activo" cuando, en realidad, es un pasivo.

Es una locura decir, "Invierte a largo plazo en el Mercado de Valores", cuando las casas de inversión profesional están utilizando computadoras de muchos millones de dólares para invertir a corto plazo —a veces hasta por milisegundos— en fondos de cobertura, e intercambio de alta frecuencia (High Frequency Trading; HFT, por sus siglas en inglés) contra los inversionistas *amateur*... y en ocasiones, incluso hasta en contra de sus propios clientes. En esta situación sería menos arriesgado ir a apostar a Las Vegas.

A Albert Einstein también se le atribuye haber dicho:

"No podemos resolver los problemas con el mismo tipo de pensamiento que usamos para producirlos."

A continuación se presentan algunas nuevas ideas para resolver problemas antiguos como el de cómo preparar a tus hijos para el futuro y para entender el papel que el dinero juega en éste. Aquí hay un punto distinto sobre la educación.

Sólo comenzaremos a resolver los problemas cuando cambiemos el contexto.

CONTENIDO VS. CONTEXTO

A continuación, se ilustra un vaso al que se le ha vertido cierta cantidad de agua.

Con el objetivo de explicar esta lección, diremos que el agua representa el contenido y el vaso representa el contexto.

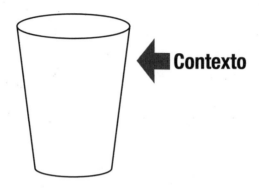

La educación tiene que ver con el contenido

La educación tradicional se enfoca en el *contenido:* leer, escribir, realizar operaciones matemáticas.

La educación tradicional no le presta atención al *contexto,* es decir, *al estudiante.*

Mis problemas en la escuela comenzaron cuando descubrí que no me gustaba el contenido (agua) que mis maestros estaban vertiendo en mi cabeza. Cada vez que tenía una objeción y preguntaba, "¿Por qué tengo que estudiar esto?", ellos me respondían más o menos de la misma manera: "Porque si no tienes una buena educación, no conseguirás un buen empleo."

Ahora que soy mayor comprendo que las respuestas de mis maestros demostraban una falta de atención respecto a mi contexto. Siempre dieron por hecho que yo sólo quería llegar a ser un empleado.

¿Qué es el contexto?

El contexto es lo que alberga al contenido. Los contextos pueden ser visibles, invisibles, humanos o materiales.

El contexto de una persona incluye sus:

- filosofías
- creencias
- pensamientos

- reglas
- valores
- miedos
- dudas
- actitudes
- elecciones

El contexto de una persona pobre se puede identificar a través de sus palabras:

- "Jamás seré rico."
- "Los ricos no van al cielo."
- "Preferiría ser feliz."
- "El dinero no es importante para mí."
- "El gobierno debería hacerse cargo de la gente."

Mucha gente es pobre porque tiene un contexto de pobreza. En la mayoría de los casos, ni siquiera tener más dinero serviría para que esa gente se volviera rica. Lo más común es que al darle dinero a una persona pobre sólo la esté ayudando a perpetuar su pobreza… y en muchos casos, para siempre.

Es por esta razón que muchos ganadores de la lotería terminan en bancarrota en muy poco tiempo. Sucede lo mismo con las estrellas deportivas.

Ahora fíjate en la diferencia que hay en las prioridades, los valores y las palabras que transmite el contexto de una persona de la clase media:

- "Debo tener una educación sólida."
- "Debo conseguir un empleo bien pagado."
- "Quiero una casa bonita en un buen vecindario."
- "La seguridad en el empleo es muy importante."
- "¿Cuánto tiempo me van a dar de vacaciones?"

Por lo general, la gente que tiene contexto de clase media jamás llega a ser rica. Muchos sólo se endeudan más para "tener lo mismo que tiene el vecino de enfrente". En lugar de invertir, la gente de contexto de clase media sólo consume más. Compra una casa más grande, se toma unas buenas vacaciones, conduce autos costosos y gasta dinero en educación superior.

Como la mayoría compra a crédito, a menudo todos terminan más endeudados —sumergidos en deuda mala, deuda de consumo—, en lugar de volverse más ricos.

Cuando estas personas escuchan frases como "Existe la deuda buena y la deuda mala", su contexto se cierra. Lo único que conocen es la deuda mala, la que los empobrece. Casi nadie puede entender el concepto de la deuda buena, el tipo de compromiso que los puede hacer llegar a ser más ricos.

Para muchas de estas personas lo mejor es seguir el consejo de quienes les sugieren: "Corta tus tarjetas de crédito en dos y sal de todas tus deudas." Ése es el único contenido (el agua) que su contexto puede manejar.

En lo que se refiere a invertir, la mayoría de la gente de clase media tiene el contexto o sistema de creencias que apoya la noción de que "invertir es riesgoso". Esto sucede porque casi toda la gente invierte en educación tradicional para obtener títulos universitarios, pero no gasta un centavo en educación financiera.

Aquí te presento ejemplos de frases que reflejan el contexto de una persona rica:

1. "Debo ser rico."
2. "Soy dueño de mi propio negocio y mi trabajo es mi vida."
3. "La libertad es más importante que la seguridad."
4. "Yo acepto desafíos para aprender más."
5. "Quiero averiguar cuán lejos puedo llegar en la vida."

Las personas que piensan así son verdaderos capitalistas. Saben cómo usar el talento y el dinero de otras personas (OPT y OPM, respectivamente).

Cuando alguien de clase media guarda sus ahorros o fondo de retiro en el banco, el banquero le presta ese mismo dinero a un capitalista.

Ésta es la forma en que padre rico dice: "El contexto es más importante que el contenido."

Yo tuve problemas en la escuela porque mi plan no era llegar a ser empleado. Lo que quería era ser *empleador*, empresario.

Cada vez que un maestro intentaba motivarme con, "Si no sacas buenas calificaciones no tendrás un buen empleo", yo me desconectaba, mi mente se cerraba por completo. Para cuando tenía 12 años ya había trabajado tres años con mi Padre Rico; ya no tenía el contexto de un empleado.

La frase "No tendrás un buen empleo" sólo funcionaba con mis compañeros que querían ser empleados, no en mí.

Si el maestro hubiera dicho, "Les voy a enseñar cómo captar capital para que puedan comenzar su propio negocio", entonces le habría puesto atención. Me habría sentado al frente del salón y habría dicho: "¡Dinos todo lo que sabes!"

MI HISTORIA

EL CONTEXTO ES MÁS IMPORTANTE
QUE EL CONTENIDO

Cuando padre rico hablaba de "Enseñarle a cantar a los cerdos", siempre aclaraba que era una situación en que todo mundo perdía: "Tú pierdes el tiempo y el cerdo termina enojado."

Su mensaje era:

"Hasta que no cambie su contexto no podrás enseñarle a una persona pobre a ser rica. Tratar de cambiar los hábitos de alguien que tiene un contexto de

persona pobre o de la clase media es una pérdida de tiempo... y la gente termina enojada."

Llevo más de treinta años enseñando actividades empresariales e inversión. Imparto las lecciones que mi Padre Rico me enseñó y puedo atestiguar que él estaba en lo correcto. *Padre Rico Padre Pobre* fue rechazado cuando lo presenté a las editoriales por primera vez. La sociedad del mundo editorial formada por los estudiantes de "10", simplemente lo tiró a la basura. Fue por eso que en 1997 tuve que publicarlo yo mismo. La mayor parte de los periodistas son estudiantes de "10" y académicos que no tienen el mismo contexto de los estudiantes de "6" o de "C", los capitalistas.

La lección de padre rico

"No le enseñes a un cerdo a cantar.
Tú pierdes tu tiempo y el cerdo termina enojado."

En 2002, cuando se publicó el libro *Queremos que seas rico...* me pareció que estaba teniendo un *déjà vu*. Aquel libro lo escribí con Donald Trump y advertía al público sobre la inminente crisis financiera y su impacto potencial en la clase media; sin embargo, no fue bien recibido por la tendencia financiera dominante. Cuando me pregunté, "¿Por qué la comunidad financiera ataca nuestro trabajo?, pensé en todos los contextos distintos que estaban en juego —medios de comunicación, sus anunciantes, los periodistas y su público—, y entonces no fue difícil pensar en las posibles respuestas.

LA VIDA ES CONTEXTO

Nuestra vida está hecha de contextos. Algunos son invisibles y otros son físicos y tangibles. Estos son algunos ejemplos de otros contextos:

1. La Constitución de Estados Unidos es un contexto.

La Constitución representa los valores sobre los que se cimentó Estados Unidos, y que ahora también gobiernan su funcionamiento.

2. La religión es un contexto.

Los cristianos, por ejemplo, tienen contexto distinto al de los musulmanes. Esto significa que su contenido también es diferente. Los cristianos creen que Jesús es el Hijo de Dios, y los musulmanes creen que Jesús es un profeta.

Para poner otro ejemplo, si yo le dijera a un cristiano devoto, "El profeta Mohammed dijo…", lo más probable es que su contexto se cierre. Sin embargo, si le dijera a un cristiano, "Jesús dijo…", tal vez su contexto siga abierto.

En otras palabras, cuando alguien dice, "Mantén tu mente abierta", en realidad quiere decir, "Mantén tu contexto abierto."

En la carrera presidencial de 2012 por Estados Unidos, los oponentes del presidente Obama le llamaron "musulmán" a pesar de que es cristiano. Los oponentes de Mitt Romney susurraban por ahí cosas como, "No es cristiano, es mormón." Así de fuertes pueden ser los contextos.

3. Las filosofías económicas son contextos.

En aquella misma elección, por ejemplo, mucha gente dijo que el presidente Obama era socialista. Otros dijeron que Mitt Romney era capitalista.

Dependiendo de tu contexto económico personal, podrías aceptar o rechazar al candidato con base en su filosofía económica. Si fueras socialista, por ejemplo, saber que a Mitt Romney se le califica de "capitalista", te decepcionaría. Si fueras capitalista, la idea de votar por un socialista te resultaría inaceptable.

4. Un templo o iglesia es un contexto físico.

También el gimnasio. Al templo o iglesia vamos con un propósito, y al gimnasio vamos con otro. A la iglesia vamos para tener un renacimiento espiritual, y al gimnasio, un renacimiento físico.

5. Una escuela es un contexto físico.

Y también lo es un edificio de oficinas. En la actualidad, muchas escuelas animan a los padres para que lleven a sus hijos a la oficina, pero por desgracia, cuando los niños acompañan a sus padres se enfrentan al contexto de los empleados, no al de los empresarios que iniciaron el negocio.

6. Un hogar es otro contexto físico.

Hazte la siguiente pregunta como padre: "¿Cuál es el contexto de nuestro hogar? ¿Es el contexto de una familia pobre, de clase media o de una familia rica?"

CAMBIA TU CONTEXTO... Y CAMBIA TU VIDA

Cuando volví de Vietnam en 1973, mi Padre Rico me sugirió tomar un curso de bienes raíces. "Si quieres ser rico, tienes que aprender a usar la deuda", me dijo.

Como mi contexto ya era, "quiero ser rico", poco después terminé siguiendo sus consejos. Mi contexto aceptó con facilidad el contenido de la frase "La deuda me volverá rico." Por eso me inscribí a un seminario de tres días sobre inversión en bienes raíces.

Si hubiera tenido un contexto de pobre o de integrante de la clase media, habría dicho: "Lo voy a pensar. Creo que antes de inscribirme a clases sobre bienes raíces, volveré a la universidad y estudiaré una maestría."

Actualmente, cuando le digo a la gente, "Los bienes raíces tienen que ver con el tipo de deuda que te volverá rico. Y entre más deuda tengas como ésta, menos impuestos pagarás", no pasa mucho tiempo antes de que me cierren la puerta. La gente se tapa los oídos, como lo hacen los niños, y repite el contexto que le inculcaron sus padres: invertir es riesgoso; la deuda es mala; los ricos son codiciosos; la deuda y los impuestos no pueden volverte rico.

Te repito que la lección es "El contexto determina el contenido", o "No le enseñes a un cerdo a cantar, a menos que se trate de un cerdo con ganas de hacerlo."

Aquel seminario de bienes raíces fue genial. Aunque ya había aprendido bastante de padre rico y era dueño del condominio en que vivía, el curso me dio mucho y me hizo darme cuenta de que todavía había mucho por hacer.

El instructor era un excelente maestro. Era obvio que enseñaba porque le encantaba hacerlo, además era un exitoso inversionista en bienes raíces que no necesitaba cheque de nómina. Era un inversionista legítimo y hacía lo que predicaba. Lo mejor de todo fue que no le tuvo que enseñar a los cerdos a cantar, ya que todos teníamos ganas de aprender.

Cuando el curso terminó, el instructor nos dijo: "Ahora es cuando su educación comienza." Luego sonrió y agregó: "Ésta es su tarea: en los próximos noventa días tienen que buscar, inspeccionar, analizar y escribir un reporte sobre cien o más propiedades para renta."

Casi a todos nos emocionó la tarea, pero hubo algunos a los que no les agradó para nada. El "contexto de perdedor" se había interpuesto en el camino de estos últimos. Las excusas fueron:

1. No tengo tiempo.
2. Tengo que pasar tiempo con mi familia.
3. Tengo un empleo de tiempo completo.
4. Iba a salir de vacaciones.
5. No tengo dinero.

El instructor sólo sonrió y dijo: "Como ya les dije, el curso se acabó. Ahora empieza su verdadera educación."

MÁS QUE UNA FORMA DE PENSAR

Mucha gente cree que el contexto es sólo la manera de pensar, pero no es así. El contexto es tu centro, tu cuerpo, tu mente y tu espíritu. Aunque la manera de pensar puede modificarse con facilidad, los cambios completos de contexto son mucho más profundos.

Si tomamos el dinero como un ejemplo, podría decirse que mucha gente es pobre porque tienen el contexto de una persona pobre.

Tomar un seminario de tres días sobre bienes raíces y no asimilar y aplicar lo que aprendiste, es equivalente a no cambiar tu contexto en absoluto.

Cuando le conté a mi Padre Rico que la tarea que nos asignó el instructor consistía en revisar y evaluar cien propiedades en noventa días, sonrió, y me dijo, "Si haces la tarea, cambiarán tú y tu forma de ver el mundo. Empezarás a ver todo a través de los ojos de una persona rica. La tarea no te garantizará el éxito ni que te volverás rico, pero al llevarla a cabo estarás haciendo lo que hace la gente rica."

Seguramente recuerdas el cono del aprendizaje que presenté en el capítulo anterior. En la cima se enunciaba la mejor manera de aprender algo nuevo y retenerlo: "Vivir la experiencia real." La tarea de encontrar cien propiedades en noventa días era una simulación de una búsqueda real.

GRADUACIÓN

Al final de los tres días que duró el curso de bienes raíces, el instructor dividió al grupo en equipos. En mi equipo había seis personas y teníamos que hacer juntos el ejercicio de los noventa días.

La primera semana después del curso, renunciaron dos integrantes de nuestro equipo. No llegaron a la primera reunión y nunca volvimos a saber de ellos. Les ganó su contexto.

Entonces sólo quedamos cuatro. Continuamos con la tarea durante cuatro semanas más, y luego otro integrante nos dejó después de decir, "Los bienes raíces no son para mí." Otra vez ganó el contexto.

Para principios del tercer mes, sesenta días después de que hubiera iniciado el proyecto, el cuarto integrante se fue después de decirnos, "Quiero pasar más tiempo con mi familia."

Sólo dos personas terminamos el proceso de noventa días. Evaluamos 104 propiedades. John, el otro integrante del equipo, llegó a ser un desarrollador de bienes raíces y ha generado millones de dólares desde entonces. A mí tampoco me ha ido mal. John y yo pagamos 385 dólares, cada uno, por ese curso de tres días.

EDUCACIÓN VS. TRANSFORMACIÓN

Las decisiones que tomé respecto a mi educación cambiaron mi vida. Después de algunos meses de haber comenzado a estudiar el programa de maestría para hacer feliz a mi padre pobre, perdí el interés y deserté. El problema con esa maestría era que yo sabía que no iba a transformar mi vida. Ya tenía dos profesiones bien pagadas en las que podía apoyarme: era oficial de buque de la Standard Oil, y también, piloto de aerolíneas comerciales. Incluso, si hubiera terminado el programa de maestría, habría acabado siendo un empleado.

Me inscribí al curso de bienes raíces porque estaba buscando mi siguiente experiencia de transformación. Quería algo como lo que viví cuando asistí a la escuela de vuelo de la armada. Quería evolucionar y volverme mariposa y dejar de andar por la vida en el cuerpo de una oruga, dejar de ser ese tipo de persona que se aferra a un trabajo, el cheque de nómina constante y las prestaciones.

CONTEXTOS Y EL CUADRANTE

Las cuatro secciones del cuadrante del flujo de efectivo son contextos. Para que alguien abandone su empleo e inicie su propio negocio, primero tiene que modificar su contexto. Para salir de E o A y pasar a los cuadrantes D o I, reitero, es necesario un cambio.

Cambiar de contexto, sin embargo, toma tiempo; no sucede de la noche a la mañana, e implica algo más que sólo modificar tu forma de pensar. Este cambio exige más que pensamiento positivo. En realidad, es un proceso de evolución mental, física y espiritual. Exige un altísimo nivel de fe, valor y autoestima, así como un inmenso deseo de aprender con rapidez.

> ### La lección de padre rico
>
> *Si quieres cambiar tu vida…*
> *modifica tu contexto*

A Donald Trump y a mí nos encanta dirigirnos a la gente joven y dar conferencias en universidades. Nos gusta, en particular, hablar ante organizaciones de redes de mercadeo. ¿Por qué? Porque quienes trabajan en redes de mercadeo tienen un deseo voraz por aprender, mucha energía y, además, están emocionados y ansiosos por recibir información. ¿Y por qué tienen tanta energía? Porque están en un proceso de transformación que, más que sólo educación, requiere de mucho ímpetu. La mayoría de estas personas están haciendo la transición de los cuadrantes E y A, hacia el mundo de D e I. Saben que no están aprendiendo para conseguir un trabajo, sino que ahora se van a adentrar a un universo en el que no hay cheques constantes de nómina. Por eso son un público extraordinario. Donald y yo tenemos el mismo contexto que ellos, y por eso nos encanta nuestro contenido.

La gente se transforma a sí misma a través del ingreso. Cuando alguien logra cambiar el origen de su ingreso, puede modificar su vida.

La educación financiera debe incluir el conocimiento de los tres tipos de ingresos.

La mayoría de la gente, incluso los estudiantes de "10", aprende sobre un solo tipo de ingreso, exclusivamente. Los ricos trabajan para obtener los otros dos tipos.

TRES TIPOS DE INGRESO

Existen tres tipos de ingreso en el mundo del dinero:

1. Ordinario
2. De portafolio
3. Pasivo

Estos tres tipos de ingresos se obtienen en todo el mundo, sin embargo, en la mayoría de los casos, las clases media y pobre sólo trabajan a cambio de ingreso ordinario. Los ricos trabajan a cambio de ingresos de portafolio y pasivos.

Incluso en el juego de *Monopolio* se enseña esta lección tan fundamental; cada vez que compras una casa verde —digamos que pagas 200 dólares y, en cada turno, la casita verde te devuelve 10 dólares—, conviertes tu dinero. Es decir, el jugador convierte 200 dólares de ingresos de un cheque de nómina, en un ingreso pasivo y *recurrente* de 10 dólares mensuales. Como verás, no necesitas ser estudiante de "10" para entender esta transformación del ingreso.

¿Por qué algunos ricos terminan en bancarrota?

La razón por la que muchos multimillonarios ganadores de la lotería y atletas profesionales sumamente bien pagados despiertan un día y descubren que están en quiebra, es porque nunca lograron transformar su tipo de ingreso.

Muchos doctores, abogados y empresarios con altos ingresos del cuadrante A se encuentran en problemas hoy en día, o no son tan adinerados como podrían, tan sólo porque no han sabido transformar sus ingresos.

Los expertos financieros dicen, "Trabaja arduamente, ahorra dinero e invierte en planes 401(k)", sin embargo, quienes siguen estos consejos en realidad no transforman su dinero.

Si la gente trabaja para obtener dinero a cambio, entonces sólo está trabajando por ingreso ordinario, el más gravado de los tres. Si ahorra dinero, también trabaja por ingreso ordinario, pero en este caso, para obtener intereses sobre sus ahorros. Además, cada vez que los estadounidenses retiran dinero de sus planes 401(k) o de sus planes de retiro, lo que sacan también es este tipo de ingreso.

No solamente sucede en Estados Unidos; aunque los nombres de los planes o programas pueden ser diferentes, también funciona así en la mayoría de los países occidentales.

Es imperativo que los padres entiendan las diferencias entre los tipos de ingreso y que les enseñen a sus hijos a cambiar sus vidas por medio del proceso de transformar su dinero.

¿Cuáles son las principales diferencias entre los tres tipos de ingreso?

El **ingreso ordinario** es, por lo general, el dinero de un cheque de nómina. Es por el que más se pagan impuestos. Casi toda la gente asiste a la escuela para aprender a generar ingresos ordinarios y, tras la graduación, se convierte en asalariada. Si tú trabajas para obtener dinero, entonces también estás trabajando por ingreso ordinario. Lo irónico es que los intereses sobre ahorros también se gravan con tasas de este tipo. Además, cada vez que retires de tu plan 401(k), pagarás impuestos como si se tratara de ingreso ordinario. En mi opinión, hay varias maneras mejores de ahorrar, que invertir en un plan 401(k).

Al **ingreso de portafolio** también se le conoce como *ganancias de capital*. La mayoría de los inversionistas invierte en portafolios, ingreso o ganancias de capital. Este último tipo de ganancias se genera cuando compras a precio bajo y vendes a alto. Por ejemplo, si compras acciones por 10 dólares y luego las vendes por 15, entonces se puede decir que fue un evento de ganancias de capital con una ganancia de 5 dólares, y que, sobre esa ganancia, se pagan impuestos de ingreso de portafolio.

Los impuestos son una más de las razones por las que rara vez invierto en acciones. Me parece que no tiene caso correr riesgos invirtiendo en este tipo de instrumentos para, después, si gano, terminar pagando una gran cantidad de impuestos. Las ganancias de capital provenientes de bienes raíces y acciones están gravadas actualmente al 20 %; los dividendos de acciones, también.

Al **ingreso pasivo** también se le conoce como *flujo de efectivo*. En el juego de *Monopolio*, los 10 dólares que recibe un jugador por concepto de renta de una casita verde son un buen ejemplo de ingreso pasivo o flujo de efectivo. Por el ingreso pasivo se pagan las tasas más bajas de intereses de los tres tipos de ingresos y, a veces, no se paga nada.

Invertir para obtener a cambio flujo de efectivo no gravado exige el nivel más alto de experiencia y educación financiera. Sobre esto se hablará más adelante, en otras secciones del libro.

Transforma tu vida

La tarea de noventa días que me fue asignada al terminar el seminario de bienes raíces, fue un proceso de transformación. Tal como lo ilustra el cono del aprendizaje, fue un proceso de simulación previo a realizar la acción en la vida real.

En el ámbito de los deportes a la simulación se le conoce como *práctica*. En el teatro se conoce como *ensayo*.

En la escuela, por otro lado, no hay lugar para errores. El estudiante hace el examen, el maestro resta el número equivocado del número correcto, produce una calificación y la clase continúa.

Muchos estudiantes de "10" o "A" no llegan tan lejos en la vida como quisieran porque en el interior de su contexto —que en este caso es el sistema de creencias que ya tienen demasiado arraigado—, cometer errores significa que eres estúpido.

Los empresarios saben que en los negocios los errores son experiencias para aprender y, en muchos casos, proveen información valiosa relacionada con su modelo de negocios, producto o servicio.

Yo le recomiendo a la gente que, cuando juegue *CASHFLOW*, lo haga por lo menos diez veces, no para ganar, sino para cometer la mayor cantidad posible de errores y aprender de ellos. Cada juego, y en particular los que pierdes, en realidad te hacen más hábil y te preparan mejor para el mundo real. Tal como se ilustra en el cono del aprendizaje, lo que tienes que hacer antes de enfrentarte a la situación real, son simulaciones (juegos, práctica, ensayos).

POR QUÉ FRACASAN LOS ESTUDIANTES

Ser un estudiante de "10" no garantiza el éxito en la vida porque en ésta, además de la inteligencia que el sistema escolar reconoce, hay varias más.

En 1983, Howard Gardner, profesor de la Escuela Superior de Educación de Harvard, publicó un libro llamado, *Frames of Mind: The Theory of Multiple Intelligences* (*Teoría de las inteligencias múltiples*).

A continuación se presentan descripciones breves de las siete inteligencias, según la definición del profesor Gardner.

1. LINGÜÍSTICA-VERBAL

La gente que tiene el don de la inteligencia lingüística verbal tiende a ser buena para leer, escribir y memorizar palabras y fechas. Aprenden mejor a través de la lectura, las notas que toman y las conferencias que escuchan. En estas personas domina el hemisferio izquierdo del cerebro.

Si tu inteligencia lingüística-verbal es fuerte, la escuela te puede ser relativamente fácil, que es lo que sucede con la mayoría de los estudiantes de "10". Muchos de ellos llegan a ser periodistas, abogados, escritores y médicos.

2. Lógica-matemática

A la gente que tiene el don de este tipo de inteligencia, le va bien con las matemáticas. Estos estudiantes se sienten cómodos al trabajar con números, problemas matemáticos, lógica y abstracciones. En ellos domina el hemisferio izquierdo del cerebro.

También les va bien en ambientes educativos tradicionales y, con frecuencia, sacan "10". Muchos llegan a ser ingenieros, científicos, doctores, contadores y analistas financieros.

3. Corporal-kinestésica

Estos estudiantes tienen dones físicos. Aprenden mejor si se mueven y realizan actividades de tipo atlético.

La inteligencia corporal-kinestésica surge a través del gimnasio, el campo de futbol, estudio de baile o de actuación, talleres o grupos de automovilismo.

Es frecuente que los atletas profesionales, bailarines, actores, modelos, cirujanos, bomberos, soldados, policías, pilotos, pilotos de carreras y mecánicos tengan este tipo de inteligencia.

4. Espacial

Esta inteligencia es más fuerte en el arte, disciplinas visuales, diseño y en la resolución de rompecabezas. Por lo regular, en la gente que la posee domina el hemisferio derecho del cerebro.

Los estudiantes que cuentan con este tipo de inteligencia tienden a tener problemas en ambientes educativos tradicionales. Les va mejor en escuelas enfocadas en arte, diseño, color y arquitectura. Estos estudiantes se vuelven artistas, diseñadores de interiores o de modas, y arquitectos.

5. Musical

Esta inteligencia se inclina a la música, ritmo, tono, melodía y timbre. Las personas que la poseen cantan y tocan instrumentos musicales.

Esta inteligencia no prospera en ambientes educativos tradicionales. Una persona con este don se sentirá mejor en ambientes musicales de aprendizaje como los que hay en las escuelas de artes.

6. Interpersonal

Estas personas se dedican a la comunicación. Por lo general, son populares y extrovertidas, y muestran sensibilidad ante los sentimientos, el temperamento y las motivaciones de otros.

Una persona con esta inteligencia se desarrolla bien en un ambiente escolar, y en particular, en concursos que implican popularidad como lo serían las elecciones estudiantiles. Estos estudiantes suelen dedicarse a las ventas, la política, la enseñanza y el trabajo social.

7. Intrapersonal

A menudo a este don se le llama inteligencia emocional. Tiene que ver con la reflexión personal y la introspección. La inteligencia emocional implica un entendimiento mayor de uno mismo, el conocimiento de las debilidades y fortalezas personales, la comprensión de lo que lo hace a uno único y la habilidad de manejar reacciones y emociones.

La inteligencia intrapersonal es fundamental en los ambientes con alto nivel de estrés. De hecho, es crucial para tener éxito en casi cualquier campo o profesión.

La inteligencia del éxito

La inteligencia intrapersonal tiene que ver con comunicarse contigo mismo. Implica ser capaz de hablarte y controlar tus emociones. Por ejemplo, cuando una persona que está enojada se dice a sí misma, "Cuenta hasta diez antes de hablar", está ejerciendo inteligencia intrapersonal. En otras palabras, se habla a sí misma antes de abrir la boca y permitir que sus emociones se expresen.

La inteligencia intrapersonal es indispensable para el éxito, en particular cuando se atraviesan tiempos difíciles y la persona tiene miedo o quiere renunciar.

Todos conocemos a gente que es demasiado emotiva. Son personas que suelen permitir que sus emociones controlen sus vidas porque, con frecuencia, dejan que éstas hablen o cometan actos de los que después se arrepienten.

La posesión de inteligencia emocional no significa carencia de sentimientos; implica saber que no hay nada de malo con estar molesto, pero que no se debe perder el control. Tú sabes que está bien sentirse lastimado, pero también, que no se debe hacer algo estúpido sólo para vengarse.

Creo que casi todos conocemos a alguna persona que es muy inteligente y hábil —en matemáticas, digamos—, pero permite que sus emociones dañen otros aspectos de su vida.

Es muy común que la falta de inteligencia emocional sea la causa de adicciones. Al sentirse frustrada, una persona puede comer, beber, tener sexo o ingerir drogas para adormecer el dolor. Cuando se sienten aburridos, algunos salen de compras y gastan dinero que ni siquiera tienen.

Pero no todo es negativo. También conocemos a gente que ha sido víctima de abuso extremo, pero se ha recuperado. Nelson Mandela es un buen ejemplo. Mandela fue encarcelado arbitrariamente en Sudáfrica, pero en lugar de guardar resentimientos, cuando salió de la cárcel surgió como un hombre superior. Tiempo después llegó a ser el líder del país que lo encarceló. A veces la grandeza es reflejo de una persona que cuenta con un alto nivel de inteligencia emocional.

Te repito que la inteligencia emocional a menudo se considera la "inteligencia del éxito" porque la gente exitosa sabe lidiar con sus emociones, particularmente en situaciones de mucho estrés.

Los siguientes comentarios describen a gente con alta inteligencia emocional.

• Ella sabe actuar bajo presión.

• Ella alcanza sus metas.

- Él sabe controlar su temperamento.
- Él sabe ver ambos lados de la situación.
- Dejó de fumar hace cinco años.
- Incluso si está en una mala situación, te dirá la verdad.
- Ella sabe cumplir sus promesas.
- Él es persistente y disciplinado.
- Ella no pone pretextos.
- Él siempre admite sus errores.

Como verás, los comentarios anteriores también se pueden aplicar a gente exitosa.

COMO NIÑOS

Creo que todos hemos visto a los niños…
- Llorar cuando están tristes.
- Quejarse cuando no consiguen lo que desean.
- Rendirse cuando están cansados.
- Ser egoístas con sus juguetes.
- Culpar a alguien más de sus errores.
- Mentir.
- Correr al encuentro de mami y papi para sentirse seguros.
- Sentir envidia cuando un amigo tiene un juguete nuevo.
- Negarse a recoger su ropa.
- Esperar que le den todo lo que pida.

Casi todos los adultos pueden tolerar este tipo de comportamiento en los niños porque, después de todo… ¡son sólo niños! "Ya crecerán", pensamos.

Por desgracia hay muchos que, a pesar de crecer, no superan su comportamiento infantil. Hay una gran cantidad de adultos que son hábiles para disfrazar u ocultar su inmadurez emocional detrás de una fachada.

Creo, también, que todos hemos conocido adultos que sonríen y son amables en la primera impresión, sin embargo, a medida que los va uno conociendo más, se encuentra con el niño consentido que se oculta detrás de la máscara de adulto. Una vez que se ha descubierto la farsa y se llega a conocer mejor a esa persona, es posible ver su falta de madurez emocional. Respecto a esta inmadurez, tal vez escuches frases como las siguientes:

- No se puede confiar en él.
- Ella te dirá cualquier cosa que quieras escuchar.
- Él sonríe pero luego te apuñala por la espalda.
- Pierde el control con facilidad.
- En cuanto las cosas se pongan difíciles, renunciará.
- Se queja de todo.
- Engaña a su esposa.
- Es codiciosa.
- No acepta críticas.
- Le encanta el chisme.

En otras palabras, hay mucha gente que crece en el aspecto físico, pero no en el emocional. Muchos adultos siguen siendo niñitos por dentro. Estudian y consiguen un empleo, pero el que se presenta a trabajar es el chiquillo. Consiguen su cheque de nómina y, una vez más, el niño es el que sale a la calle y se gasta el dinero. Los años pasan y, un buen día, se preguntan qué pasó con sus vidas. Trabajaron durante años pero no tienen nada que así lo pruebe.

Esta falta de desarrollo emocional a veces les impide a los adultos funcionar en el mundo real. Muchos se pasan la vida haciendo lo que *quieren* hacer en lugar de lo que *tienen* que hacer.

La inteligencia emocional es fundamental para el éxito a largo plazo. En la práctica puede significar:

- Ir al gimnasio en lugar de quedarse en casa.
- Tomar clases de educación financiera, incluso si no quieres.
- Ser amable cuando otros no lo son.
- Salir a caminar en lugar de comer más.

- No beber, incluso si tienes muchas ganas.
- Decir la verdad aunque te haga quedar mal.
- Hacerle una llamada a alguien con quien no quieres hablar.
- Ofrecerte como voluntario aunque estés ocupado.
- Controlar tu carácter en lugar de darle rienda suelta.
- Apagar la televisión y pasar tiempo con tu familia, en especial si quieren ver su programa favorito.

Dicho llanamente, volverse adulto significa crecer en el aspecto emocional también.

DE ORUGA A MARIPOSA

Mi transformación comenzó cuando terminó aquel seminario de tres días sobre bienes raíces. Evaluar cien propiedades en noventa días no fue tan difícil después de todo; casi cualquiera habría podido hacerlo. Lo único que yo hice fue continuar trabajando noventa días y aplicar todo lo que había aprendido. Al igual que muchos otros, yo tampoco tenía dinero porque los tenientes de la marina no ganan mucho. Tampoco tenía tiempo porque volaba para el cuerpo de marina y por las noches estudiaba la maestría.

Aquellos noventa días fueron una prueba para mi inteligencia emocional, la inteligencia del éxito.

Al final de ese periodo sabía exactamente con qué tipo de propiedad haría mi primera inversión y por qué. Estaba emocionado. Como padre rico decía con frecuencia, estaba comenzando a atisbar un mundo que muy pocos alcanzan a ver.

La propiedad era un condominio de una recámara en la Isla de Maui. Estaba al otro lado de la calle de una de las playas más hermosas del lugar. Todo el desarrollo estaba siendo rematado y el precio del condominio era de 18 000 dólares.

No tenía el dinero para adquirirlo, ni siquiera para el enganche. Pero tomando en cuenta lo que había aprendido, usé mi tarjeta de crédito para pagar 1 800 dólares —10% del enganche—, y luego el vendedor financió los 16 200 restantes. Después de cubrir todos los gastos, incluyendo la hipoteca, comencé a recibir 25 dólares netos cada mes. Aquel pequeño negocio cambió mi vida.

A pesar de que el ingreso pasivo no era una gran cantidad, mi transformación personal fue enorme porque, en ese momento, supe que podía ser rico. Ahora tenía el contexto de mi Padre Rico y jamás volvería a necesitar dinero. Supe que ya jamás podría volver a decir, "No puedo darme el lujo".Y lo más importantes es que mi vida se transformó y dejé de ser un estudiante de "6" o de "C" en la escala académica para transformarme en un verdadero capitalista. Mi deseo de aprender era avasallador.

Dejaron de importarme las calificaciones de la preparatoria y de la universidad porque lo único que cuenta para los estudiantes del capitalismo es el estado financiero.

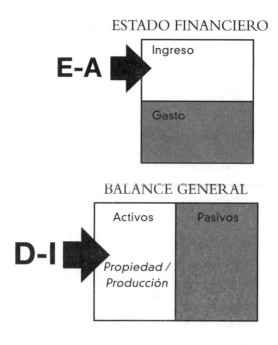

¿Cómo lo hiciste?

Kim tenía 37 años y yo 47 cuando nos retiramos. Muchos nos preguntaron cómo lo hicimos, y claro, decir que nos fue muy difícil, explicárselo a la gente es poca cosa. Imagina hacerle entender a gente normal y a alguna con preparación académica que usamos la deuda y los impuestos para volvernos ricos y retirarnos pronto.

Sin embargo, en lugar de hablar, pasamos los siguientes tres años diseñando nuestro juego de mesa, *CASHFLOW*. Es el único en que se usa un estado financiero como hoja para llevar los marcadores.

El propósito del juego es enseñarle a los jugadores a transformar su ingreso ordinario en ingreso pasivo y de portafolio. Muchos nos han dicho que el juego les cambió la vida y es lógico porque fue diseñado para modificar el contexto de la gente.

Mi vida cambió

A pesar de que ya había aprendido mucho después de pasar tantos años estudiando con padre rico, fue necesario que asistiera a un seminario sobre bienes raíces y pasara noventa días cometiendo errores para que, por fin, se encendiera el foco. Cuando esto sucedió, supe que mi transformación había comenzado. Veinticinco dólares mensuales no son mucho dinero, pero para mí fueron como dar un paso gigante a los cuadrantes D e I.

Mi punto de vista cambió, también mi enfoque: la transformación había comenzado.

En conclusión

La tragedia griega que se montó en el escenario mundial no es un error. Es lo que sucede cuando un país, organización o persona se echa a dormir en sus laureles. Es el resultado de quedarse en el pasado y de olvidar que el mundo cambia día a día.

Muchos atletas profesionales, ganadores de la lotería y gente que gana mucho dinero, llegan a perderlo todo porque no aprenden a transformar su dinero y porque no se dan cuenta de que, si supieran hacerlo, transformarían sus vidas también.

El problema con la escuela es que la mayoría de los chicos proviene de hogares (contexto) en que los padres trabajan para obtener ingresos ordinarios y luego asiste a escuelas (contexto reforzado) en que aprende a perpetuar esa costumbre. Eso sólo es educación, no transformación.

La transformación es ardua incluso para los estudiantes de "10" porque exige inteligencia emocional más que de otro tipo.

Cuando una persona aprende a convertir su ingreso ordinario en ingreso de portafolio o pasivo, entonces da inicio a *su* transformación y pasa del contexto de los cuadrantes E-A, al de los cuadrantes D-I. Es el mismo proceso de metamorfosis por el que atraviesa la oruga antes de volverse mariposa.

Si quieres cambiar tu vida, entonces debes modificar tu contexto y aprender a transformar el tipo de ingreso que recibes.

Y recuerda, no trates de enseñarle a cantar a los cerdos... a menos que ellos de verdad *quieran* aprender a hacerlo.

ACCIONES PARA PADRES

Enséñale a tus hijos que el dinero no hace que la gente se vuelva rica.

Mucha gente cree que lo que la puede volver rica es el dinero, pero en la vida real, con mucha frecuencia sucede exactamente lo contrario.

En tus Noches de Educación de Riqueza (NER) usa el ejemplo de las estrellas deportivas millonarias que terminan en quiebra. Esta paradoja hará que tus hijos abran su mente y busquen respuestas para entender la relación que existe entre *tener dinero* y *ser rico*.

Luego usa el juego de *Monopolio* o *CASHFLOW* para explicar por qué la gente que tiene más casitas verdes y hoteles rojos —es decir, la mayor cantidad de activos en sus estados financieros— es la más rica del mundo.

Habla sobre lo que en verdad hace que la gente se vuelva rica y usa este libro o la guía de estudio para explicar por qué se puede caer en bancarrota también. Estas conversaciones harán que tus hijos comprendan que lo que los volverá ricos será su mente, no su dinero. Además, también podrían llegar a darse cuenta de que, para ser rico, ni siquiera se necesita efectivo.

Capítulo siete

Lección #7. ¿Por qué los genios son generosos?

¿Cuál es el secreto para criar a un niño generoso? En realidad es muy sencillo. Cuando la gente no tiene educación financiera, sale necesitada de la escuela, en una situación económica desesperada y llena de codicia. La educación financiera, la que transforma tanto la mente como el espíritu, nos abre los ojos y nos permite entender otros puntos de vista. Nos muestra cuán importante es ver las dos caras de la moneda.

¿Qué es lo que las escuelas enseñan a nuestros niños? ¿Les están dando pescado para que coman? ¿Los están haciendo volverse necesitados y, a veces, hasta codiciosos? ¿O les enseñan a pescar? ¿A depender de sí mismos, a ser innovadores y suficientemente responsables para alimentarse solos?

Tú como padre le puedes mostrar a tus hijos el camino de la vida en que podrán aprovechar sus dones, su talento y su genialidad para permanecer libres del miedo y la preocupación de cómo sobrevivirán. Al encontrar y desarrollar la genialidad de tus hijos, también les estarás enseñando a ser generosos.

JUSTIFICACIÓN

Hay muchas preguntas que yo mismo me hago cada vez que pienso acerca de lo que aprenden nuestros niños en las escuelas, y en la forma tan mediocre en que ahí los preparan para el mundo real.

- ¿Por qué cuando los estudiantes dejan la escuela necesitan un empleo seguro?
- ¿Por qué tantos empleados esperan que sus patrones se hagan cargo de ellos de por vida?
- ¿Por qué Seguridad Social es uno de los programas gubernamentales más grandes de la historia norteamericana?
- ¿Por qué Estados Unidos terminará en bancarrota y será incapaz de continuar financiando Medicare y otros programas de bienestar social?
- ¿La incapacidad del sistema educativo para preparar a los estudiantes para el mundo real es lo que nos hace tan necesitados?
- ¿Las escuelas fomentan la "mentalidad del subsidio"?
- ¿Nuestras escuelas están matando el sueño americano?

ESTADOS UNIDOS: LA TIERRA
DE LOS NECESITADOS

Hace más de ciento cincuenta años, Alexis de Tocqueville, un aristócrata francés, escribió acerca de la fuerza del sueño americano y de los millones de hombres y mujeres de todo el mundo que emigraron a Estados Unidos en busca de éste.

En aquel tiempo, en Europa y Asia había, principalmente, dos tipos de gente: la realeza y el resto. Si nacías en la clase campesina, nunca podías llegar a ser de la realeza sin importar cuánto trabajaras. El sueño americano representó, para cualquier granjero, la oportunidad de llegar a ser parte de la "realeza" estadounidense: alguien que podría tener propiedades, controlar procesos de producción (de bienes o de los servicios de algún negocio que les perteneciera) y trabajar arduamente para construir la vida de sus sueños. El sueño americano, espíritu de la actividad empresarial, es la fuerza que impulsa al capitalismo.

Este sueño fue lo que hizo que la gente dejara su tierra natal y migrara a Estados Unidos. Y si bien casi todos estaban contentos de unirse a la clase media de esta nación, Estados Unidos también produjo su propia nobleza: empresarios como Henry Ford, Thomas Edison, Walt Disney, Steve Jobs y Mark Zuckerberg.

Alexis de Tockqueville creía que los estadounidenses podrían tolerar la brecha que había entre los pobres y los ricos mientras siguiera existiendo la esperanza de que un individuo pobre y común pasara a la clase media y, tal vez, hasta se volviera rico.

El sueño americano comenzó a morir en 2007, cuando los mercados colapsaron. Mientras la crisis continuaba y más gente perdía su empleo, su casa, su negocios y su fondo para el retiro, aquel espíritu que por mucho tiempo impulsó a esta nación, empezó a fenecer.

El fundamento del estatus de la clase media era tener una casa propia. Hoy en día, millones de propiedades valen menos de lo que costó su hipoteca. Millones de personas perdieron sus hogares y tienen que rentar. Ahora hay más gente que deja de pertenecer a la clase media y se une a las filas de la clase pobre, en lugar de ascender y unirse a los ricos.

En 2011, el número de estadounidenses que vivía en la pobreza ascendía a los 46.2 millones de personas. Ahora, aproximadamente 1 de cada 6 estadounidenses vive en la pobreza, y la cifra no deja de crecer. Si una persona no tiene una propiedad, entonces se une al grupo de los pobres y comienza a depender de la ayuda del gobierno. Por desgracia, algunos recurren al crimen en las calles, y si se trata de funcionarios, a los delitos de cuello blanco.

Entre más personas pierdan sus hogares, más se hará factible que filosofías como comunismo, socialismo y fascismo se desarrollen y se propaguen en Estados Unidos, y que los capitalistas se conviertan en los nuevos enemigos.

Estados Unidos llegó a ser una gran nación porque la gente aquí estaba en busca de oportunidades para tener una vida mejor. Todos querían tener éxito, ser capitalistas. Pero algo cambió. Hoy en día, en lugar de trabajar con ahínco para alcanzar el sueño americano, muchos sólo sienten que *tienen derecho* a él.

En todo el mundo, millones de personas —no sólo estadouniden- ses— parecen creer que la sociedad las tiene que mantener. Mucha gente va a la escuela, recibe una educación excelente y luego espera que la compañía para la que trabaja, o el gobierno, se haga cargo de ella de por vida.

La creciente mentalidad del subsidio ha jugado un papel muy im- portante en la forma en que los individuos ven ahora sus responsabili- dades financieras.

Me vienen a la mente las siguientes preguntas:

- ¿Hasta qué punto los problemas económicos son el resultado de la mentalidad de "subsidios para todos" (especialmente en Grecia, Fran- cia y el estado de California)?
- ¿Por qué a nuestros líderes se les brindan algunas de las mejores prestaciones? Me refiero al presidente de Estados Unidos, los miem- bros del congreso y otros servidores públicos. Recuerda que, una vez que se elige al presidente o a los congresistas, los contribuyen- tes tenemos que mantenerlos de por vida. Por eso me pregunto, si están calificados para ser nuestros líderes, ¿entonces por qué no pue- den hacerse cargo de sí mismos?
- ¿Por qué nuestros servidores públicos se sienten con derecho a la seguridad financiera de por vida? ¿Cuándo se produjo el cambio de "servidores públicos" a "autoservidores"? ¿Cuántos trabajadores del gobierno sólo quieren mantener su empleo seguro y sus pres- taciones en lugar de servir de verdad?
- ¿Por qué los directores ejecutivos y otros integrantes del mundo corporativo creen que tienen derecho a paquetes financieros me- jores que los de sus empleados? ¿No deberían ser suficientemente hábiles para ver por sí mismos?
- ¿Por qué hay gente en todo el mundo que cree que tiene derecho a que el gobierno o sus patrones se hagan cargo de ella de por vida?

¿De dónde proviene esta mentalidad del subsidio? ¿Viene de nuestras escuelas y de nuestro sistema educativo dirigido por sindicatos de maestros que pelean por plazas, empleo seguro y prestaciones de por vida? ¿Por qué los maestros califican a los estudiantes, pero se niegan a que se califique el desempeño de ellos como profesionales? ¿Les están transmitiendo su mentalidad de subsidios a nuestros niños? ¿La educación financiera podría tener un impacto en la mentalidad de subsidios que vemos en el interior del sistema educativo de Estados Unidos?

LA VISIÓN ESTADOUNIDENSE DEL CAPITALISMO

En la introducción cité algo del libro *What Americans Really Want… Really*, del doctor Frank Luntz. Cité sus comentarios sobre a quienes respetan los estadounidenses hoy en día, y a quienes detestan. Quiero repetir aquí lo que él escribió porque coincide con los puntos clave de este capítulo: la noción de que las escuelas les están enseñando a nuestros hijos a ser necesitados y codiciosos. *"… es difícil saber cuál es el sentimiento más fuerte en la actualidad: el respeto por los empresarios o el odio por los directores ejecutivos."*

También nos dice: *"De hecho, por un radio de más de 3 a 1, los estadounidenses ahora confían más en los empresarios que en los exitosos directores ejecutivos."*

"En el mundo actual, los 'capitalistas' asustan a la gente y la palabra 'capitalismo' es sinónimo de que los directores ejecutivos toman decenas de millones de dólares el mismo día que, con una firma, hacen desaparecer 10 000 empleos."

El doctor Luntz descubrió que los estadounidenses respetan a los empresarios que continúan persiguiendo el sueño americano. Nos comenta lo siguiente:

Incluso si la dueña del pequeño negocio (los negocios que pertenecen a mujeres se encuentran entre los componentes de mayor crecimiento de esta decadente economía) tiene éxito, en realidad no está ganando decenas de millones de dólares en bonos. Y, a menos que su negocio sea dar clases a trapecistas, tampoco tiene red dorada de protección. En lugar de enviar un memorándum corporativo, la pequeña empresaria tiene que mirar a sus empleados directo a los ojos cuando llega el momento de despedirlos. Ella ha soportado una vida de desvelos, dando vueltas en la cama y pensando si el negocio en realidad prosperará, y si su desempeño no decepcionará a sus empleados.

Los estadounidenses se dan cuenta de que hay mayores riesgos en invertir su propio tiempo, dinero y alma en un pequeño negocio, y además, es más difícil hacerlo despegar. Y todos estos riesgos que corren los dueños de negocios pequeños son con el propósito de obtener una recompensa financiera mucho menor a la que reciben sus colegas a nivel dirección ejecutiva."

Ahora reiteraré la opinión del doctor Luntz sobre las maestrías: *"Olvídense de las maestrías. La mayoría de las escuelas de negocios te enseñan a tener éxito en una corporación grande en lugar de explicarte cómo iniciar tu propio negocio."*

CAPITALISTAS LEGÍTIMOS
VS. CAPITALISTAS GERENCIALES

John Bogle, empresario y capitalista legítimo, estableció Vanguard Funds, una de las compañías de fondos mutualistas más grandes del mundo. Bogle critica mucho a los capitalistas gerenciales.

En su libro, *The Battle for the Soul of Capitalism* (*La batalla por el alma del capitalismo*), Bogle sostiene que "el sistema financiero mermó los ideales sociales, dañó la confianza en los mercados, les robó billones a los inversionistas."

En una entrevista sobre su libro, comentó: "Hemos tenido lo que describo en mi libro como una mutación patológica del tradicional *capitalismo de propietarios*, en el que los dueños ponían la mayor parte del capital y se llevaban la mayor parte de las recompensas, a una nueva forma llamada *capitalismo gerencial*, en donde los gerentes anteponen sus intereses a los de los dueños directos." Con *dueños directos*, Bogle se refiere a los accionistas de las compañías públicas.

Bogle dice que muchas de nuestras empresas más grandes ahora están siendo dirigidas por capitalistas gerenciales, no por capitalistas legítimos. Los capitalistas gerenciales son empleados, no empresarios. Muchos son estudiantes de "10", graduados de las escuelas de negocios más prestigiadas. Los capitalistas gerenciales no son empresarios porque ellos no iniciaron los negocios ni son los dueños. Tienen responsabilidades, pero no corren riesgos financieros de manera personal. A ellos se les paga, hagan bien su trabajo o no. Les pagan si el negocio prospera… o si fracasa, incluso si los trabajadores pierden sus empleos o los accionistas su inversión.

John Bogle critica particularmente a Jack Welch, antiguo director ejecutivo de General Electric. Jack Welch era un capitalista gerencial, un empleado más. El empresario que fundó General Electric fue Thomas Edison, quien no terminó la escuela, y a quien sus maestros siempre catalogaron como "distraído".

Por otra parte, Jack Welch es un hombre sumamente preparado; es ingeniero químico y tiene un doctorado por la Universidad de Illinois. También es uno de los directores ejecutivos más respetados del mundo. Muchos creen que está entre los mejores. Jack Welch participa frecuentemente en programas de debate financiero, donde se presenta como una autoridad en los negocios.

Pero Bogle no está de acuerdo con lo anterior, y describe a Welch como el capitalista gerencial que se benefició a sí mismo y se forró los bolsillos, pero que hizo un trabajo deplorable para los empleados y los accionistas de General Electric.

La codicia de Jack Welch salió a la luz pública recientemente durante las diligencias de su divorcio. En su libro, *The Battle for the Soul of Capitalism*, Bogle dice lo siguiente acerca de este director ejecutivo:

Jack Welch de General Electric captó atención igualmente negativa por sus pecaditos maritales. Sus diligencias de divorcio sacaron a la luz las compensaciones "invisibles" que se otorgan de manera típica a los ejecutivos principales, pero que nunca se revelan al público. (De no haber sido por su divorcio, ni siquiera los accionistas —dueños legítimos de GE— se habrían enterado de cuánto se le pagaba a Welch). Aunque la compensación total que recibió el director Corporativo de GE se acercaba a los mil millones de dó-

lares, según un comentarista, sus exuberantes prestaciones de retiro fueron valuadas en 2 millones de dólares al año, e incluían un departamento en Nueva York con entregas diarias de flores y vino, así como uso ilimitado del jet de la empresa. No obstante, parece que a Welch le sobra poco dinero, ya que la cifra que asigna a la caridad asciende a solamente 614 dólares mensuales.

Bogle señala que la compensación por retiro de Jack Welch le fue otorgada por la junta directiva de GE... otros capitalistas gerenciales.

Le dieron estas recompensas a pesar de que, desde la perspectiva del Mercado de Valores, Welch no hizo un buen trabajo. En el año 2000, el nivel alto en el mercado de GE era de 600 mil millones de dólares. Para cuando Jack Welch se retiró en 2001, el valor de la empresa había bajado y llegó a caer hasta 379 mil millones de dólares a principios de 2005.

Me pregunto si, de haber estado vivo, Thomas Edison habría recompensado a Jack Welch tan generosamente.

La industria de los fondos mutualistas

Al expresar su preocupación sobre el "sistema de retiro" en general, Bogle se enfoca en los directores ejecutivos de las firmas de inversión. Él cree que la jubilación representará *la siguiente gran crisis financiera* de nuestro país.

A Bogle, conocedor interno de la industria de los fondos mutualistas, le perturba en especial la codicia que en ella encuentra. Nos dice:

Cuando comencé en este negocio había empresas relativamente pequeñas que le pertenecían a particulares, y eran dirigidas por profesionales de la inversión.

Pero eso cambió por completo. Ahora se trata de empresas gigantes que ya no pertenecen a particulares, sino a enormes conglomerados financieros como Deutsche Bank, Marsh & McLennan o Sun Life de Canadá. En esencia, la porción más grande de los activos de los fondos mutualistas está en manos de conglomerados financieros que están en el negocio de ganar retornos sobre su capital en el negocio, pero no, retornos sobre tu capital.

Bogle señala que en los fondos mutualistas, tú, como inversionista, pones 100% del dinero y te llevas 100% de riesgo. La empresa no pone nada de dinero, no corre riesgo y, sin embargo, conserva 80% de los retornos. El inversionista sólo recibe 20% de ganancias, si acaso las hay.

WARREN BUFFETT ESTÁ DE ACUERDO

A Warren Buffett se le considera uno de los más grandes inversionistas de nuestro tiempo. Es un capitalista y empresario. *No* es capitalista gerencial.

Esto es lo que comenta Warren Buffett acerca de los administradores corporativos y capitalistas gerenciales que, en su mayoría, son estudiantes de "10", egresados de las mejores escuelas.

Buffett nos dice: *"Los profesionales de tiempo completo de otros campos, como los dentistas, por ejemplo, le brindan mucho a sus clientes. Pero en suma, la gente no obtiene nada a cambio de su dinero por parte de los administradores profesionales."*

Si esto es verdad, podría enunciarse de otra forma: quienes eligen no adquirir educación financiera ni jugar un papel activo en sus inversiones, le entregan su dinero a administradores profesionales y renuncian a la responsabilidad de manejar su futuro financiero. Y, si Buffett está en lo cierto, obtendrán muy poco a cambio. Dicho de otra manera, ¿qué tan grande es el riesgo de entregarle tu dinero a un "profesional" que le asigna poco valor a la misión de hacer dinero para ti?

LOS BURÓCRATAS: ESTUDIANTES DE "8" O DE "B"

La gran mayoría de los estudiantes que se gradúan de las preparatorias y universidades, sacan "8". Asimismo, quienes les dan clase son, por lo general, estudiantes de "10" o de "A", es decir, algunos de los estudiantes más brillantes que continuaron con su educación para llegar a ser maestros. ¿Pero qué sucede con los de "8" cuando tienen que elegir un camino en la vida? En mi opinión, se vuelven burócratas.

¿QUÉ ES UN BURÓCRATA?

Hace ya décadas, padre rico dijo: "El problema del mundo es que ahora lo dirigen los burócratas." Definió al burócrata como alguien que tiene un puesto de autoridad —como un director ejecutivo, presidente, gerente de ventas o funcionario del gobierno—, pero no corre ningún riesgo financiero. Para explicarse mejor, comentó: "Un burócrata puede perder muchísimo dinero, pero éste nunca es suyo. A ellos les pagan, hagan un buen trabajo, o no."

Si haces un análisis de los burócratas que dirigen al país, en particular de nuestros líderes políticos, creo que te darás cuenta de que, en su mayoría, son abogados. Ben Bernanke, presidente del Banco de la Reserva Federal, fue incluso profesor universitario. También es un estudiante de "10" que bajó de calificación a "8" (o burócrata), y llegó a ser el banquero más poderoso del planeta. Y ahora nos preguntamos por qué estamos en medio de una crisis financiera.

Padre rico también dijo: "Un verdadero capitalista, un empresario, sabe cómo hacer que un dólar se multiplique y se convierta en cien dólares. Dale un dólar a un burócrata y gastará cien que no tiene."

Y ahora nos preguntamos por qué tenemos una crisis financiera global.

¿QUÉ ENSEÑAN LAS ESCUELAS?

Debido a que carece de educación financiera, mucha gente sale de la escuela desesperada en el aspecto económico; necesitada y llena de codicia. Ya muchos hemos escuchado el dicho: "La gente desesperada toma medidas desesperadas." También podría decirse que: "La gente *necesitada* toma medidas desesperadas."

El diagrama que se presenta más adelante es de la Jerarquía de las necesidades de Maslow. Muestra la teoría propuesta por el psicólogo Abraham Maslow en un trabajo de 1943 intitulado, "La teoría de la motivación humana". Esta teoría se explica de manera completa en su libro de 1954, *Motivación y personalidad*.

La Jerarquía de las necesidades de Maslow sugiere que lo que motiva a la gente es satisfacer sus necesidades primordiales antes de pasar a otras más sofisticadas. A esta jerarquía se le ilustra con frecuencia como una pirámide en la que los niveles inferiores contienen las necesidades básicas, en tanto que, en los niveles superiores, se encuentran las necesidades más sofisticadas.

Jerarquía de las necesidades de Maslow

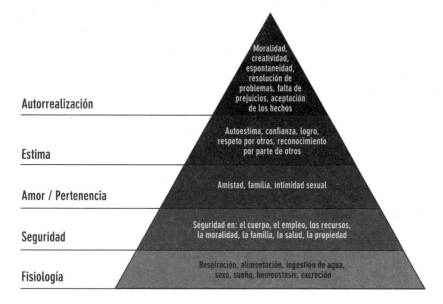

Fuente: *Abraham Maslow*
Reimpreso con autorización. El modelo original fue modificado.

El segundo nivel de Maslow: seguridad

En mi opinión, nuestras escuelas han fracasado en satisfacer las necesidades de nuestros niños localizadas en el segundo nivel de Maslow: seguridad. Es por esto que muchos salen de la escuela necesitados y con sentimientos de envidia.

Si la gente no tiene educación financiera real, nunca se podrá sentir segura ni tener control sobre sus recursos, la seguridad de su familia, su salud ni su propiedad.

La mayoría sale de la escuela con la necesidad de tener seguridad financiera o, dicho de otra forma, de recibir un cheque constante de nómina. Mucha gente hará cualquier cosa por conservar su empleo…

y con esto me refiero a *cualquier cosa*. Pero como no cuenta con seguridad, se desespera, se aferra a un trabajo y vive con el miedo de perder lo poco que tiene, su casa, las prestaciones, las pensiones. Muchos terminan trabajando durante años porque necesitan y dependen de Seguridad Social y Medicare.

Ésta es la razón por la que algunos directores ejecutivos y administradores financieros violan sus principios éticos y morales, y en algunos casos incluso estafan de manera activa a sus empleados, accionistas o clientes. Estoy seguro de que puedes pensar en ejemplos de directores ejecutivos o administradores que usaron el engaño, la astucia, e incluso realizaron acciones criminales para generar su riqueza personal.

Varios de los que ahora me vienen a la mente llegaron a los titulares de los periódicos e hicieron historia. Ahora están en la cárcel.

Las palabras de John Bogle que repetiré aquí son muy elocuentes respecto a lo que sucede en las salas de reunión de las juntas directivas de nuestras más grandes corporaciones:

> *Jack Welch de General Electric captó atención igualmente negativa por sus pecaditos maritales. Sus diligencias de divorcio sacaron a la luz las compensaciones "invisibles" que se otorgan de manera típica a los ejecutivos principales, pero que nunca se revelan al público.*

En otras palabras, si Jack Welch no hubiera engañado a su esposa, tal vez jamás se habría descubierto de qué manera él y su junta directiva estafaron a los verdaderos dueños de GE. Una vez más, se trata de una cuestión moral. Ahora observa que la palabra "moralidad" aparece en el segundo nivel de Maslow.

¿Es esto lo que nuestras escuelas enseñan a los mejores y más inteligentes estudiantes? Mucho me temo que sí.

MI HISTORIA

Creo que el sueño americano está muriendo porque muchos hemos perdido la brújula de la moral. Las escuelas no satisfacen las necesidades educativas de nuestros estudiantes, en particular las del segundo nivel de la

Jerarquía de Maslow: seguridad. Hoy en día vemos a muchos chicos de vecindarios pobres que prefieren involucrarse en el crimen y la violencia.

Padre rico solía decir: "La gente necesitada se vuelve codiciosa. La gente codiciosa se desespera. Y la gente desesperada toma medidas extremas."

El mayor regalo que me dio mi Padre Rico fue mostrarme ambos lados de la moneda del empleado-empresario. Nos enseñó a Mike y a mí lo que era la vida de un empresario, y nos ofreció un ambiente en el que el espíritu emprendedor podía prosperar. Hoy yo ya no necesito un empleo, cheque de nómina, dinero, bonos, apoyo del gobierno, Seguridad Social ni Medicare. Mi esposa y yo llegamos al cuarto nivel de la Jerarquía de Maslow, el de la estima. La confianza que este logro nos dio, también nos permitió ser empresarios y fundar la compañía Padre Rico, dos años después de "retirarnos" en 1994.

Rich Dad Company, como se le conoce en inglés, nos impulsó hasta el quinto nivel de la Jerarquía de Maslow: el de la autorrealización. Nosotros ya no necesitamos cheques de nómina. Trabajamos porque amamos lo que hacemos: compartir con otros lo que sabemos para que ellos también puedan crecer y prosperar. Asimismo, a pesar de que producimos mucho dinero, éste ya no va a nuestros bolsillos. La mayoría se reinvierte para el crecimiento de la empresa, en nuevas y mejores tecnologías, más empleados y desarrollo de nuevos productos. Es lo que hacen los verdaderos capitalistas.

Por desgracia, también se tiene que gastar mucho del dinero en proteger al negocio de la gente codiciosa y envidiosa.

LA GENTE CODICIOSA

Al igual que los otros dueños de negocios, en el proceso de las actividades económicas que realizamos tenemos que tratar con gente muy codiciosa en verdad. A nosotros nos han mentido, nos han hecho trampa y nos han estafado. Y por lo general, lo hicieron estudiantes de "10"… algunos de ellos, criminales de cuello blanco. Por desgracia todo esto es parte el proceso empresarial y de nuestro mal llamado "sistema de justicia". O, mejor dicho, nuestro sistema de injusticia.

Ricos o pobres, todos hemos tenido que enfrentarnos a gente deshonesta y fraudulenta. Es lo que sucede cuando las escuelas no pueden satisfacer las necesidades de los estudiantes, en el segundo nivel de Maslow. Muchos estudiantes, incluso de "10", salen de la escuela con una actitud de gente necesitada, codiciosa, desesperada y, lo peor de todo, con esa noción de que "tienen derecho al subsidio", de que la sociedad los tiene que mantener.

La buena noticia

La buena noticia es que también hemos conocido a gente increíble en el camino. Jamás los habríamos encontrado si no hubiéramos dado aquel salto de fe que fue necesario para fundar Rich Dad Company.

Tampoco habríamos conocido a muchos si en realidad nos hubiéramos retirado en 1994 para guardar nuestro dinero y jugar golf todo el día.

Recuerdo la primera vez que Donald Trump dijo algo muy parecido a lo que padre rico pensaba: *"Por cada mal socio que he tenido, también he conocido a muchos socios maravillosos."*

A Kim y a mí nos sucedió lo mismo. A casi todos nuestros asesores de Padre Rico los encontramos a través de negocios que, al principio, no fueron necesariamente agradables o provechosos. Esta lección ratifica el dicho de, "Todas las nubes tienen un hilo de plata." Mis asesores eran ese hilo de plata: el resultado positivo de aquellos momentos oscuros y desafiantes de mi vida.

El fracaso de la educación

Pregunta: *¿Qué sucede cuando el sistema educativo fracasa en el segundo nivel de la Jerarquía de Maslow?*

Respuesta: *Surge un nuevo sueño americano. Alexis de Tocqueville le habló al mundo acerca del poder del sueño americano, sueño en el que cualquiera se puede volver rico.*

Más de ciento cincuenta años después, todo parece indicar que el nuevo sueño americano consiste en que Seguridad Social y Medicare mantengan vivos a todos los estadounidenses.

EL NUEVO ESTADOS UNIDOS

De acuerdo con el Departamento de Presupuesto del Congreso (CBO, por sus siglas en inglés), entre 1979 y 2007 el incremento en ingreso en Estados Unidos luce así:

Pobres: El ingreso creció 18% en los últimos treinta años.

Clase media: El ingreso creció 40% en los últimos treinta años.

Ricos: El ingreso creció 275% en los últimos treinta años.

Luego, cuando se produjo el colapso financiero, el fondo cayó aún más. En la actualidad, los ingresos para la clase media y la clase pobre, sencillamente dejaron de tener incrementos; los ricos, en cambio, parecen ganar dinero aún más rápido.

En 2011, el número de estadounidenses que vivían en la pobreza creció a 46.2 millones de personas. Eso se traduce en que aproximadamente 1 de cada 6 vive ahora en la pobreza… y la cifra va en aumento. Cuando una persona no tiene propiedades, se une a las filas de los pobres y comienza a depender de que el gobierno se haga cargo de ella. La mayoría de las veces esto conduce a un incremento de la violencia, tanto en las calles como en los hogares.

ESTUDIANTES QUE NECESITAN CUPONES DE COMIDA

Cerca de 47 millones de estadounidenses dependen de las prestaciones asistenciales federales de alimentos (o cupones de comida). Esta alza sostenida de doce años se atribuye a la débil economía estadounidense y a las altas tasas de desempleo de los últimos cinco años.

Otro hecho menos conocido es que los estudiantes universitarios se encuentran en el segmento de mayor crecimiento de nuestra economía que más depende de los cupones de alimentos. A medida que las colegiaturas aumentan y las oportunidades de ayuda financiera desaparecen —además de que los padres que alguna vez fueron la fuente de apoyo económico perdieron sus empleos o propiedades y, por lo tanto, dejaron de ser aptos para solicitar préstamos escolares para sus hijos—, los estudiantes tienen, cada vez más, que arreglárselas solos.

LOS SIGUIENTES POBRES

¿Los maestros se dirigen a las filas de los pobres?

En 2011, el Sistema de Retiro para Maestros del Estado de California (CalSTRS, por sus siglas en inglés), se dio cuenta de que enfrentaba un déficit a largo plazo de 56 mil millones de dólares. Un déficit es una brecha entre los activos y los pasivos estimados. CalSTRS recibe 6 mil millones de dólares al año, pero necesita 10 mil millones para cumplir con sus obligaciones. Un déficit de 4 mil millones al año es demasiado dinero, en especial, para los burócratas del gobierno que no saben cómo invertir o generar ingresos. Prácticamente ninguno de los administradores de los fondos de pensión pertenece al cuadrante I. Casi todos son empleados del E, que fingen ser inversionistas profesionales. Si fueran inversionistas de verdad, tal vez no serían empleados.

Anuncio del Departamento de Agricultura de Estados Unidos

A través de Veronique de Rugy, de The Corner *de National Review, nos llega este espectacular anuncio del Departamento de Agricultura de Estados Unidos (USDA, por sus siglas en inglés) acerca de la forma en que los cupones de alimentos te ayudarán a "¡Lucir asombrosa!"*

En el anuncio de radio, dos damas retiradas hablan acerca de "Margie", una amiga mutua. Dicen que "¡Luce asombrosa!" Una señora le pregunta a la otra: "¿Cuál es su secreto?" Y sucede que la respuesta es: "Los cupones de comida."

Si el plan de retiro de los maestros de California colapsara, los contribuyentes se verían atrapados una vez más en un rescate masivo. Lo peor de todo es que millones de maestros pasarían de la clase media a la clase pobre.

Repetiré una vez más las palabras de John Bogle: "Creo que todo el sistema de retiro del país está en muy malas condiciones y protagonizará la siguiente gran crisis financiera…"

Capitalistas generosos

Los padres pueden enseñarles a sus hijos a ser capitalistas *generosos*. Y todo puede comenzar en casa.

Lo anterior es importante porque tu hijo no aprenderá a ser capitalista, y mucho menos generoso en la escuela. Mi Padre Rico nos enseñó, a su hijo y a mí, a ser capitalistas generosos con el Triángulo D-I.

Nuestras escuelas enseñan a los estudiantes a buscar trabajo del lado derecho del cuadrante de flujo de efectivo, en la zona de E y A.

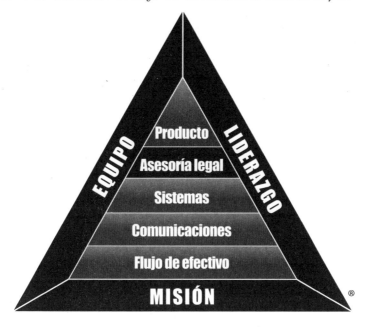

Observa que el Triángulo D-I está conformado por los ocho elementos integrales de un negocio:

1. Misión
2. Liderazgo
3. Equipo
4. Producto
5. Asesoría legal
6. Sistemas
7. Comunicaciones
8. Flujo de efectivo

Especialistas vs. generalistas

En casi todas las escuelas enseñan a los estudiantes a ser especialistas. Los que se gradúan con un título en diseño de productos buscan empleo en el nivel de *Producto* del Triángulo D-I. Los que se gradúan de la escuela de leyes llenan las vacantes en el nivel de *Asesoría legal* del Triángulo. Quienes tienen estudios en ingeniería o informática tienden a enfocarse en los empleos del nivel de *Sistemas*. Los que tienen título en administración y se especializan en mercadeo se enfocan en los empleos del nivel de *Comunicaciones*. Asimismo, los que tienen título en contabilidad, por lo general encuentran empleo en el nivel de *Flujo de efectivo* del Triángulo.

Los empresarios, por el contrario, son generalistas. Steve Jobs y Bill Gates dejaron la escuela porque no querían especializarse, pero, para sus empresas, sí contrataron *especialistas*.

Los generalistas, por otra parte, deben tener una *misión* y sólidas habilidades de liderazgo, y rodearse de un equipo de personas brillantes que, por lo general, terminan siendo estudiantes de "10" que cuentan con experiencia en el mundo real.

Por qué la mayoría de los empresarios fracasa

Hay tres razones principales por las que los negocios pequeños fracasan:

1. El empresario no tiene los ocho elementos integrales en orden.

La mayoría de los nuevos empresarios, por ejemplo, se enfoca en el producto. Tal vez éste sea genial, pero si sólo se dedican a él, lo lógico es que fallen en algunos o en todos los otros elementos integrales del Triángulo D-I.

2. El empresario es monoprofesional.

Aquí aplica el dicho de: "Las aves del mismo plumaje, vuelan juntas." Por ejemplo, los abogados se reúnen con otros abogados para iniciar negocios como los bufetes. Los interesados en la tecnología se unen a ingenieros o expertos en informática para fundar empresas web. Una vez más te diré que, aunque tal vez sean profesionistas extraordinarios, carecen de la fuerza que se requiere en los otros ocho elementos.

3. El empresario carece de la misión.

Recordarás que entre las siete inteligencias, la emocional y la idea de la misión eran lo esencial para impulsar al empresario en los altibajos que implica iniciar un negocio.

Casi todos los empresarios notables enfrentaron pruebas y tribulaciones que habrían destrozado a simples mortales.

A Steve Jobs lo sacaron de Apple, la compañía que él fundó. Lo despidieron John Scully, el Director Ejecutivo que él mismo había contratado, y la Junta Directiva (todos, por cierto, capitalistas gerenciales). Sin embargo, después volvió a dirigir Apple y a hacer de ella la empresa más rentable del mundo.

Bill Gates fue a juicio en el caso conocido como Estados Unidos contra Microsoft. El Departamento de Justicia levantó una demanda en 1998 por la supuesta violación a la Ley Sherman Antritrust. En esta demanda se acusaba a Microsoft de ejercer prácticas monopólicas.

Mark Zuckerberg fue a juicio contra los gemelos Winklevoss, quienes aseguraban que ellos le habían dado la idea para crear Facebook. Mark llegó a un arreglo de 160 millones de dólares, pero los gemelos siguen pidiendo más.

Y como reza el dicho: "El éxito tiene muchos padres, pero el fracaso siempre es huérfano."

Si estos empresarios hubieran carecido de una misión y de inteligencia emocional sólida, Apple, Microsoft y Facebook no existirían ahora.

LA GENEROSIDAD ES LA CLAVE DEL ÉXITO

Contrariamente a lo que la gente cree, muchos de los empresarios más exitosos son gente muy generosa. Si observas el Triángulo D-I verás que, para echar a andar un negocio próspero, el empresario, del cuadrante D debe crear empleos.

Lo primero que hacen los estudiantes cuando salen de las escuelas es *buscar* empleo. Lo necesitan porque en las universidades no les enseñan a satisfacer una de las necesidades básicas de la Jerarquía de Maslow: la de la seguridad. Por eso casi todos los estudiantes de "10" terminan trabajando para los de "6".

Si un padre se toma el tiempo necesario para explicar a sus hijos la Jerarquía de las necesidades de Maslow y el Triángulo D-I, con el tiempo ellos comprenderán que, en lugar de que su objetivo en la vida sea quedarse estancados en el segundo nivel de la Jerarquía —en la necedad de tener un empleo seguro y un cheque de nómina—, lo que deberán hacer es alcanzar el quinto nivel: la autorrealización.

Si nos quedamos estancados en el segundo nivel de la Jerarquía, no será nada sencillo descubrir la genialidad personal, el talento que nos pertenece y la magia con que nacimos.

Creo que la genialidad sólo se puede encontrar al alcanzar el quinto nivel. Ahí es en donde están las palabras más fuertes y hermosas, los valores y las habilidades esenciales para sobrevivir en el mundo de hoy. Las palabras son:

1. **Moralidad:** para ser rico no tienes que estafar a otros.
2. **Creatividad:** encuentra tu genialidad.
3. **Espontaneidad:** vive sin miedo a cometer errores.
4. **Resolución de problemas:** enfócate en las soluciones.
5. **Falta de prejuicios:** hazte de un contexto más amplio de vida.
6. **Aceptación de los hechos:** no tengas miedo de enfrentar la verdad.

Una última reflexión

La seguridad, la confianza y el amor que tus hijos sientan en casa impulsarán su habilidad de soñar con la vida que desean y quieren construir.

ACCIONES PARA PADRES

HABLA SOBRE LA DIFERENCIA
ENTRE CODICIA Y GENEROSIDAD

Mi Padre Pobre siempre pensó que mi Padre Rico era codicioso. Y lo mismo pensaba mi Padre Rico de mi Padre Pobre. Y es que tenían dos puntos diferentes de vista, los cuales se basaban en sus contextos individuales relacionados con el dinero, la codicia y la generosidad.

Los empresarios y los capitalistas son generosos porque eligen invertir en negocios, productos y servicios que generan empleos y oportunidades para que otros también prosperen.

También habla con tus hijos sobre la forma en que Steve Jobs se hizo multimillonario y de cómo compartió su genialidad con el mundo y revolucionó la forma en que ahora nos comunicamos. Luego platiquen sobre Mark Zuckerberg o los fundadores de Google, y de los atletas o músicos que, con toda generosidad, han compartido su genialidad con los demás.

Anima a tus hijos constantemente a buscar su propia genialidad y a compartirla.

Por supuesto, tendrás que enfrentarte a la definición que tiene el sistema escolar de genialidad. Tal vez no sea la misma que la que tienen tus hijos.

Recuerda que los distintos tipos de genialidad florecen dependiendo del ambiente. La de Thomas Edison surgió en un laboratorio, y la de Steve Jobs en el garaje de su casa, en donde comenzó Apple Computers. Mark Zuckerberg creó Facebook en su dormitorio de la universidad mientras trataba de encontrar una forma para que sus compañeros pudieran conectarse y comunicarse.

Una de tus labores más importantes como padre es motivar a tus hijos a encontrar el ambiente idóneo para que su genio salga a flote.

Capítulo ocho

Lección #8. La mentalidad del subsidio

En enero de 2013, el actor francés Gerard Depardieu obtuvo un pasaporte ruso y abandonó Francia. Lo hizo porque los impuestos para la gente rica eran demasiado altos.

Este mismo año el estado de California aumentó los impuestos estatales, y la gente comenzó a mudarse a estados libres de impuestos como Nevada.

También en 2013, el amigo de un amigo, que tiene un negocio de construcción de 400 empleados, cerró su empresa después de veinticuatro años. Lo que dijo fue: "Obamacare incrementó el seguro médico de mis empleados un 24 por ciento. Si sigo en este negocio, sólo voy a perder dinero."

Asimismo, en 2013, una pediatra que conozco dejó de practicar medicina. Me explicó lo siguiente: "No puedo costear el seguro por negligencia, y no tiene caso que sólo trabaje para pagarle a la compañía de seguros."

JUSTIFICACIÓN

En 1935, el presidente Franklin Delano Roosevelt aprobó la Ley de Seguridad Social. Originalmente, la iniciativa se hizo para limitar lo que en aquel entonces parecían ser los peligros para la vida moderna norteamericana: vejez, pobreza, desempleo y el peso de las viudas y los huérfanos.

Hoy en día, Seguridad Social es uno de los programas gubernamentales más grandes en la historia de Estados Unidos.

En 1964, el presidente Lyndon Johnson lanzó su iniciativa de la Gran Sociedad, una serie de acciones para salvar a los pobres. Aquel programa condujo a la creación de Medicare, Medicaid y la Ley para Ancianos Mayores de Estados Unidos. Estos programas, a su vez, se expandieron bajo el mandato de los presidentes republicanos Richard Nixon, Gerald Ford y George W. Bush.

Actualmente, Medicare es el programa más caro de la historia norteamericana.

En 2010, el presidente Barack Obama aprobó la Ley de Protección al Paciente y Acceso a Cuidados Médicos, mejor conocida como Obamacare.

Por desgracia, esta Ley de "acceso a cuidados" le cuesta a los negocios estadounidenses aproximadamente 29% más por el seguro médico de sus empleados. Si los gastos suben en un negocio, lo más posible es que se pierdan empleos. Esto quiere decir que, de una forma u otra, Obamacare le pasará la factura a las clases media y pobre, así como a los ricos y a los propietarios de negocios.

SALVAR A LA CLASE MEDIA

En 2012, durante la carrera presidencial, tanto el presidente Obama como el candidato republicano Mitt Romney prometieron "Salvar a la clase media".

¿Y qué pasó con salvar a los pobres? ¿Por qué tenemos que salvar a la clase media? ¿La clase media de hoy se convertirá en la clase pobre del futuro?

MI HISTORIA

Durante años, mis maestros de la escuela dominical me repitieron esta lección hasta el cansancio: "Si le das a un hombre un pescado, lo alimentarás por un día. Si le enseñas a pescar, lo alimentarás por toda la vida."

¿Han fracasado nuestras escuelas en enseñarle a la gente a pescar? ¿O les estarán enseñando a nuestros estudiantes que tienen derecho a recibir pescado gratis todos los días? ¿Será por esto que cada vez más y más gente depende del gobierno para vivir?

Me parece que al analizar la Jerarquía de las necesidades de Maslow en el Capítulo siete, se hizo obvio que las escuelas les han fallado a los estudiantes en el segundo nivel de la pirámide, la seguridad.

Maslow describe que las necesidades a ese nivel son:

Seguridad en: el cuerpo, el empleo, los recursos, la moralidad, la familia, la salud y la propiedad.

De pronto me vienen muchas preguntas a la mente. ¿Será que el no poder enseñarles a los niños a pescar sea una de las razones de la descomposición de la cultura estadounidense? ¿Podría ser que el desempleo, el encarecimiento de recursos financieros, la pérdida de los hogares y el servicio médico inadecuado sean los factores que impulsan el incremento en criminalidad, inmoralidad, obesidad y familias inestables?

¿Los programas como Seguridad Social, Medicare y Obamacare hacen que los dilemas se hagan más profundos o que disminuyan? ¿Darle pescado a la gente aumenta su dependencia en los programas gubernamentales? ¿Será por esto que Seguridad Social, Medicare y, ahora, Obamacare, se han convertido en enormes desastres financieros? Y lo más importante de todo, ¿esperarán nuestros líderes que tus hijos paguen la cuenta?

A medida que más y más de los 76 millones de *baby-boomers* estadounidenses comiencen a cobrar sus prestaciones de Seguridad Social y Medicare, ¿aumentará la cantidad de gente de la clase media que se resbale hacia la clase pobre?

¿Será por esto que en 2012 tanto el presidente Obama como Mitt Romney prometieron salvar a la clase media? Como de seguro ya todos saben, este grupo es el que carga con la mayor cantidad de obligaciones fiscales. De hecho, hay algunas personas para las que los impuestos son el mayor gasto. Si analizaras Obamacare te darías cuenta de que, en realidad, es un impuesto, no un plan para proveer servicios médicos accesibles. La pregunta es, ¿quién va a pagar por esto? No lo harán ni los ricos ni los pobres. Esta carga fiscal recaerá sobre la clase media, seguramente sobre tus hijos, y todo, debido en gran parte a que las escuelas no han podido enseñar a sus estudiantes a pescar.

"TENGO DERECHO A LOS SUBSIDIOS"

Un día de 2012 iba escuchando la radio mientras manejaba mi auto. Era un programa que tenía como invitado a un congresista de Estados Unidos que contestaría preguntas de la audiencia. Un joven llamó y dijo: "Me uní a la marina en 1990 y me retiré en 2011. Tengo 39 años. ¿En dónde están las prestaciones de retiro a las que tengo derecho desde ahora?"

Pero el congresista nunca contestó la pregunta. Lo único que hizo fue agradecerle al joven por su servicio.

Esto resume la tendencia y presenta la inevitable pregunta: ¿Cómo puede tan poca gente jalar una carreta tan pesada?

Mientras escuchaba el programa de radio me pregunté de dónde vendría esta "mentalidad del subsidio". Yo peleé en Vietnam y serví en el Cuerpo de Marina por seis años, pero no creo tener derecho a nada.

Mientras manejaba, mi memoria voló hasta 1969, el año que me uní al Cuerpo de Marina. Recordé que dos parientes míos, ambos oficiales de alto rango de la armada al retirarse, se acercaron a mí, estrecharon mi mano, y dijeron, "No olvides que deben ser veinte". Con eso querían decir que tenía que permanecer veinte años en la marina para recibir las prestaciones de jubilación a las que tendría derecho: cheque de nómina y cuidados médicos de por vida.

En aquel tiempo me pareció extraño. Acababa de renunciar a un empleo muy bien pagado en la Standard Oil de California, en donde ganaba 4 000 dólares mensuales (lo cual, en 1969, era un sueldo inicial muy bueno y, además, incluía cinco meses de vacaciones al año) para unirme al Cuerpo de Marina para ganar 200 dólares al mes. Me uní porque quería servir a mi país, no por el salario ni por las prestaciones vitalicias. Cuando el presidente John Kennedy subió al cargo, yo era sólo un adolescente y quería actuar en concordancia con sus palabras en el discurso inaugural: "No te preguntes lo que puede hacer tu país por ti, sino lo que tú puedes hacer por él."

En 1974, renuncié a mi cargo y dejé el Cuerpo de Marina. No me quedé veinte años. La Guerra de Vietnam estaba a punto de acabar, yo ya había servido a mi país y era tiempo de seguir adelante. Para mí, servir a Estados Unidos fue un privilegio, no creí que debiera recibir algo a cambio. Estaba agradecido por la experiencia y, si acaso, sentía que le debía más a mi país.

¿CRISIS FINANCIERA O... CRISIS EDUCATIVA?

El programa de radio continuó, pero el joven jubilado naval no le permitía al congresista colgar; continuaba asegurando que tenía derecho a más prestaciones.

Otra vez me pregunté, ¿de dónde proviene esta mentalidad de derecho a las subvenciones? ¿Por qué hay tanta gente que depende del gobierno para cubrir sus necesidades básicas de vida? ¿Por qué Seguridad

Social es uno de los programas más grandes en la historia de Estados Unidos?

¿Y qué es lo que Obamacare, esa "ley de derecho a servicios de salud accesibles", le va a hacer a mi negocio? ¿Me veré forzado a despedir empleados cuando los costos de seguro médico se disparen hasta el cielo? ¿Qué pasará cuando los 75 millones de *baby boomers* estadounidenses, 38% de los cuales están clasificados como obesos, comiencen a reclamar los servicios médicos a los que tienen derecho "por ley"?

¿Qué sucederá cuando los *baby boomers* vivan más tiempo del que podrán mantenerse con sus ahorros? El cheque mensual promedio de Seguridad Social en 2011 era de 1 200 dólares. En cuanto la inflación dé un golpe fuerte, no sólo habrá un incremento en la pobreza, también aumentarán la indigencia, el crimen, la degeneración moral y los impuestos, y el gobierno seguirá imprimiendo más dinero para resolver el problema. No necesitamos una hiperinflación porque 50% de los estadounidenses *ya* están viviendo al límite.

¿Por qué 15% de todos los estadounidenses —46 millones de personas— depende de los cupones para alimentos?

Parece que hay más preguntas que respuestas.

Así que, una vez más, pregunto: "¿Por qué no se imparte educación financiera en las escuelas?" ¿La falta de educación financiera es la causa por la que tanta gente cree que el gobierno debería hacerse cargo de ella? ¿Acaso no es obvio que nuestra crisis financiera es una crisis de educación?

En un artículo de febrero de 2013, *The Week* reportó: "Aproximadamente 46.2 millones de estadounidenses forman parte de familias en las que alguien trabaja pero gana menos del límite de la línea de pobreza: 11 702 dólares al año por individuo, o 23 021 por familia de cuatro integrantes." Me doy cuenta de que mucha gente *sí* necesita el apoyo del gobierno, pero también sé que hay mucha que no. No me sorprende, sin embargo, que la gente se pregunte, ¿para qué conseguir empleo si el gobierno está regalando dinero y te paga por no trabajar?

> ## 146 millones de estadounidenses califican como gente pobre trabajadora
>
> *Tal como lo reportó* The Week *en febrero de 2013: "Muchos economistas tienen una definición más amplia y dicen que la gente pobre es aquella cuyo ingreso no cubre sus necesidades básicas: alimento, vestido, vivienda, transporte, cuidado infantil y cuidado médico.*
>
> *Bajo esos estándares, hay más de 146 millones de estadounidenses pobres pero de clase trabajadora. Por lo general, la gente de esta categoría no tiene ahorros y sobrevive de un cheque a otro, incurriendo en deudas para cubrir los faltantes.*

"¿POR QUÉ NO ME ENSEÑA ACERCA DEL DINERO?"

Cuando era niño, a veces les preguntaba a mis maestros: "¿Por qué no me enseña acerca del dinero? ¿Por qué no me enseña cómo volverme rico?"

Nunca recibí respuesta a esas dos preguntas. Me tomó años comprender que había dos razones por las que mis maestros no podían contestarme. La primera, porque ellos mismos no tenían educación financiera y no podían enseñarme a ser rico. Y la segunda, porque, como esperaban que el gobierno se hiciera cargo de ellos, no les parecía que aprender sobre el dinero fuera importante.

Mis maestros se parecían mucho a mi Padre Pobre; él pertenecía al mismo gremio y, de hecho, era el líder del sindicato. Actualmente tenemos maestros (y sindicatos) que se encargan de divulgar el evangelio de los subsidios. Te aseguro que si les preguntas a los maestros cuál es su mayor ambición en la vida, te dirán, "obtener una plaza". Sinónimo de *subsidio*.

LA MENTALIDAD DE SUBSIDIOS MASIVOS

Hay millones de personas que desean la seguridad de un cheque de nómina y de las prestaciones de por vida. La mentalidad del subsidio prevalece en particular entre los estudiantes de "8" o "B" (burócratas), es decir, la gente que busca toda una vida de seguridad en un trabajo burocrático en el gobierno.

> ## La lección de padre rico
>
> *Mi Padre Rico a menudo decía: "Siempre se obtiene lo que uno paga. Si le pagas a la gente por no trabajar, entonces sólo habrá cada vez más gente que no trabaje."*

El sistema legal con frecuencia impulsa esta locura de la mentalidad del subsidio. Si los analizas, verás que la mayoría de los juicios tienen más que ver con el dinero que con la justicia. Y aunque los jueces desempeñan un papel importante en la sociedad, el sistema jurídico se ha convertido en un circo romano de demandas frívolas; una batalla permanente entre pobres y ricos.

El creciente costo de los seguros por negligencia médica para los doctores es tan sólo una de las tantas razones por las que el cuidado médico es tan caro. Muchos jurados emiten su juicio contra los médicos sólo porque es un "médico adinerado" que cuenta con seguro. El inmenso costo de los seguros de este tipo está haciendo que muchos doctores abandonen su profesión.

Se habla mucho acerca de la "reforma de agravios", la cual implica limitar las escandalosas cantidades de dinero que los jueces y juzgados pueden otorgarle a un paciente. Sin embargo, tal vez jamás haya una reforma de este tipo porque la mayoría de los legisladores de Washington son abogados. El resto son políticos que reciben grandes contribuciones para campañas por parte de los abogados litigantes.

Por otra parte, los anuncios de televisión nos bombardean todo el día y la noche en busca de nuevos clientes: "¿Resultó lastimado en un accidente?", preguntan. "Llámenos. Somos abogados y podemos reclamar el dinero al que usted tiene derecho."

LA MENTALIDAD DEL SUBSIDIO EN EL GIMNASIO

Mi esposa Kim y yo vamos al mismo gimnasio y trabajamos con el mismo entrenador. Pero no es un gimnasio para ir a perder el tiempo, no es "lindo y moderno". Este gimnasio se especializa en entrenar atletas profesionales como jugadores de la NFL y la NBA, así como aspirantes olímpicos. Ahí no vas a ver un estudio para yoga, ropa deportiva de colores llamativos y coordinados, ni barras en donde se venden licuados de frutas para que la gente socialice. Además, una buena parte del gimnasio es para terapia física.

Por más de tres años he visto ahí, entre tres y cuatro días a la semana, a un asistente legal que toma "terapia física". No viene a la hora del almuerzo ni ya tarde por la noche; siempre llega en horas de trabajo. Un terapista le da masaje en el brazo como por una hora, y luego el asistente vuelve al "trabajo". No levanta pesas ni hace nada extenuante. Es como de mi edad, de sesenta y tantos, y tiene bastante sobrepeso. Un día le pregunté qué hacía realmente en el gimnasio. Él sonrió con amabilidad y me dijo: "El gobierno paga mi rehabilitación, así que yo lo aprovecho. Ya sólo me quedan dos años antes de retirarme y quiero asegurarme de obtener todo a lo que tengo derecho."

Sé que la mayoría de los servidores públicos son gente buena, sin embargo, me perturba mucho escuchar la frase "tengo derecho". A mí me resulta muy difícil ser objetivo. Muchos servidores públicos no se dan cuenta de que los gobiernos no tienen dinero para respaldar todos estos programas y prestaciones. El dinero viene de los contribuyentes, de ciudadanos como ellos mismos y, dentro de poco, también vendrá de tus hijos.

Pero "tengo derecho"

Muchos estadounidenses dicen: "Tengo derecho a Seguridad Social y a Medicare. He pagado por esos programas durante años." Aunque eso tal vez sea cierto, los hechos son estos: si comenzaste a pagar Seguridad Social en 1950, entonces recibes por lo menos 30 dólares de vuelta por cada dólar que aportaste. Esto nos lleva a la conclusión de que Seguridad Social es un esquema Ponzi o piramidal. Como el sistema no tiene dinero, esos 30 dólares provienen de trabajadores más jóvenes. Les robamos a los jovencitos para pagarles a los mayores.

Líderes con mentalidad de subsidio

La mentalidad de subsidio comienza con el presidente de Estados Unidos y prevalece en el Senado y el Congreso. A lo largo de los años, estos servidores públicos han votado a favor de la aprobación del paquete de prestaciones y derechos más generoso de toda la historia: para sí mismos.

Es lo que sucede cuando las necesidades educativas no se cubren en el segundo nivel de Maslow. ¿Cuál seguridad?

El verdadero problema de campaña

En la campaña presidencial de 2012, el ex gobernador Romney fue videograbado en secreto mientras hablaba ante un público de generosos donadores en un evento para recaudar fondos. Ahí el candidato habló del 47% de estadounidenses que no pagan impuestos.

Su discurso de media hora, repleto de declaraciones controversiales, fue subido a Internet. Romney dijo que 47% de estadounidenses que estaban exentos de pagar impuestos, "dependía del gobierno" y sentía que "tenía derecho a atención médica, comida, vivienda y cualquier otra cosa que se les ocurriera."

El video provocó una tormenta de protestas. Como los demócratas se dieron cuenta de que había sangre en el agua, contraatacaron. Dieron razones de por qué estaba justificado que ese 47% no pagara impuestos. Muchos argumentaron que las cifras de Romney eran imprecisas.

Sólo los hechos

De acuerdo con el Centro de Políticas Fiscales, una entidad bipartidista, estos son los hechos. En 2011, cerca de 46% de los estadounidenses que solicitaron devolución de impuestos —76 millones de personas—, no pagaron ni un centavo por concepto de impuestos federales sobre ingreso.

Si esta cifra de 47% era precisa o no, Romney de todas formas recibió un derechazo a la mandíbula del que no se recuperó. El video secreto terminó siendo uno más de los clavos de su féretro electoral. El presidente Obama continuó con su ofensiva contra los más ricos, diciendo que el 1% de ellos no pagaba "lo que le correspondía" de impuestos.

Romney debió usar los hechos para contrarrestar las emociones. Estos son:

- Para estar en esa lista del 1% de estadounidenses más ricos, tienes que ganar 370 000 dólares al año. En 2011, ese 1% en la cima pagó 37% de todos los impuestos sobre ingresos recolectados en Estados Unidos.
- Para estar en la lista de los 50% más bajos, tienes que ganar 34 000 dólares al año, o menos. En suma, todo ese 50% del fondo paga sólo 2.4% de todos los impuestos.

En resumen, si el 1% de los estadounidenses más adinerados paga 37% de todos los impuestos que se captan, y la mitad de los estadounidenses que gana 34 000 dólares al año, o menos, paga sólo 2.4%, entonces no parece descabellado preguntarse, ¿quién en realidad no está pagando lo justo?

Sé que es probable que por haber hecho esta pregunta termine siendo asado vivo a las brasas. Si mi pregunta te pareció incendiaria, entonces, por favor reflexiona: ¿qué tanto apego le tienes a tus prestaciones? Y en lugar de distraerte con el trasfondo político de "ricos contra pobres", ¿no crees que estarías en una mejor situación si tuvieras más educación financiera?

IMPUESTOS PARA LOS RICOS

En 2013, el presidente Obama mantuvo su promesa de campaña de "cobrarles impuestos a los ricos", pero, ¿en verdad es eso lo que está haciendo? En 2013, subieron los impuestos para los individuos que ganaban más de 400 000 dólares al año. Una vez más se le pide al 1% que pague más de lo que le corresponde, más del 37% de la carga fiscal que ya tiene sobre sí.

Millones de estadounidenses creen que esto es justo, están convencidos de que los ricos deben pagar más impuestos. Pero yo veo las cosas de una manera distinta. Obama no le está cobrando impuestos a los ricos sino a quienes tienen ingresos mayores. Quien realmente está pagando la mayor parte de los impuestos es la clase media.

Es por esto que tanto el presidente Obama como el candidato Romney se comprometieron a salvar a la clase media. La clase media se está deslizando gradualmente hacia la pobreza. Para 2020, millones de *baby boomers* que alguna vez pertenecieron a la clase media cuando trabajaban, se retirarán y se unirán a las filas de los pobres, al mismo tiempo que Seguridad Social y Medicare se acerquen cada vez más y más al colapso.

Y tus hijos serán quienes paguen por ello.

Es lo que sucede cuando se da a la gente el pescado en lugar de enseñarle a pescar.

Pregunta: *¿Por qué dices que se están cobrando impuestos a quienes tienen más ingresos, y no, a la gente rica?*

Respuesta: *La respuesta es muy clara con un poco de educación financiera.*

Una sencilla lección de educación financiera

Existen tres tipos de ingreso, y esto funciona así en todos los países del mundo.

1. Ingreso ordinario
2. Ingreso de portafolio
3. Ingreso pasivo

Los tres tipos de ingresos se gravan a distintas tasas. Cuando el presidente Obama aumentó los impuestos en 2013, los subió para la gente que ganaba ingresos *ordinarios* y *de portafolio*. En realidad no les aumentó nada a los ricos porque lo que ellos reciben es ingreso *pasivo*.

En términos extremadamente simples, aquí se presenta una visión general de quién trabaja para obtener qué tipo de ingreso:

1. **Ingreso ordinario:** los pobres.
2. **Ingreso de portafolio:** la clase media.
3. **Ingreso pasivo:** los ricos… producto de inversiones que hacen en los cuadrantes D e I.

¿QUÉ ENSEÑAN LAS ESCUELAS?

Cada vez que las escuelas aconsejan a sus estudiantes conseguir un empleo bien pagado, en realidad les están sugiriendo que trabajen a cambio de *ingreso ordinario,* el más gravado de los tres. Si el maestro te recomienda "ahorrar dinero", el ingreso por concepto de intereses sobre los ahorros también está gravado como si se tratara de *ingreso ordinario.* Y cuando los administradores financieros te recomiendan "invertir en un plan 401(k)", recuerda que, al retirar el dinero para la jubilación, también estará gravado con la tasa de *ingreso ordinario.*

En enero de 2013, muchos trabajadores estadounidenses se dieron cuenta de que el presidente les había aumentado los impuestos a pesar de no ser ricos. Ese mismo mes descubrieron que su Ley de Contribución al Seguro Federal (FICA, por sus siglas en inglés) —un impuesto de nómina para Seguridad Social— había sufrido un incremento cuando volvió a su nivel precrisis. Seguridad Social es un impuesto sobre *ingreso ordinario.*

Pregunta: *¿Por qué las escuelas enseñan a los estudiantes a trabajar a cambio de ingreso ordinario? ¿Por qué no enseñarles a los niños acerca de los tres tipos de ingreso? ¿Por qué no hablarles sobre las maneras en que podrían conservar una cantidad mayor del dinero que ganen en su vida?*

Respuesta: *Muchos maestros no saben que hay tres tipos de ingreso y, además, ellos mismos trabajan a cambio de ingreso ordinario.*

PALABRAS

Es importante saber que en las distintas profesiones se usan palabras diferentes para referirse al mismo concepto.

Por ejemplo:

Los contadores dicen	Los inversionistas dicen
Ingreso ordinario	Ingreso ganado
Ingreso de portafolio	Ingreso de ganancias de capital
Ingreso pasivo	Ingreso de flujo de efectivo

Éste es un ejemplo de por qué la educación financiera puede ser confusa. Yo trato de usar un lenguaje sencillo para explicar conceptos que a veces son complejos y enredados. En mi opinión, la educación financiera es suficientemente importante para que los padres se enfoquen y se tomen tiempo para impartirla a sus hijos.

Como soy inversionista profesional, y no contador, suelo usar palabras de inversionista, excepto cuando hablo con mis propios contadores. Lo hago así porque la mayoría de estos asesores no son inversionistas profesionales. Sucede lo mismo con los abogados y doctores. Cada vez que converso con mi abogado me esfuerzo por utilizar su jerga, el idioma de los abogados. Yo gano más dinero que muchos abogados porque ellos no hablan el idioma del dinero. Cuando un abogado habla sobre este tema puede llegar a decir, "Cobro 250 dólares por hora", pero eso es ingreso ordinario. En lugar de hablar sobre *dinero*, los abogados hablan sobre los honorarios correspondientes al trabajo que realizan.

1. Ingreso de gente pobre: ingreso ordinario

Este tipo de ingreso es el de la gente pobre porque, entre mayor sea la cantidad que ganes, menor será la que conserves. Por supuesto, no es nada astuto desde el punto de vista financiero. Mucha gente vuelve a la escuela y luego trabaja con más ahínco o trabaja más horas con la esperanza de ganar más ingreso ordinario. Esto los obliga a entrar a categorías fiscales más y más altas. Te repito que, entre más ganan, menos conservan.

La mayoría de los padres enseñan a sus hijos a trabajar a cambio de ingreso ordinario. Es lo que casi todo mundo hace. Es lo que te están recomendando cuando te dicen: "Estudia, obtén un trabajo, esfuérzate, ahorra dinero e invierte en un plan 401(k)." Quienes hacen esto generan ingreso ordinario, por el que más se pagan impuestos.

2. Ingreso de la clase media: ingreso de portafolio

Los inversionistas de clase media confían en que su portafolio de inversiones en el Mercado de Valores los ayudará a sobrevivir cuando se jubilen. Sucede lo mismo con muchos empleados del gobierno. Los fondos para el retiro de los servidores públicos llevan mucho tiempo apoyándose en sus ganancias en el Mercado de Valores para cumplir sus obligaciones (el porcentaje de incremento sobre el que comúnmente escuchamos hablar es de 8%). Pero si los retornos no llegan jamás, ¿tú crees que los jubilados van a cobrar menos o que los burócratas harán lo necesario para subirnos los impuestos a todos los demás?

Los corredores de bolsa y los organizadores financieros enseñan a la gente a trabajar a cambio de ingreso de portafolio. Al ingreso de portafolio también se le llama "ganancias de capital", y se refiere a comprar algo a bajo precio y luego venderlo a un precio mayor.

Cada vez que estos mismos asesores te dicen, "El Mercado de Valores tiene un incremento promedio de 8% al año", o "Invierte a largo plazo", o "Estas acciones pagan muy buenos dividendos", en realidad te están recomendando invertir en ingresos de portafolio o ganancias de capital.

El corredor de bienes raíces también enseña a la gente a invertir en ingreso de portafolio o ganancias de capital cuando insiste en repetir: "El valor de tu casa va a incrementarse."

A continuación se presenta una serie de respuestas y preguntas para aclarar el concepto de ingreso de portafolio y ganancias de capital.

Pregunta: *¿El presidente Obama aumentó los impuestos para los inversionistas en bienes raíces?*

Respuesta: *Lo hizo de cierta forma. Sin embargo, los bienes raíces en Estados Unidos siguen ofreciendo beneficios fiscales que los inversionistas del Mercado de Valores no reciben.*

Pregunta: *¿Qué tipo de beneficios?*

Respuesta: *Si un inversionista en bienes raíces compra una casa por 100 000 dólares y la vende por 150 000, no tiene que pagar impuestos sobre los 50 000 dólares de diferencia (ganancias de capital); pero eso es sólo si aprovecha lo que se conoce como "intercambio". Un inversionista en acciones del Mercado de Valores habría tenido que pagar los impuestos correspondientes.*

Pregunta: *¿En qué porcentaje aumentó el presidente Obama los impuestos sobre ingreso de portafolio?*

Respuesta: *En 2013, para los empleados con ingresos altos, es decir, los que ganan más de 200 000 dólares al año de manera individual (o 250 000 para parejas casadas), incrementó los impuestos sobre ganancias de capital a largo plazo (ingreso de portafolio) en 60 por ciento.*

Aquí tienes las cifras:

15% a 20% + 3.8% por Obamacare

O,

15% a 23.8% = 60% de incremento fiscal

Como ya dije, no soy ningún experto en impuestos ni especialista; además, el tema fiscal puede ser confuso incluso a un nivel básico. Te exhorto a que contactes a un profesional de los impuestos que sea tan buen maestro como contador. Él o ella te podrá ayudar a entender la mecánica fiscal y el impacto que tienen los impuestos en tu vida.

Por último, quisiera hacer dos comentarios más.

Si la gente no cuenta con educación financiera, entonces puede llegar a creer que los políticos en realidad están incrementando las cargas fiscales a los ricos, sin embargo, estos aumentos afectan a cualquier persona que trabaje a cambio de ingreso ordinario. Es por ello que la Lección #1 de *Padre Rico Padre Pobre* es: "Los ricos no trabajan por dinero."

Los impuestos se incrementaron para quienes invierten en el Mercado de Valores para obtener ingresos de portafolio. Por eso yo no invierto en la bolsa. ¿Por qué pagar impuestos, si puedo invertir a cambio de ingresos libres de carga fiscal, con menos riesgo y rendimientos mayores? No obstante, si tu plan de inversión no puede darte mejores rendimientos que los que ofrece el Mercado de Valores, tal vez lo mejor sea que te limites a esa inversión en la bolsa. Todo depende de la disposición que tengas para recibir educación financiera y dejar de ser un inversionista pasivo (el que le entrega su dinero a un asesor financiero o administrador) y convertirte en uno activo.

¿QUÉ HACEN LOS RICOS PARA NO PAGAR IMPUESTOS?

Es muy sencillo. Los ricos trabajan a cambio de ingreso pasivo.

1. INGRESO DE LOS RICOS: INGRESO PASIVO

Al ingreso pasivo también se le conoce como flujo de efectivo. Quienes son verdaderamente ricos reciben este tipo de ingreso; además, el presidente Obama no incrementó los impuestos sobre éste.

¿Pero en dónde aprenden los ricos sobre el flujo de efectivo? Los ricos les enseñan sobre este tema a sus hijos en casa. Padre rico comenzó a enseñarnos a su hijo y a mí con partidas de *Monopolio* que jugábamos después de clases. En este juego, cada vez que una persona cae en la propiedad de alguien más, tiene que pagarle 10 dólares de renta. Eso es flujo de efectivo.

Pregunta: *¿Cómo sabes que los ricos trabajan para obtener flujo de efectivo?*
Respuesta: *Es algo que todo mundo sabe. Por ejemplo, Steve Jobs trabajaba por un salario de 1 dólar al año y no necesitaba cheque de nómina. No quería ingresos ordinarios.*

Técnicamente, como tenía ganancias de sólo un dólar al año de ingreso ordinario, se le podría clasificar como un hombre pobre, sin embargo, era multimillonario. Lo que hacía que fuera rico eran las acciones que poseía de Apple, la compañía que fundó. En efecto, al crear una empresa rentable de la que, además, era accionista, Jobs pudo imprimir su propio dinero. Así, mientras la gente de los cuadrantes E y A compra acciones en el Mercado de Valores, la gente de D e I vende acciones de las compañías que ella misma funda. Este sistema fue el que volvió rico a Jobs.

Pregunta: *¿Cómo ganan dinero los ricos?*
Respuesta: *Con su trabajo en los cuadrantes D e I, no en los E y A. Ahondaré en este tema más adelante.*

Lecciones del juego *CASHFLOW*®

Aquí te muestro el tablero del juego *CASHFLOW*® 101.

El juego de *CASHFLOW* ofrece otra ilustración de la forma en que los ricos trabajan e invierten.

Al centro del tablero está la carrera de la rata. Cada vez que las escuelas recomiendan a tus hijos conseguir un buen empleo e invertir en el Mercado de Valores, los están dirigiendo a una vida en la carrera de la rata.

El circuito exterior es el carril de alta. Aquí es donde invierten y trabajan los ricos.

El objetivo del juego de *CASHFLOW* es transformar el ingreso ordinario (tu cheque de nómina) en ingresos pasivos y de portafolio. Cuando ya tienes suficiente ingreso pasivo puedes salir de la carrera de la rata y comenzar a disfrutar de la vida en el carril de alta.

CASHFLOW es el único juego que enseña a los jugadores las diferencias entre los tres tipos de ingreso.

Como ya sabes, también en la vida real existen la carrera de la rata y el carril de alta. Las escuelas y la mayoría de los padres programan a sus hijos para participar en la carrera de la rata: una rutina en la que se tiene que sufrir de un cheque de nómina al siguiente; de resignación frente a la mano de póker que la vida quiera darles. Pero la educación financiera les brinda opciones a tus hijos. ¿A dónde les vas a recomendar que se dirijan? ¿A la carrera de la rata o al carril de alta?

Pregunta: *¿Es esto justo?*
Respuesta: *No. Pero este libro es sobre educación y la educación no se trata sólo de lo que es justo.*

La mayoría de los padres quieren que sus hijos tengan una buena educación para que salgan adelante en la vida. La educación es para brindarles a los niños la ventaja del ganador, por eso muchos padres son capaces de gastarse una fortuna para enviarlos a escuelas privadas, con la esperanza de que la educación de este tipo les dé una ventaja.

En lo que se refiere a las calificaciones, algunos estudiantes reciben "10" y otros reprueban. ¿Es justo? ¿Es justo que nuestras escuelas no enseñen a los estudiantes los tipos de ingreso? Y ya que hablamos de lo que es "justo", ¿es justo que 47% no pague nada de impuestos y 1% pague 37%?

Pregunta: *¿Estás diciendo que debemos hacer trampa y no pagar impuestos?*
Respuesta: *No. Yo jamás recomendaría hacer trampa para no pagar impuestos. De hecho, lo más probable es que quienes se sientan atraídos por la idea de hacer trampa sean los que viven en los cuadrantes E y A, porque ahí es donde hay menos beneficios fiscales. En realidad, los mejores incentivos están reservados para la gente de los cuadrantes D e I.*

Este libro es sobre educación, y la educación te da más opciones en la vida. Si tu hijo aprende que hay tres tipos de ingresos, entonces tendrá más opciones. Cuando se tienen más opciones no es necesario hacer trampa para no pagar impuestos. Los ricos evitan los impuestos de manera legal porque conocen los tipos de ingreso por los que deben trabajar y porque controlan la procedencia de lo que reciben.

Pregunta: *¿Cuál es la diferencia entre el 47% que no paga impuestos y los ricos que casi no pagan o, definitivamente, no pagan nada por este concepto?*
Respuesta: *La educación financiera.*

La mayoría del 47% que no paga impuestos puede hacer muy poco para mejorar o modificar su estatus financiero en la vida. Estas personas carecen de la educación y las habilidades técnicas necesarias para cambiar de cuadrantes. Algunos simplemente no tienen la ambición ni el deseo de mudarse. ¿Para qué trabajar y pagar impuestos si puedes sólo recibir un cheque del gobierno?

Lo único que sabe hacer la clase media es trabajar más duro y durante periodos más prolongados para conseguir ingreso ordinario. Por eso es que muchos vuelven a la escuela a estudiar o permanecen en ella más tiempo. O tal vez trabajan horas extras, tienen dos o tres empleos o se esfuerzan mucho para conseguir un aumento. Sin embargo, al final todo lo anterior los empuja hacia zonas en donde la carga fiscal es mayor sobre el ingreso ordinario, así que, aunque tal vez ganen más dinero, conservan menos de lo que obtienen.

Si la clase media invierte, lo hace en ingreso de portafolio y, principalmente, en la Bolsa de Valores. Aquí casi todos compran sus acciones, se aferran a ellas y rezan con la esperanza de que su dinero esté ahí cuando lo necesiten.

Los ricos tienen la educación financiera necesaria para adquirir ingreso pasivo. La educación financiera les brinda la posibilidad de incrementar lo que obtienen y reducir los impuestos que pagan con sólo hacer precisamente lo que el gobierno quiere. Más adelante descubrirás que no se debe ver el código fiscal como la forma en que se ejerce el cobro indiscriminado de impuestos, sino como el medio por el que se pueden aprovechar las ventajas fiscales y reducir, de manera legal, la cantidad de impuestos que se paga.

Buena parte de este libro es sobre qué hacer para cumplir con el gobierno. Por ejemplo, yo puedo recibir ventajas fiscales si creo empleos. Si hago una perforación para extraer petróleo, también recibiré beneficios fiscales sustanciales. Si uso la deuda para invertir, salgo beneficiado; asimismo, también puedo ser recompensado en el aspecto fiscal, si soy capaz de proveer viviendas accesibles a la gente que no puede darse el lujo de comprar una casa.

Innovación para el futuro

En Estados Unidos, solamente hay una universidad que ofrece un programa de educación financiera. Es Champlain College, en Vermont.

Por desgracia, la mayoría de los estudiantes sale de la escuela y comienza a buscar empleos en lugar de generarlos. Casi todo mundo está acostumbrado a usar gasolina, pero muy pocos están dispuestos a hacer las perforaciones necesarias para extraer petróleo. Casi todo mundo quiere salir de la deuda en lugar de aprender a usarla. Y, además, los estudiantes salen de la escuela con el sueño de comprar su propia casa en lugar de proveer hogares para otras personas.

Pero todo es resultado de la educación financiera.

LA MENTALIDAD DEL SUBSIDIO

Lo que más me preocupa es que se esté propagando la mentalidad del subsidio. Como la mayoría de la gente carece de educación financiera, muchos creen que tienen derecho a todo en la vida. No los culpo. Si no tuviera dinero y tampoco hubiera recibido la educación financiera que me brindó mi Padre Rico, quizá pensaría lo mismo.

Soy empresario, lo cual significa que, en muchas ocasiones, me he quedado sin dinero. La diferencia entre que me quede sin dinero y que eso mismo le suceda a otras personas es que yo siempre he sabido que si logro resolver mis problemas financieros, seré cada vez más inteligente, hábil y rico. Los otros sólo esperan que el gobierno se haga cargo de ellos.

Si nuestro sistema educativo no empieza a tomar en cuenta el segundo nivel de necesidades de Maslow, el de Seguridad, me temo que la creciente mentalidad del subsidio le hará tanto daño a nuestro país, que terminará convirtiéndolo en una nación pobre. Ya pasó y, en mi opinión, está volviendo a suceder.

Por desgracia, van a pasar décadas antes de que las escuelas ofrezcan educación financiera. Mientras tanto, si tú como padre o madre no complementas la educación de tus hijos con temas financieros, la mayor parte de lo que ellos lleguen a ganar en el futuro servirá para financiar los programas de subvenciones, y no sólo para los pobres, sino para nuestro presidente, jueces, militares retirados, burócratas gubernamentales, maestros, policías, bomberos, y los jubilados estadounidenses que dependan de Seguridad y Medicare.

ENSEÑANZAS PARA TUS HIJOS

La buena noticia es que no se necesita ser físico nuclear para entender los tres tipos de ingresos e impuestos. Si yo puedo comprender de qué se trata, tú también. Incluso si a pesar de ya ser padre, apenas estás escuchando hablar de esto por primera vez, puedes enfocarte y aprenderlo de inmediato. Millones de personas de todo el mundo ya lo hicieron. Aquí hay un ejemplo: ¿conoces a alguien que haya iniciado un negocio de medio tiempo, tenga una propiedad que rente o represente a una empresa de redes de mercadeo? La generación de ingresos a través de estos negocios es el primer paso hacia la obtención de ingreso pasivo. Lo más difícil es comenzar.

En una hoja de papel dibuja las siguientes lecciones y conversa con tus hijos al respecto:

1. Tres tipos de ingreso:

Ingreso ordinario: ingreso de los pobres

Ingreso de portafolio: ingreso de la clase media

Ingreso pasivo: ingreso de los ricos

2. ¿Quién paga más impuestos?

PORCENTAJE DE IMPUESTOS QUE PAGA CADA CUADRANTE

Ten en mente que lo que deseo hacer aquí no es discutir sobre el pago de impuestos, sino sobre la importancia de la educación financiera y la forma en que las decisiones informadas que pueda tomar una persona a lo largo de su vida determinarán si pasará la vida trabajando por dinero o si pondrá a su dinero a trabajar para sí.

Los cuadrantes D e I exigen educación financiera y experiencia. Entre más hables de las diferencias, más abierta estará la mente de tus hijos para enfrentar el mundo real al que algún día ingresarán. Recuerda que la educación no es una charla de una tarde, sino un proceso que dura toda la vida.

Encuesta entre estudiantes universitarios

Una encuesta realizada entre universitarios de primer año por el Programa de Cooperación para la Investigación Institucional (CIRP, por sus siglas en inglés) reportó que 81% de todos los estudiantes de nivel superior desea tener una situación sumamente acomodada.

El problema es que la mayoría trata de volverse rica por medio del ingreso ordinario que se obtiene en los cuadrantes E y A. Cuando estas personas invierten, lo hacen en ingreso de portafolio proveniente del Mercado de Valores. Muy pocos aprenden acerca del ingreso pasivo o flujo de efectivo, a menos que su educación haya comenzado en casa..

Estos dos sencillos ejemplos aplican en casi todos los países de Occidente. Cada vez que doy una conferencia alguien levanta la mano para decir: "Pero eso no se puede hacer aquí." Entonces, hago una pausa y digo: "Tal vez usted no pueda hacer eso aquí, pero yo sí." Me ha sucedido prácticamente en todos los países en donde me he presentado... incluso en Estados Unidos. En otras palabras, los ricos son bienvenidos en todos lados, pero el primer paso para ser invitado es adquirir educación financiera sólida.

El problema es que la mayoría de la gente trata de volverse rica por medio del ingreso ordinario que se obtiene en los cuadrantes E y A. Cuando invierten, lo hacen en ingreso de portafolio proveniente del Mercado de Valores. Muy pocos aprenden acerca del ingreso pasivo o flujo de efectivo, a menos que su educación haya comenzado en casa.

Pregunta: *¿Por qué es tan importante que mis hijos entiendan las reglas de los ricos y la forma de hacer dinero?*

Respuesta: *Hay muchas razones por las que estamos en medio de esta crisis financiera. Una de las más soslayadas es la creciente mentalidad de subsidio, actitud que se ha propagado por todo el planeta. En la actualidad, no solamente tenemos gente pobre que cree que tiene derecho a que la mantengan, también tenemos estudiantes de "10" —académicos de todo el mundo—, y de "8", es decir, burócratas, que apoyan y hacen cabildeo a favor de más y más programas de subvenciones.*

Alexander Tyler, profesor de historia de Escocia en la Universidad de Edimburgo, dijo: *"Una democracia puede seguir existiendo hasta que los votantes descubran que tienen la posibilidad de otorgarse a sí mismos generosos obsequios del erario público."*

Tanto los estudiantes de "10" y "8", como los pobres del mundo, quieren cobrarles impuestos a los ricos, pero no se dan cuenta de que, al hacerlo, en realidad están incrementando los impuestos y gastos para sí mismos. Además, también están destruyendo la democracia estadounidense. Creen que los ricos son codiciosos pero no se les ocurre pensar que, en realidad, los codiciosos son ellos porque quieren vivir del trabajo de otros. Aunque, si carecen de educación financiera, ¿cómo esperar que lo entiendan? Sólo ven una cara de la moneda.

Al principio de este capítulo usé un ejemplo para mostrar que los ricos —en este caso fue la estrella de cine francés Gerard Depardieu— pueden simplemente abandonar su país en busca de un ambiente fiscal más amable. Los verdaderos capitalistas, como mi amigo el constructor que tiene 400 empleados y no puede costear el programa Obamacare, cerrarán sus negocios. Y los médicos dejarán de practicar medicina, debido a que la teoría Robin Hood de las finanzas "Quitarles a los ricos para darme a mí" se practica con singular alegría entre jueces, abogados y jurados.

Estados Unidos no ha tenido un nuevo presupuesto desde 2009, y esto se debe a que la batalla entre ricos y pobres —es decir, el desencuentro de clases—, se sigue librando. Estados Unidos no puede equilibrar un presupuesto porque el costo que tienen que pagar las clases media y pobre por nuestros programas de subsidio es de billones de dólares. En lugar de exigir que se recorten los subsidios, lo más fácil para la clase media es unirse a los pobres y empezar a cantar a coro: "Cobremos impuestos a los ricos." Sin embargo, quien terminará pagando la factura será la clase media.

Si tus hijos dejan la escuela y consiguen empleos bien pagados, lo más probable es que se unan a la clase media alta y comiencen a correr en la carrera de la rata, que trabajen cada vez más para obtener ingreso ordinario y paguen más impuestos que nunca. Y cuando inviertan, de seguro invertirán en el Mercado de Valores y sólo recibirán ingreso de portafolio.

Si eso es lo que quieres para ellos, entonces no es necesario que les brindes educación financiera, pero si deseas que escapen de la carrera de la rata en que vive la clase media, entonces la mejor opción es que se vuelvan ricos. La otra, como ya sabes, es ser pobre.

El hecho de que vivas en un país libre significa que puedes elegir entre ser rico o pertenecer a la clase media o pobre. La elección comienza en casa.

En lugar de enseñarles a tus hijos que tienen derecho a pescado gratis de por vida (los pobres), o que deben trabajar para pescar (clase media), creo que lo mejor es asegurarte de que se conviertan en proveedores de pescado (gente rica).

La elección es tuya.

UNA ÚLTIMA REFLEXIÓN

Los bancos centrales y los bancos de inversión del mundo les han robado miles de millones de dólares a una cantidad incontable de personas. También es cierto que mucha gente rica codiciosa ha estafado a gente inocente con el objetivo de amasar su fortuna. Sin embargo, si analizas el balance general de muchos países, en realidad la mayor amenaza, para ellos mismos y para la economía mundial, son los programas de subsidios. En Estados Unidos se estima que tan sólo Seguridad Social y Medicare tienen entre 100 y 230 billones de dólares en pasivos sin fondos. Si a eso le añades los programas militares, estatales y locales de subvenciones, las cifras se disparan más allá de la imaginación.

Es lo que sucede cuando las escuelas no pueden satisfacer las necesidades del segundo nivel de Maslow. En lugar de enseñarle a la gente a pescar, le hacemos creer que tiene derecho a que le regalen pescado. En mi opinión, eso tiene que cambiar.

LA CRIATURA DE LA ISLA JEKYLL

A cualquiera que esté interesado en llegar a ser empresario o inversionista profesional, le recomendaría el libro *La criatura de la Isla Jekyll* (*The Creature from Jekyll Island*), escrito por G. Edward Griffin.

Es un libro extenso pero fácil de leer; es una especie de novela de suspenso con asesinatos porque, en realidad, eso es lo que es. Se trata del asesinato financiero; es sobre bancos y dinero, y en particular, sobre el Banco de la Reserva Federal de Estados Unidos.

Griffin creía que el comunismo no echaría raíces en nuestro país porque el espíritu estadounidense de la libre empresa y el capitalismo era demasiado fuerte. Se requería de un paso intermedio, y ese paso era el socialismo.

Hoy en día tenemos Seguridad Social, Medicare y Obamacare.

Dicho de otra forma, los estadounidenses primero tienen que depender de los cuidados vitales con que el gobierno los apoya, pero eso erosiona el espíritu de nuestra nación. Una vez que el espíritu de los ciudadanos se debilita y se empobrece, éstos se vuelven adictos a las limosnas y los programas de subsidios del gobierno. El resultado entonces es un país que está listo para el comunismo. No estoy diciendo que ésta sea exactamente la misma situación, pero lo dejo a tu consideración.

Desde mi perspectiva —la de un hombre que se unió al Cuerpo de Marina para luchar por el capitalismo y en contra del comunismo, y que luego volvió a casa y encontró que el espíritu estadounidense se moría mientras la mentalidad del subsidio se esparcía cada vez más—, puedo decir que las opiniones de Ed Griffin son acertadas. Comparto sus preocupaciones.

G. Edward Griffin nos comenta cuál podría ser la razón por la que en nuestras escuelas no se imparte educación financiera: *"La dependencia financiera en el estado es el cimiento de la servidumbre moderna."*

El Reverendo William J. H. Boetcker, declaró:

No se puede estimular la prosperidad desalentando la economía. No se puede fortalecer al débil, debilitando al fuerte. No se puede ayudar al asalariado, lastimando a quien paga el salario. No se puede fortalecer la fraternidad de la humanidad, alentando el odio entre clases. No se puede ayudar a los pobres, destruyendo a los ricos. No se pueden resolver los problemas mientras se gaste más de lo que se gana. No se puede formar el carácter y el valor de un hombre, dañando su iniciativa e independencia. No se puede ayudar a los hombres de forma permanente, haciendo lo que ellos podrían y deberían hacer por sí mismos.

ACCIONES PARA PADRES

Haz lo que te corresponde para luchar contra la mentalidad del subsidio. No le des dinero a tus hijos.

El mundo occidental se encuentra al borde del colapso económico porque millones de personas tienen la mentalidad del subsidio. Esta actitud comienza en casa. A veces basta con empezar a cambiar dinero por tiempo o amor... tanto en los barrios de gente rica, como en los de gente pobre. A veces, los padres compran a sus hijos ropa, zapatos tenis de lujo, juguetes, incluso autos, para que estén a la par de sus compañeros de escuela.

Si al compañero de tu hijo le dan una bicicleta nueva, no será raro que tu hijo sienta que él también merece una. Ahí es donde comienza la mentalidad del subsidio.

Muchos programas deportivos enseñan a los chicos que todos merecen trofeo, incluso si pierden. ¿Qué mensaje le transmite esto a un niño? ¿Que todo mundo *tiene derecho* a ser ganador?

En lugar de enseñarle a tus hijos que tienen derecho al dinero y al éxito, explícales que el dinero es sólo un medio para realizar intercambios. El intercambio consiste en que yo te doy algo y tú me das algo a cambio. Además, por lo que sé, entre más das, más recibes. Si al niño se le da algo a cambio de nada, ya se le están plantando las semillas de la mentalidad del subsidio.

También debes hablar con tus hijos sobre el concepto de "dar y recibir". Ésa es otra manera de ser generoso.

Yo tuve suerte porque, aunque tuve dos padres, ninguno de los dos me dio dinero. Cuando cumplí 16 años, mi verdadero padre me dijo que no pagaría mi educación universitaria. Eso me dio dos años para prepararme y encontrar la manera de financiar mis estudios. Por eso hice una solicitud y recibí nominaciones congresuales para la Academia Naval y la Academia de la Marina Mercante de Estados Unidos. En las academias de servicio y en el Cuerpo de Marina nos enseñaron a servir a Dios y a nuestro país.

Mi Padre Rico insistió en que trabajara sin recibir un pago a cambio porque no quería que desarrollara la actitud del empleado que cuenta los minutos para recibir su cheque de nómina. A cambio de mi trabajo, me proveyó la mejor educación financiera del mundo. Con esa preparación he podido generar riqueza de la nada, y eso es lo que hacen los empresarios.

He escrito dos libros en colaboración con Donald Trump, y uno de los beneficios adicionales de ese trabajo fue que tuve la oportunidad de conocer a sus hijos. Los tres son muy inteligentes, atractivos, respetuosos y, además, no tienen mentalidad de subsidio. Han trabajado para obtener lo que ahora poseen. Sus dos hijos varones, Don Jr. y Eric, me han dicho: "Nuestro padre no dudaría en despedirnos si no cumpliéramos con nuestro trabajo."

Un día, Don Jr., Eric y unos cuantos amigos míos estábamos en la isla de Kauai, en Hawai. Don y Eric le enviaban mensajes de texto a su hermana Ivanka. Cuando terminaron les pregunté sobre qué se escribían. Los chicos me respondieron: "Estábamos compartiendo recetas."

"¿Recetas?", pregunté. "¿Saben cocinar? Pensé que tenían chefs."

Los jóvenes se rieron y Eric me dijo: "Nuestros padres tienen chefs, nosotros no. Tuvimos que aprender a cocinar y limpiar. Desde niños nos explicaron claramente que su riqueza les pertenecía *a ellos*. A muy temprana edad supimos que lo que esperaban de nosotros era que amasáramos nuestra propia fortuna. Sé que hemos tenido muchos privilegios, pero muy poco lo recibimos a cambio de nada."

Otro punto de vista

CANTO: inteligencia

CARA

CRUZ

"La prueba de una inteligencia de primera clase es
la habilidad de tener dos ideas opuestas en la mente
al mismo tiempo, y seguir funcionando."
F. Scott Fitzgerald

Introducción a
la Segunda parte

Padre Rico decía que uno de los problemas de la escuela era que ahí se enseña a los chicos a vivir en un mundo en el que todo es "correcto" o "incorrecto", lo cual no es realista ni inteligente. En la vida real, suele haber más de una respuesta o solución a cada pregunta o problema.

En la escuela sólo hay una respuesta correcta. Cuando los maestros califican los exámenes sólo buscan las respuestas adecuadas.

Si tus respuestas coinciden con las que tienen los maestros, entonces se te cataloga como un estudiante inteligente, de "10".

La noción de que sólo existe *una respuesta correcta* es la base de la educación académica.

LAS RESPUESTAS CORRECTAS EN LA VIDA

En la vida real hay más de una respuesta correcta. Por ejemplo, cuando le pregunté a mi Padre Pobre cuánto era 1 + 1, me dijo "2". La respuesta de padre rico a esa misma pregunta fue "11".

Ésta es la razón por la que uno de ellos era un hombre pobre, y el otro, un hombre rico.

Definición de la inteligencia de primer nivel

Esta frase de F. Scott Fitzgerald respalda las enseñanzas centrales de la Segunda parte del libro:

"La prueba de una inteligencia de primera clase es la habilidad de tener dos ideas opuestas en la mente al mismo tiempo, y seguir funcionando."

La idea de tomar en cuenta los dos lados de la moneda no es nueva, sin embargo, ahora te propongo una variación porque creo que todas las monedas tienen *tres* lados: cara, cruz y canto. De acuerdo con F. Scott Fitzgerald, la gente más inteligente es la que vive en el canto, la que puede ver ambos lados.

Muchos estudiantes salen de la escuela con la creencia de que sólo hay una respuesta correcta porque, en lugar de abrir sus mentes, la educación tradicional los hizo cerrarse a otras posibilidades. Los chicos creen que allá fuera se encontrarán con un mundo de "correcto" e "incorrecto", "blanco" o "negro", "inteligente" o "estúpido". Por eso la escuela le desagrada a tanta gente, incluso a muchos estudiantes de "10". Si el joven nunca llega al canto, es decir, a ese punto de observación desde donde puede contemplar las dos caras de la moneda, tendrá una visión sesgada. Una respuesta, un solo punto de vista, una perspectiva.

Ricos vs. pobres

La literatura que se estudia en las escuelas está repleta de historias de ricos contra pobres. *Cuento de Navidad*, de Charles Dickens, es la historia de un hombre adinerado pero infeliz llamado Scrooge; y las historias de Robin Hood, por ejemplo, en que se les roba a los ricos para darles a los pobres, tienden a denigrar la riqueza y celebrar la pobreza.

Muy pocas escuelas recomiendan *Atlas Shrugged*, de Ayn Rand, quien mira la otra cara de la moneda y denigra a los socialistas honrando a los capitalistas.

El tema más discutido en la Biblia, el libro de libros, es el dinero. Ahí la visión es un poco más equilibrada porque se presentan historias para los creyentes de ambas caras.

Las dos caras de la moneda

La Primera parte de este libro es sobre la educación financiera. La Segunda parte es sobre la inteligencia financiera y la habilidad de considerar el tema del dinero desde el canto de la moneda, y así tener más de una perspectiva.

Fitzgerald se refiere a la "habilidad de tener dos ideas opuestas en la mente al mismo tiempo" como la prueba de una "inteligencia de primera clase". En otras palabras, la noción que se enseña en las escuelas de lo "correcto" contra lo "incorrecto", es muy torpe. De hecho denota ignorancia porque el concepto de "correcto vs. incorrecto" ignora el otro lado en lugar de explorarlo.

En mi opinión, este concepto es la base de todos los desacuerdos, las discusiones, los divorcios, las enemistades, las agresiones, los gestos de violencia y las guerras en el mundo.

Líneas rectas y líneas ondulantes

La enseñanza escolar es lineal, como se muestra en el siguiente diagrama.

Se hace una pregunta   Se responde con la única respuesta correcta

Este método no tiene cabida para nada que no sea la respuesta correcta. En las escuelas se cree que sólo hay una conexión directa y lineal entre la pregunta y la respuesta perfecta.

El problema es que no hay nada lineal en los demás aspectos de la vida. Nada es tan sencillo. R. Buckminster Fuller señaló: "La física no ha podido encontrar líneas rectas." De hecho, el universo físico consiste exclusivamente de líneas que ondulan de ida y vuelta para permitir que se hagan correcciones y haya equilibrio.

La misión espacial Apollo 11 de la NASA, en la que dos estadounidenses, Neil Armstrong y Buzz Aldrin aterrizaron en la Luna, nos da un ejemplo universal de este concepto. La cápsula sólo viajó en línea recta 5% del tiempo que pasó en el espacio. Para ir del punto A al punto B, no hubo una sola "respuesta correcta" y lineal. De hecho, 95% del viaje describió una trayectoria correctiva para llegar al destino fijado: de izquierda a derecha y de babor a estribor.

Piensa en la forma en que conduces tu auto. Si siguieras el modelo escolar que va en línea directa del punto A al punto B, serías una amenaza para la sociedad. Definitivamente hay una forma aceptada de manejar, y ésta implica el uso del volante.

En cuanto uno sale de la escuela se da cuenta de que no hay nada lineal. La navegación por las aguas de la vida nos ofrece ascensos, descensos y cambios de curso que crean nuevas ondulaciones de experiencia y educación. Así es como aprendemos, y te aseguro que no hay nada de lineal en ello.

El siguiente diagrama es un ejemplo de los altibajos de mi camino:

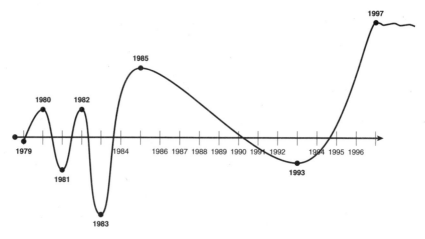

En 1979, dos amigos y yo iniciamos el negocio de carteras Rippers. Para 1980, la vida se veía bastante bien: éramos millonarios en papel, lo cual nos condujo a autos veloces y mujeres vertiginosas. Como podrás imaginarte, descuidamos el negocio y tocamos fondo en 1981. Pero éramos duros de matar y echamos a andar el negocio de nuevo. Hicimos algunos tratos con estaciones de radio de Hawai y bandas de rock de alto perfil (incluyendo Pink Floyd, una de mis favoritas). Para 1982, ya habíamos vuelto a la cima, pero, por desgracia, nunca le dimos soluciones de fondo a los problemas que nos condujeron al primer fracaso. Algunos de los socios tuvieron desavenencias maritales y eso, entre otras cosas, nos obligó a disolver la sociedad en 1983.

Por suerte, comencé a estudiar temas empresariales en 1981 y, lo mejor de todo, fue que en 1984 conocí a Kim y nos mudamos a California para empezar a dar clases de actividad empresarial para una empresa de seminarios. El negocio prosperó y nos pudimos expandir a nivel internacional a cinco oficinas en Australia. Un día nos visitó una reportera de la ABC (Australian Broadcasting Company). La cadena televisiva estaba interesada en nuestros seminarios y quería hacer un reportaje sobre "el gran trabajo que estábamos haciendo".

Eso fue lo que nos dijeron, pero no era verdad.

Su intención era exponer lo que consideraban un "culto". David Koresh y sus seguidores del capítulo Davidiano (algunos de ellos australianos) acababan de morir en una redada del gobierno en Waco, Texas. Eso fue en abril de 1993. La ABC quería señalar a los estadounidenses que, en su opinión, conducían actividades de culto en Australia. La negativa y devastadora transmisión de ABC hundió nuestro negocio. No obstante, una campaña de cartas firmadas que nosotros no solicitamos, pero que realizaron las personas que asistían a nuestros seminarios, proveyó ayuda inmediata. Los altos funcionarios de ABC se dieron cuenta muy pronto de que estaban en problemas, ya que su reportaje era una falsedad monumental. La cadena se retractó por miedo a una demanda.

Y aunque, ciertamente, teníamos lo necesario para levantar la demanda contra ABC (comenzando por la falsa presentación con que nos engancharon), elegimos tomar la experiencia como una señal de que debíamos dar un paso atrás y volver a enfocarnos.

Kim y yo nos dimos cuenta de que había llegado el momento de hacer cambios. En 1994, comenzamos a diseñar nuestro juego de mesa *CASHFLOW 101*. Éste se lanzó en 1996 y, en 1997, el "folleto de presentación" que había escrito para el juego se publicó como libro: *Padre Rico Padre Pobre*. Ya casi todos conocen el resto de la historia y saben que, aunque hubo algunos obstáculos en el camino, hemos tenido un altísimo nivel de éxito y satisfacción personal al apoyar la importante labor a favor de la educación financiera.

El punto aquí es que, ni en la grandiosidad del universo físico, ni en el viaje único que es tu propia vida, hay algo que sea lineal. Sólo hay ondas con valles y crestas.

Te exhorto a que, al igual que yo, hagas una gráfica de tu propia vida y celebres las crestas. Cuando llegues a una meseta, tómate algo de tiempo para reconocer las enseñanzas que te dejaron los valles, es decir, los puntos más bajos. Asimismo, explícale a tus hijos que no existe una sola respuesta correcta para contestar las preguntas de la vida... Hazles saber que hay una oleada de opciones que se pueden tomar desde las distintas perspectivas y puntos de vista que existen.

Puntos de vista opuestos

En la segunda parte de este libro exploraremos los puntos de vista opuestos que se pueden encontrar en el cuadrante de flujo del dinero. Por ejemplo,

En el lado E-A...

Los impuestos son desgastantes.

La deuda es negativa.

Los ricos son codiciosos.

En el lado D-I...

Los impuestos son benéficos.

La deuda es positiva.

Los ricos son generosos.

Comunistas vs. socialistas vs. fascistas vs. capitalistas

En la Segunda parte pasaremos de puntillas sobre las minas personales que son las distintas filosofías económicas. Las filosofías del comunismo, socialismo, fascismo y capitalismo.

Sé que mucha gente conoce estos términos y está consciente de que pueden provocar reacciones muy fuertes.

Aquí trataremos de dispersar las trampas emocionales que conllevan estas palabras para que la gente pueda identificar si en las escuelas de sus hijos les están enseñando a ser comunistas, socialistas, fascistas o capitalistas.

¿Qué es la inteligencia?

La inteligencia tiene muchas definiciones y significados. Para el propósito de esta sección diremos que la inteligencia es sólo la habilidad de salir de la trampa que presenta el mundo maniqueo que promueven nuestras escuelas, y mirar el ámbito del dinero desde muchas perspectivas, tantas como sea posible.

De acuerdo con la descripción de la Jerarquía de Maslow, el quinto nivel —el nivel más alto de la existencia humana— es el de la *Autorrealización*. La autorrealización es el punto en el que una persona es capaz de enfrentar al mundo "sin prejuicios" y "con aceptación de los hechos". Un ejemplo sería: que hay más de una respuesta correcta.

El hecho de que una persona alcance la autorrealización significa que es generosa y prefiere contribuir en lugar de recibir. Como ya lo mencioné en el capítulo anterior, creo que hay demasiada gente avara porque las escuelas no la preparan para el nivel dos de la Jerarquía de Maslow, el de la *Seguridad*. Si la gente vive con miedo y se siente insegura, es totalmente natural que exija recibir en lugar de dar.

La enseñanza es: "Si tu mente logra abrirse a ideas opuestas, tu inteligencia puede crecer. Si te cierras a ideas contrarias, entonces la ignorancia toma el control." ¿Inteligencia o ignorancia? Tu habilidad para mantener la mente abierta y apreciar los múltiples puntos de vista, es una elección consciente que puede expandir tu mundo y darle forma al futuro de tus hijos.

Capítulo nueve

Otro punto de vista respecto a la inteligencia

Si ya leíste *Padre Rico Padre Pobre*, entonces sabes que mi Padre Pobre se molestó mucho cuando supo que mi Padre Rico no me pagaba por el trabajo que hacía para él.

Padre rico era un hombre muy generoso. Creía en los "intercambios justos". También creía que la educación financiera era mucho más valiosa que el dinero.

Él pagaba un sueldo a sus empleados y, en la mayoría de los casos, les pagaba bastante bien. Muchos trabajaron para él durante casi toda la vida. Con frecuencia, padre rico decía: "Mis empleados valoran más el dinero que la educación financiera, por eso son empleados."

JUSTIFICACIÓN

Padre rico no creía en el concepto de lo *gratuito*. Pensaba que la gente no valoraba la educación gratuita, y que quizá ése era el problema con los programas de educación pública que ofrecía el gobierno: que no cuestan nada.

Padre Rico tenía mucha compasión por mi Padre Pobre y por los maestros que trabajaban para el gobierno. Solía decir: "¿Cómo pueden los maestros enseñar, si los niños y sus padres, en vez de *respetar* la educación gratuita, sólo se sientan a *esperar* que ésta se imparta?" También creía que, aunque el concepto de la educación gratuita era muy noble, también era, en buena parte, culpable de la generalizada mentalidad del subsidio. A los niños se les enseña desde muy chicos a creer cosas como: "El gobierno se hará cargo de mí."

Padre rico creía que la educación financiera y el entrenamiento que me daba eran mucho más valiosos que el dinero. Por eso no me pagaba un sueldo. A cambio de la educación, yo trabajaba "gratis" para él; hacía labores que, de otra manera, le habrían costado dinero.

Pregunta: *¿Cómo sobreviviste sin dinero?*

Respuesta: *Trabajaba en otra cosa en mi tiempo libre.*

MI HISTORIA

Mamá y papá empezaron a darme una mesada de 1 dólar a la semana cuando estaba en secundaria, pero incluso en los sesenta, un dólar a la semana no alcanzaba para mucho. Padre rico no me pagaba porque no quería que me hiciera a la costumbre de pensar como empleado; él creía que toda la demás gente haría lo necesario para convencerme de pensar así. Dicho de otra forma, me entrenó para tener otra perspectiva acerca del dinero, y eso lo valoro muchísimo. Nunca nos dijo, ni a su hijo ni a mí, qué hacer, sólo nos dio opciones.

En lugar de recomendarme, "Busca un empleo", padre rico me motivó a pensar como empresario. Lo que él sugería era "busca oportunidades".

Bajo esa recomendación, llegué a hacer muchas cosas para ganar dinero. Los sábados, por ejemplo, me levantaba a las cinco de la mañana para ir a surfear con mis amigos porque esta actividad es mejor realizarla temprano. Luego iba a la oficina de padre rico y trabajaba algunas horas para él. Para ganar dinero, más tarde iba a un campo de golf y trabajaba de *caddie*. Ganaba un dólar por cargar una bolsa de palos durante nueve horas. Como el campo era de nueve hoyos, podía ganar dos dólares por hora si cargaba dos bolsas. Cada sábado por la tarde podía hacer más dinero que el que recibía de mis padres como mesada. Y por si eso fuera poco, también hacía ejercicio y me ponía en forma para la temporada de futbol.

La ventaja de manejarme así era que, en lugar de buscar empleo, siempre estaba en busca de *oportunidades;* ésa era la forma en que padre rico me estaba entrenando para poder ver al mundo desde la perspectiva de un empresario de la zona A del cuadrante de flujo de efectivo, y no, desde la de un empleado de la zona E.

Si veía un montículo de basura en el patio de alguien, tocaba la puerta y negociaba una tarifa para llevármelo. Fue una excelente educación en el ámbito de los negocios y de la autoestima.

Me volví bastante bueno como empresario en el cuadrante A. De hecho, llegué a ganar una buena suma de dinero al mismo tiempo que trabajaba "gratis" para padre rico.

MEJORES OPORTUNIDADES

En cuanto padre rico se dio cuenta de que yo ya era bastante bueno en el cuadrante A, me enseñó la manera de pasar al cuadrante D. Para empezar, me leyó *Las aventuras de Tom Sawyer*. En esta novela, Tom se da a la tarea de pintar una barda, pero en lugar de hacerlo él mismo, logra que sus amigos hagan el trabajo por él.

La primera tarea que me asignó padre rico fue buscar un trabajo tan grande, que no pudiera realizarlo yo solo. Me dijo: "La gente del cuadrante A siempre acepta tareas que puede hacer ella misma. Por ejemplo, un abogado puede hacer casi todo el trabajo legal por sí mismo, pero un empresario del cuadrante D acepta misiones casi imposibles. Por eso los empresarios son de la gente más rica del mundo."

Durante una semana estuve buscando por todas partes aquella gran oportunidad. Finalmente, vi a un hombre que contemplaba un enorme campo lleno de hierba ya muy alta. Me acerqué a él y le pregunté si necesitaba que se hiciera algo ahí. El hombre, que ya era mayor, me dijo que necesitaba despejar el terreno. Solía hacerlo él, me explicó, pero ya era demasiado viejo. Era un terreno de casi una hectárea de extensión; el hombre me dijo que me pagaría 50 dólares si lograba jalar, no cortar, toda la alta hierba. En cuanto escuché "50 dólares", no quise saber más. Tomé el empleo, por supuesto. Luego el señor me dijo que tenía que llevarse a cabo antes del siguiente fin de semana.

Llamé a padre rico y le di la noticia; entonces añadió más características a la misión: "Al igual que Tom Sawyer, tienes que contratar a otras personas para que hagan el trabajo. Tu misión es cerrar el trato con los otros, supervisar que se lleve a cabo la tarea, cobrar, pagarle a los trabajadores y sacar una ganancia."

El lunes contraté a diez compañeros de la escuela para que empezaran a trabajar de inmediato. Saliendo de clases sólo llegaron seis al terreno. Para el martes no habíamos logrado gran cosa. Mis "empleados" se divertían demasiado jugando y, por lo mismo, no trabajaban. Sólo empujaban la hierba en lugar de arrancarla.

A pesar de que me habían prometido que irían, el miércoles nadie se presentó a trabajar. La noche de ese mismo día hablé con padre rico, y él me dijo: "Más te vale cumplir tu palabra y hacer el trabajo a como dé lugar."

Entre el jueves y el viernes hice todo el trabajo yo mismo, y el sábado, el dueño me dio los 50 dólares. El lunes mis "trabajadores" reclamaron su parte del dinero. Tuve que enfrentar mi primera disputa laboral a los 15 años, y perdí. Les pagué porque el dolor de verlos todos los días en la escuela, de que me molestaran y de que, tal vez, llegaran a darme una paliza, no valía 50 dólares. A la larga, aquella se convirtió en una experiencia invaluable.

Cuando le conté a padre rico que había hecho todo el trabajo pero no recibí nada, sólo sonrió y me dijo: "Bienvenido a mi mundo."

Mi visión del ámbito de los negocios comenzó a tomar forma cuando, después de haber ido a cobrar rentas con padre rico y haber presenciado las reuniones que tenía con sus asesores —todos estudiantes de "10"—, me enfrenté a mis propios trabajadores. A los 15 años, en la segunda ventana de aprendizaje, supe que si quería ser empresario, tendría que saber mucho más que la gente que laboraría para mí. Mi astucia empezó a aumentar, mi mente se estaba expandiendo. Empezaba a ver ambas caras de la moneda.

Antes, en lugar de ir a la universidad, lo más común era trabajar de aprendiz. A diferencia de los estudios universitarios, la práctica como aprendiz te permitía equivocarte y cometer errores, y luego darte el tiempo para aprender a hacer las cosas bien de verdad. No me sorprende en absoluto que, *El aprendiz*, el programa televisivo de Donald Trump, sea tan popular. La idea del aprendizaje, de practicar y alcanzar un nivel de excelencia en tu área de interés, nos atrae a todos.

Ahora que lo veo en retrospectiva, entiendo por qué padre rico nunca me pagó en dólares. Me pagaba con el aprendizaje de enseñanzas en el mundo real, enseñanzas que resultaron ser demasiado valiosas.

ACCIONES PARA PADRES

Explica el concepto de los tres lados de la moneda.

Toma una moneda y úsala como material didáctico. Explícale a tus hijos que las escuelas y el ambiente del salón de clases tradicional se enfocan en el concepto de las respuestas correctas. Piensa en algunos ejemplos en los que, para una sola pregunta o problema, haya varias respuestas, y úsalos para mostrar lo que significa tener varios puntos de vista.

Usa la moneda para señalar que un lado representa una visión, y el otro, una perspectiva diferente.

También háblales sobre el canto de la moneda, y menciona que la inteligencia es la habilidad de usarlo como punto de observación para ver y apreciar las distintas perspectivas.

A diferencia de lo que las escuelas nos hacen creer, los desafíos y las interrogantes de la vida rara vez son blancos o negros; correctos o incorrectos. La inteligencia es esa capacidad de ver ambas caras de la moneda... desde el canto.

Capítulo diez

Otro punto de vista respecto a las boletas de calificaciones

Siempre dejé mucho que desear como estudiante. Mis boletas de calificaciones nunca fueron algo para presumir. Por ello, cuando descubrí que el banquero estaba más interesado en el flujo de efectivo de una propiedad que en las calificaciones de mi boleta, supe que sí tendría una oportunidad en la vida. Gracias a mi Padre Rico entendí lo que era el flujo de efectivo, y comprendí que el estado financiero era la boleta de calificaciones del mundo real. Un banquero puede saber mucho sobre una persona con tan sólo mirar su estado financiero, y es que, en el mundo real, se valora más la inteligencia financiera que el buen desempeño escolar.

JUSTIFICACIÓN

Las escuelas hacen creer a los estudiantes que las buenas calificaciones son imprescindibles. En este capítulo descubrirás por qué, aunque sí lo son en el ámbito académico, al salir de éste pierden relevancia.

El banquero no te va a pedir tu boleta de calificaciones porque no está interesado en tu capacidad intelectual. A él sólo le importa tu inteligencia financiera.

El estado financiero o estado de cuenta, como se le denomina comúnmente, es tu boleta de calificaciones cuando dejas de estudiar. Digamos que es tu boleta de adulto.

El problema es que la mayoría de los estudiantes que salen de la escuela siguen viviendo en el pasado. Muchos se regodean en la gloria de haber sido sobresalientes en sus años de universidad, y no logran enfocarse en la boleta de calificaciones de su futuro: el estado financiero personal. Es por esto que, aunque muchos hayan obtenido "10" en la escuela, en sus boletas de adultos tienen calificaciones reprobatorias. Lo anterior también explica por qué muchos alumnos que tuvieron problemas en la escuela se convirtieron en genios financieros en cuanto salieron del ambiente académico y entraron al mundo real.

Dependiendo de cuál de las dos boletas de calificaciones sea importante para ti, se desplegarán y definirán tus opciones y las acciones que decidas tomar.

¿QUÉ ES UN ESTADO FINANCIERO?

Un estado financiero se conforma de dos partes: el estado de ingresos y el balance general.

ESTADO DE INGRESOS

Ingreso
Gasto

BALANCE GENERAL

Activos	Pasivos

El estado de ingresos y el balance general van de la mano. La educación financiera implica la habilidad de conocer y entender la relación que existe entre ellos.

En cuanto los estudiantes acaban la escuela se enfocan principalmente en el estado financiero. Lo que buscan es un empleo y su cheque de nómina.

Necesitan los ingresos para cubrir sus gastos diarios. La siguiente gráfica muestra el ciclo.

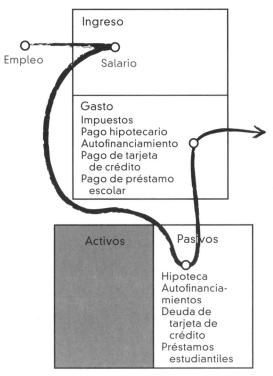

Los primeros gastos de muchos recién egresados en Estados Unidos son los de renta, comida, transporte y entretenimiento. Si estos jóvenes no tienen dinero, algunas madres y padres les dan lo que necesitan. Naturalmente, esto no ayuda para que los muchachos aumenten su inteligencia financiera.

Al entrar a la tercera ventana de aprendizaje, entre los 24 y los 36 años, muchos se casan y comienzan una familia. Cuando llega el primer niño, los gastos se incrementan y, como ya todos los padres saben, los niños van implicando más gastos a medida que crecen. Los padres se ven forzados a madurar en cuanto llega el primer hijo.

En la tercera ventana de aprendizaje la gente empieza a pensar en ganar más dinero. Muchos se toman el trabajo con más seriedad, otros regresan a estudiar. Para cuando tienen 36 y llegan al final de la tercera ventana de aprendizaje, la mayoría de las parejas ya está atrapada en la carrera de la rata. La vida se convierte en una urgencia por ganar más y cubrir los gastos, pero casi todo mundo sigue viviendo de una quincena a otra.

Entre 1971 y 2007, muchos usaron sus casas como si fueran cajeros automáticos para sobrevivir a la carrera de la rata. En aquel entonces podían abusar de sus tarjetas de crédito porque el valor de los inmuebles no dejaba de subir. Luego solicitaban préstamos con garantía hipotecaria para pagar las deudas de la tarjeta de crédito. En términos económicos, convertían la deuda de corto plazo en deuda de largo plazo, incluso, de infinito plazo.

Y luego… el mercado inmobiliario de vivienda se derrumbó. Como éste era uno de los motores clave de la economía, los empleos empezaron a desaparecer. La vida se volvió más difícil para muchos adultos y sus hijos; es lo que sucede cuando la familia y los maestros le recomiendan a un niño "ir a la escuela, estudiar, sacar buenas calificaciones y conseguir un empleo bien pagado". Si sigues estos consejos, te estarás enfocando en el estado de ingresos. Casi toda la gente se pasa la vida preocupada por su presupuesto, es decir, por la cantidad de dinero que gana y la que gasta.

La gente que no cuenta con educación financiera no se entera de la importancia del balance general. De hecho, si carece de educación financiera, llega incluso a usar el balance general en su contra. Para aprovechar el balance general y hacerlo trabajar a tu favor, se necesitan conocimientos específicos.

La gente que no tiene educación financiera termina abusando del balance general. ¿El resultado? Empobrecimiento. Quienes sí tienen preparación en el aspecto financiero, saben cómo usar su balance general para volverse ricos.

MI HISTORIA

A los 9 años supe que iba a ser rico. Al jugar *Monopolio*® con mi Padre Rico supe que algún día podría sacar ventaja del poder del balance general para ser un hombre adinerado.

En aquel tiempo mi Padre Pobre tenía treinta y tantos años y estaba enfocado en su estado de ingresos. Se pasaba la vida en la escuela tomando cursos para obtener su título de maestría y de doctorado. También daba clases para ganar más dinero y engordar su cheque de nómina.

Para cuando cumplí 14 años mi padre ya había ahorrado lo suficiente para comprar su primera casa. Aunque yo era sólo un chiquillo, me molestaba mucho cada vez que lo escuchaba decir con orgullo: "Esta casa es un activo y representa nuestra mayor inversión." Incluso a esa edad sabía que eso era falso. También sabía que había mejores inversiones que una casa familiar. Y no sólo eso: tenía muy claro que cuatro casitas verdes o un hotel rojo generaban más ingresos y eran inversiones de mucha más calidad.

Activos y pasivos

Mi Padre Pobre quería que yo hiciera lo mismo que él: estudiar mucho y enfocarme en el estado de ingresos:

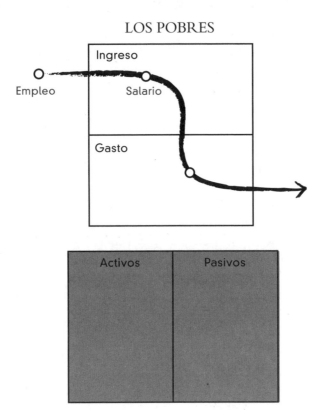

Mi Padre Rico, en cambio, me estaba enseñando a enfocarme en el balance general.

BALANCE GENERAL

Activos	Pasivos

El hecho de jugar *Monopolio* con padre rico me dio la oportunidad de conocer la capacidad de las casitas verdes y los hoteles rojos. No es necesario ser graduado universitario para entender la diferencia entre activos y pasivos. Tampoco tienes que serlo para comprender que una casa familiar es un pasivo, ni que las casas verdes y los hoteles rojos son activos.

Si ya leíste *Padre Rico Padre Pobre*, entonces ya conoces las sencillas definiciones que padre rico daba para activo y pasivo:

- Los *activos* llevan dinero a tu bolsillo, incluso si no trabajas.
- Los *pasivos* sacan dinero de tu bolsillo y, por lo general, te obligan a trabajar más.

Los siguientes diagramas son muy sencillos y explican la diferencia entre activos y pasivos.

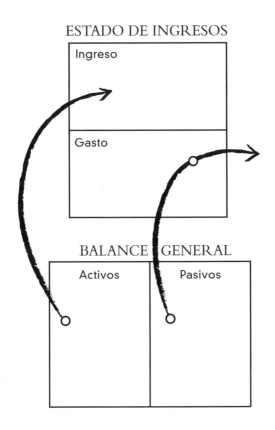

En este simple diagrama puedes ver el vínculo fundamental entre el estado de ingresos y el balance general. Es como ver la otra cara de la moneda, ya que es necesario tener ambos documentos para determinar cuáles son los activos y cuáles los pasivos.

Si no entiendes la relación entre el estado de ingresos y el balance general, por favor vuelve a analizarla o pídele a alguien que te ayude a comprenderla. Como recordarás, en el cono del aprendizaje las discusiones sobre un tema califican alto entre las técnicas para aprender.

Si te cuesta trabajo entender este concepto, no te sientas solo. Hay mucha gente, incluso contadores, abogados y directores ejecutivos, que no conoce la importancia de la relación estado de gastos / balance general ni por qué tienen tanto que ver entre sí.

Dicho llanamente: "Para diferenciar entre activos y pasivos, primero tienes que analizar el ingreso y el gasto del estado de ingresos."

Entender el estado financiero, por otra parte, no exige ser físico nuclear. Lo único que se tiene que hacer es preguntarse: "¿Esto saca dinero de mi bolsillo?" Si la respuesta es sí, entonces es un pasivo. Si el artículo lleva dinero a tu bolsillo, entonces es un activo.

UNA ADVERTENCIA PARA EL FUTURO

Padre Rico Padre Pobre se publicó en 1997. En él escribí, "Tu casa no es un activo", y, claro, los amigos que tenía entonces y que se dedicaban al corretaje inmobiliario, dejaron de enviarme tarjetas de Navidad.

En 2007, diez años después, millones de personas descubrieron, de muy mala forma, que yo tenía razón, y llegaron a conocer otra importante palabra del ámbito económico: *remate*.

Con esto no quiero decir que no debas comprar una casa, sino que no confundas pasivos con activos. El mundo se encuentra en crisis porque nuestros líderes continúan llamándoles "activos" a los pasivos.

El 3 de octubre de 2008, el presidente George W. Bush autorizó la entrega de 700 mil millones de dólares para el Programa de Rescate de Activos Comprometidos (TARP, por sus siglas en inglés). Este programa es un ejemplo perfecto de que nuestros dirigentes no saben cuál es la diferencia entre activos y pasivos. Si en realidad fueran activos de lo que están hablando, no estarían comprometidos y no necesitarían ser rescatados.

El problema es que esos activos eran en realidad pasivos. Si nuestros líderes tuvieran astucia financiera, habrían bautizado al programa como "Programa de Rescate de Pasivos" o, incluso, "Programa de Rescate de Perdedores".

Tal vez no lo sabías pero, a veces, ni siquiera los estudiantes de "10" entienden la diferencia entre los activos y los pasivos del balance general. Al igual que mi Padre Pobre, al ver su estado de ingresos, mucha gente se enfoca en el cheque de nómina. Para colmo, da por hecho que su casa es un activo.

No es sorprendente que atravesemos una crisis financiera global. ¡¿Qué puedes esperar si los líderes —los más preparados, inteligentes y astutos— creen que los pasivos son activos?!

¿QUÉ SON ACTIVOS?

La definición de activos de padre rico se puede aplicar a casi cualquier cosa, no sólo a los bienes raíces. También negocios, acciones, bonos, metales, incluso seres humanos se pueden clasificar en pasivos o activos. Cualquier cosa que provoque que salga dinero de tu bolsillo es un pasivo. Cualquier cosa que lleve dinero a tu bolsillo es un activo.

Por otra parte, los activos no pueden existir sin los pasivos. Recuerda que la moneda tiene dos caras. Por ejemplo, si te tomas algo de tiempo para escribir tus gastos mensuales verás que tu efectivo fluye hacia la columna de activos de alguien más.

Si tu casa está hipotecada, entonces el gasto hipotecario es tu pasivo, pero, al mismo tiempo, y mientras sigas pagando, tú y el préstamo que te hicieron son el activo del banquero.

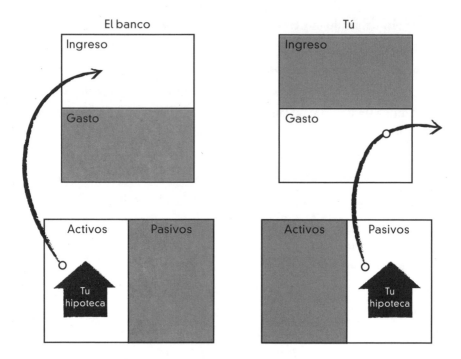

Si dejas de pagar la hipoteca, el activo de tu banquero se convierte en un pasivo para él; la clave es el conocimiento. El hecho de que los activos se puedan transformar en pasivos es uno de los factores de la crisis global financiera.

Los bancos necesitaron dinero para ser rescatados porque la gente dejó de pagarles. ¿El resultado? Sus activos se transformaron en pasivos.

Es por esto que resulta fundamental entender la importancia del balance general. Piensa que, como nuestros líderes no entienden la diferencia entre activos y pasivos, es indispensable que tú sí lo hagas.

Consecuencias

En un capítulo anterior escribí acerca de la segunda ventana de aprendizaje, de los 12 a los 24 años. En esa ventana el niño aprende mediante los riesgos que corre y cuyas consecuencias aún no entiende por completo. Los jóvenes suelen aprender a la mala, y gracias a los resultados de sus acciones.

A mí me parece que es lo mismo que sucede con los líderes políticos y bancarios; sin embargo, el problema es que nosotros, los contribuyentes, somos quienes siempre terminamos pagando las consecuencias de su ignorancia financiera.

Cuando una persona ya no puede cubrir su hipoteca, se realiza un *remate*; éste es un término más del ámbito del dinero. Si se trata de un país que deja de pagar su deuda, se le llama *incumplimiento*. Son palabras distintas pero significan lo mismo y describen el mismo problema.

La gente se enojó con quienes solicitaron préstamos *subprime* para comprar casas que no podían comprar, pero quizá esas personas debieron molestarse más con nuestros líderes, ya que ellos también solicitaron dinero que no podrían devolver jamás. Por todo lo anterior, la educación financiera debe impartirse desde temprana edad.

Tres clases financieras

Cuando un banquero revisa el estado financiero de alguna persona, le es muy fácil identificar en cuál de las tres categorías o clases financieras entra. Por ejemplo:

LOS POBRES

Ingreso
5 000 a 35 000 dólares

Gasto
Gastos bajos

Activos	Pasivos
0	0

La gente trabajadora y pobre suele tener empleos mal pagados y, por lo tanto, gastos limitados. No tiene activos ni pasivos. La mayoría de los pobres renta y usa transporte público; esta clase tiende a vivir al día, de quincena a quincena, o mes a mes, si es que acaso recibe cheque de nómina. Si acaso llega a necesitar servicios bancarios, prefiere hacer uso de las casas de empeño o empresas que hacen préstamos sobre nómina para financiar emergencias.

LA CLASE MEDIA

Ingreso
50 000 a 500 000 dólares

Gasto
Impuestos
Pago hipotecario
Autofinanciamiento
Deuda de tarjeta de crédito
Gastos inherentes al estilo de vida

Activos	Pasivos
Ahorros	Hipoteca
	Autofinanciamientos
	Préstamos estudiantiles
	Deuda de tarjeta de crédito
	Plan de retiro 401(k)

La clase media gana más dinero pero, por lo general, también tiene más gastos y pasivos. Autos nuevos, casas más grandes, vacaciones exóticas y, además, todo lo necesario para "tener lo mismo que los vecinos". Estos gastos tienen impacto en la columna de gasto y de pasivos.

A menudo me preguntan por qué ubico el plan de retiro 401(k) como pasivo. La respuesta es sencilla. Tu plan es un pasivo que no está financiado o que tiene déficit, lo cual hace que salga dinero de tu bolsillo.

En cuanto la persona se retira y el plan de jubilación comienza a llevar dinero de vuelta a su bolsillo, entonces se convierte en activo, un activo que, con suerte, deberá proveer suficiente flujo de efectivo para cubrir los gastos cotidianos por el resto de la vida de ese individuo.

Además, hay tres problemas con la mayoría de los planes de retiro o jubilación.

1. Debido a las fluctuaciones del mercado y a la inflación, es posible que jamás sepas cuánto dinero tienes en realidad.
2. Uno nunca sabe cuánto tiempo vivirá.
3. Tampoco sabes cuánto dinero vas a necesitar.

LOS RICOS

Ingreso
A menudo no tienen empleo
El ingreso proviene de los activos
Gasto

Activos	Pasivos
Negocios Bienes raíces Activos de papel *Commodities*	

Evidentemente, mucha gente rica tiene empleo, gastos y pasivos, sin embargo, dejé en blanco la parte de salario que proviene de un empleo, así como las columnas de gasto y pasivos, para enfatizar la diferencia entre ricos, pobres y clase media.

Lo que quiero destacar aquí es que los ricos se enfocan en el poder de la columna de activos. La clase media, en su mayoría, posee pocos activos y tiene muchos pasivos. Los verdaderamente pobres ni siquiera tienen idea de lo que son los activos y los pasivos.

Ésta es una copia del estado financiero del juego *CASHFLOW 101* de Padre Rico. Observa las líneas que se destacan en la columna de ingreso. Estas líneas representan lo que se recibe de los activos de la columna correspondiente.

Profesión		Jugador	

Objetivo: sal de la carrera de la rata logrando que tu ingreso pasivo sea mayor que tus gastos totales.

ESTADO FINANCIERO

Ingresos — **Auditor**
(La persona que está a tu derecha)

Descripción	flujo de efectivo
Salario:	
Intereses / dividendos	
Negocio de bienes raíces	

Ingreso pasivo: $ _____
(Flujo de efectivo
de intereses / dividendos
+ bienes raíces / negocios)

Ingreso total $ _____

Gastos

Impuestos	
Pago hipotecario:	
Pago escolar:	
Autofinanciamiento:	
Pago de tarjetas de crédito:	
Gastos menores:	
Otros gastos:	
Gastos de los niños:	
Pago préstamo:	

Número de niños $ _____
(Comienza el juego sin niños)

Gasto por niño $ _____

Gasto total $ _____

Flujo de efectivo mensual (NÓMINA) $ _____
(Ingreso total – gasto total)

BALANCE GENERAL

Activos				**Pasivos**	
Ahorros:				Pago hipotecario	
Acciones / fondos / CD	# de acciones	costo / acción:		Préstamo escolar:	
				Autofinanciamientos:	
				Tarjetas de crédito:	
				Deuda menor:	
Bienes raíces / negocios	enganche:	costo:		Bienes raíces / negocios:	Hipoteca / pasivo
				Préstamo	

El juego *CASHFLOW* fue diseñado para enseñar a los jugadores, jóvenes y mayores, a controlar el poder del balance general. La inteligencia financiera del jugador se incrementa a medida que su mente reconoce este poder. Hay miles de enseñanzas financieras sutiles que se pueden aprender en los juegos *CASHFLOW*; y como cada partida es distinta —hay diferentes profesiones e ingresos; diferentes cartas de tratos, diferentes gastos en trivialidades y diferentes condiciones del mercado—, el IQ financiero de los jugadores aumenta cada vez que se juega.

Entre más se juegue *CASHFLOW* —ya sea *CASHFLOW para niños, CASHFLOW 101, CASHFLOW 202*, o alguno de los nuevos juegos para dispositivos móviles de Padre Rico—, se comprenderá mejor por qué los banqueros no solicitan la boleta de calificaciones. Entre más practiques, más te darás cuenta de que a él no le importa si fuiste estudiante de "10" o de "8", o si desertaste de la escuela como Steve Jobs, Bill Gates y Mark Zuckerberg.

Lo que el banquero quiere saber es:

- Si sabes controlar el poder del balance general.
- Si sabes la diferencia entre activos y pasivos.
- Cuántos pasivos posees en realidad.
- Cuánto dinero llevan tus activos a tu bolsillo.

Si logras enseñar a tus hijos qué es lo que busca el banquero, entonces les habrás dado una devastadora ventaja financiera en la vida.

ACCIONES PARA PADRES

HABLA DE POR QUÉ LOS BANQUEROS NO SOLICITAN LA BOLETA DE CALIFICACIONES.

Conversa con tus hijos sobre las boletas de calificaciones, lo que miden y lo que representan. Luego discute sobre los tipos de reportes relacionados con la economía y las finanzas. El objetivo de las calificaciones de crédito (como la calificación FICO) o los reportes de crédito es más o menos el mismo que el de la boleta. Estos reportes comunican qué tal le va a una persona respecto al manejo de su vida financiera. Cuando la persona empieza a hacer compras e invertir, el prestamista —ya sea prestamista, banco, agencia hipotecaria o de autofinanciamiento— tomará decisiones respecto al valor crediticio de dicha persona, con base en las calificaciones de crédito o en su estado financiero.

Si la persona busca un préstamo para un negocio o financiamiento para invertir en una propiedad, el banquero le solicitará su estado financiero.

El estado financiero es tu boleta de calificaciones en el mundo real, y le muestra al banquero tu fortaleza financiera, así como el nivel de educación financiera que posees. Eso es lo único que a él le interesa.

Si tienes un estado financiero o estado de cuenta, muéstraselo a tus hijos… claro, en la medida en que lo que hay en él sea apropiado para su edad. Compartir esto con tus hijos es una excelente manera de reforzar palabras del vocabulario, así como los conceptos de ingreso, gasto, activos y pasivos.

El verdadero tablero del juego de *CASHFLOW* es el estado financiero que los jugadores llenan y van actualizando durante la partida. Nuestros juegos enseñan a los jugadores, jóvenes y mayores, el poder del estado financiero… así como de qué manera ve el banquero el mundo.

Capítulo once

Otro punto de vista respecto a la codicia

Mucha gente cree que los ricos son codiciosos. Ése es un punto de vista, pero, naturalmente, también está la otra cara de la moneda.

Al capitalista suele motivarlo el principio de: entre a más gente sirva, más eficiente seré. Los capitalistas le sirven a la gente de muchas maneras, entre las cuales se encuentra la disposición a desafiar los mercados libres para producir más con menos. Esto incluye mejores productos y servicios a mejores precios. Desde mi perspectiva, a eso no se le puede llamar codicia. Es ambición y empuje.

Y si estos capitalistas llegan a tener un éxito sin precedentes y a volverse estúpidamente millonarios… primero pienso en todos los empleos que generan y en las innovaciones que aportan a nuestra vida. Ellos enriquecen las vidas de otros en su camino al éxito… y por eso me cuesta trabajo soportar que se les califique de "codiciosos" o "avaros".

JUSTIFICACIÓN

Un jubilado de California reclama que la reducción en la pensión que le otorga el gobierno es un "abuso sobre la gente mayor". Bruce Malkenhorst de 78 años se enfrenta ahora al Sistema de Retiro para Empleados Públicos de California (CalPERS, por sus siglas en inglés) porque éste redujo su pensión. Su pensión era de 45 073 dólares mensuales (o 540 000 anuales), y bajó a solamente 9 644 dólares mensuales (o, aproximadamente, 115 000 al año).

Abuso sobre los mayores

Bruce Malkenhorst también dice que negarle 60 000 dólares adicionales al año para cubrir sus gastos de golf y masajes es otro ejemplo del abuso sobre los mayores. Él justifica su alta paga de jubilación y las prestaciones, tales como masajes y golf gratuito, diciendo: "Pertenezco a una época en la que uno trataba de ganar lo más posible durante la mayor parte del tiempo posible."

A mí eso me suena a codicia.

Malkenhorst, sin embargo, no es un ejemplo aislado. La ciudad en donde él trataba de ganar lo más posible durante la mayor parte del tiempo posible, es el diminuto centro industrial de Vernon, cerca de Los Ángeles. Vernon tiene una población de sólo cien personas. ¿Cómo pueden cien personas (112, según el último censo) darse el lujo de pagarles a servidores públicos tan dedicados? Otros seis funcionarios del gobierno de Vernon también están siendo investigados.

Al final, a Bruce Malkenhorst se le multó con 10 000 dólares y se le ordenó devolver 60 000 en tarifas pagadas a un campo de golf. Al parecer, los trabajadores del gobierno protegen a sus colegas.

Todo indica que en el mundo se ha propagado la noción popular de que los capitalistas son codiciosos; de ahí proviene el término peyorativo, "cerdo capitalista". Pero una persona no tiene que ser rica ni capitalista para ser codiciosa. Una de las definiciones de codicia es "querer mucho más de lo que se está dispuesto a dar".

Codicia es que un fondo mutualista se queda con 80% de las ganancias de sus clientes. Codicia es que un político les haga "favores" a grupos de interés especial que podrían beneficiarlo más adelante. Codicia es que un trabajador espere que le paguen más de lo que produce. Codicia es que un empleador estafe a un empleado. En realidad, hay tanta gente codiciosa pobre como rica, por eso a mí me parece que la codicia no conoce límites ni clases sociales.

LA NUEVA GUERRA CIVIL ESTADOUNIDENSE

A partir de 1860, Estados Unidos se sumió en una guerra civil. Fue un enfrentamiento entre el norte y el sur, una guerra que se libró por los problemas económicos y morales que implicaba la esclavitud.

En la actualidad, Estados Unidos se encuentra involucrado en una nueva guerra civil. Esta vez es entre los servidores públicos y la gente a la que le sirven.

En 2012, en el estado de Wisconsin, se inició una batalla. Me refiero a la elección para destituir al gobernador nombrado poco antes. Muchos trabajadores estaban enojados con el gobernador Scott Walker porque recortó sus salarios y prestaciones de retiro, prestaciones que el estado ya no podía pagar. La gente comenzó a tomar partido en todo el país.

A pesar de que la destitución no se pudo llevar a cabo, la batalla en Wisconsin sacó a relucir los generosos sueldos y las prestaciones de que disfrutan los empleados del gobierno. En pocas palabras, los servidores públicos dejaron de ser los empleados con salarios bajos. En cuanto los contribuyentes se dieron cuenta de que a los servidores públicos se les pagaba más que a muchos trabajadores del sector privado, se desató la guerra civil en otros estados.

En California, tal vez uno de los estados más socialistas del país, los costos totales de pensiones para los empleados del gobierno se elevaron en 2 000% entre 1999 y 2009. Tan sólo en 2011, este estado gastó 32 mil millones de dólares en salarios y prestaciones para servidores públicos, lo cual implica un aumento de 65% en los últimos diez años. La inversión en educación superior, por otra parte, bajó en 5 %

En la quebrada ciudad de San Bernardino, California, un tercio de la población, que asciende a 210 000 habitantes, vive por debajo de la línea de pobreza, lo que la hace la ciudad más pobre de su tamaño en el estado. Sin embargo, un oficial de policía se puede retirar a los 50 años y llevarse a casa, el último día de trabajo, 230 000 dólares en un solo pago, así como una pensión anual garantizada de 128 000 dólares.

Cuando los policías u otros servidores públicos se jubilan con prestaciones de esas características, a las ciudades les es imposible contratar a los empleados que los remplazarán. El tamaño de las fuerzas policiacas del país está disminuyendo, y tal vez ésta sea una de las razones. Y yo me pregunto, ¿es servicio público o *autoservicio*?

Los sindicatos de policías dan dinero para las elecciones del consejo ciudadano y éste, a su vez, le inyecta dinero a los sueldos y las pensiones de los empleados sindicalizados. Tres meses antes de que la ciudad de San Bernardino se declarara en quiebra, el consejo de la ciudad le entregó 2 millones de dólares adicionales a los empleados que se retiraban. Además de la palabra "codicia", a mí me vienen varias menos decentes a la mente.

La guerra civil de California se extendió a las ciudades de San Diego y San José cuando los votantes recortaron las prestaciones y las pensiones a los trabajadores del gobierno. Estos volvieron a enfurecer. La gente estaba cansada de que los empleados del gobierno explotaran a quienes los contrataron para servirles. Te daré un ejemplo de lo que motivó su enojo. Se proyectó que para 2014 el costo de las pensiones y el cuidado médico de los jubilados sería equivalente a 75% de la nómina de seguridad pública de San José, y a 45% de la nómina para otros rubros. Para financiar los salarios de estos extremadamente bien pagados servidores públicos, la ciudad se vio forzada a cerrar bibliotecas, recortar servicios para parques, despedir a trabajadores de otros departamentos y solicitar a los servidores públicos restantes que aceptaran un recorte de sueldo.

Hace veinticinco años, San José —la décima ciudad más grande de Estados Unidos— tenía 5 000 servidores públicos aproximadamente. A pesar de que se encuentra en el corazón del Valle del Silicón, hoy en día San José sólo puede pagar 1 600 servidores públicos. Por lo que se ve, los servidores públicos se sirvieron a sí mismos durante años, lo cual ahora da como resultado que haya mucho menos elementos, y un servicio de peor calidad.

Sin embargo, el problema no sólo aqueja a California o a Estados Unidos. En muchos sentidos, estas dificultades son las mismas que enfrentan Grecia y Francia: más y más dinero pagado a cambio de menos y menos servicio.

El pasivo pensionario del gobierno de Ohio equivale hoy a 35% de todo el PIB del estado. Los servicios para los residentes serán recortados en tanto que los servidores públicos —a muchos de los cuales se les paga más que a la gente a la que sirven— disfrutan de una jubilación garantizada con generosos incrementos garantizados año tras año. ¿Esto es servicio público… o codicia?

¿Cómo sucedió?

En todo el territorio estadounidense los poderosos sindicatos del sector público solicitan incrementos regulares en sueldos. Los políticos se los dan porque saben que necesitarán el apoyo sindical en tiempo de elecciones. Debido a los requisitos del presupuesto equilibrado, la mayoría de los gobernadores y alcaldes está limitada en lo que se refiere a cuánto puede otorgar en aumentos. Por eso entregan generosas prestaciones de pensiones que podrán tener un impacto en el presupuesto estatal aún años después de que los mismos políticos hayan abandonado su cargo y ya estén disfrutando de un cómodo retiro. Dicho de otra forma, los políticos, burócratas y sindicatos, han estado robándole al futuro de nuestros hijos.

Estados Unidos libra una nueva guerra civil. Las elecciones en Wisconsin, San José y San Diego señalan el inicio de la guerra de Estados Unidos contra los codiciosos cerdos del *gobierno*, en lugar de los codiciosos cerdos capitalistas.

Los tontos burócratas del gobierno

Los planes de pensiones del gobierno se encuentran al centro de esta guerra civil. En teoría, los empleados del gobierno y los de los gobiernos de la ciudad y estatales, deben financiar sus planes de retiro con sus propias contribuciones mensuales y las de sus empleadores. La cantidad de las contribuciones se define con información que se da por hecho en el plan de inversión. Entre mejor sea la cifra de la tasa de retorno que se asume, menos tendrán que aportar los trabajadores y el gobierno.

El gran problema es la información que el gobierno ha estado usando. Éste dio por hecho, por ejemplo, que el Mercado de Valores crecería un 40% más rápido en el siglo XXI de lo que lo hizo en el XX. Bien, pues déjame decirte que el Mercado de Valores creció 175 veces más en el siglo XX. Para aplicar sus suposiciones, el mercado tendrá que crecer 1 750 veces en el XXI. ¿En verdad los burócratas del gobierno pueden ser tan ingenuos? ¿Quién en su sano juicio creería que el mercado va a crecer a esa tasa? Porque, aunque un crecimiento de 1 750 veces más sería posible, cualquier persona que le apueste su futuro a tales proyecciones, de seguro también cree que muy pronto los cerdos van a volar.

ADVERTENCIA

Mucho antes de que la crisis financiera hundiera a bancos monumentales como Lehman Brothers en 2008, Warren Buffett le advirtió al mundo sobre los derivados. De hecho, los llamó "armas de destrucción financiera masiva". Un derivado es como el jugo de naranja, ya que éste proviene de la naranja misma. Así pues, una hipoteca se deriva de un bien inmueble. Ésta sería una definición más técnica: un valor cuyo precio depende o deriva de uno o más activos subyacentes, y se determina de acuerdo con las fluctuaciones de éstos.

Hoy, Buffett —a quien con frecuencia se le llama "el Oráculo de Omaha"— nos hace una nueva advertencia. Nos dice que el costo de los jubilados del sector público es una bomba de tiempo: la mayor amenaza para la salud fiscal de Estados Unidos.

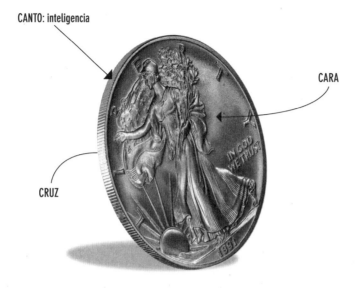

CANTO: inteligencia

CARA

CRUZ

EL OTRO LADO DE LA MONEDA

El Consejero Sal DeCicio, amigo mío de Phoenix, Arizona, ha luchado contra la avaricia y la corrupción del gobierno por años. Pero su beligerancia ya le pasó la factura: Sal y su familia han sido amenazados en numerosas ocasiones. Él sigue luchando.

Le pedí a mi amigo que escribiera acerca de su gran batalla en Phoenix. Éstas son sus palabras:

Como Consejero de la Ciudad de Phoenix he aprendido que la regla número uno del gobierno es no servir a la ciudadanía sino a sí mismo. Esto sucede en todo el país, en cada ciudad, condado y estado.

¿Qué pasaría si averiguaras que a algunos empleados del gobierno les entregaron un cheque por 500 000 dólares o más al retirarse? ¿Jubilados a los cincuenta y tantos con una generosa pensión y prestaciones médicas de por vida?

¿Te molestaría enterarte de esto? ¿Verías al gobierno de una manera distinta si te enteraras de que es verdad? Bien, pues eso es exactamente lo que sucede, en mayor o menor medida, en todas las ciudades de esta nación.

Si tú crees que el gobierno está para protegerte a ti y a tu familia, te equivocas. Los funcionarios se protegerán a sí mismos a tu costa, y además te harán creer que te cuidan de la misma manera.

Pensemos en uno de los trabajos más queridos del gobierno: los bombe-ros. Salvan a los gatos de los árboles y entran a los edificios en llamas cuan-do nosotros salimos huyendo. Además, también ayuda mucho el hecho de que la mayoría de los bomberos son bien parecidos y musculosos. ¿Quién no los adora? Ahora veamos si esta imagen coincide con la realidad.

En Phoenix y en la mayoría de las ciudades estadounidenses, el bombe-ro puede, normalmente, retirarse con una pensión de 500 000 dólares des-pués de trabajar por veinticinco años. Además de que recibirá una generosa pensión y muchas otras prestaciones de salud.

Aquí tienes algunas estadísticas:

- *340 000 dólares que reciben en cuanto se retiran. En los últimos cinco años de trabajo de un bombero, el empleado se "retira" oficial-mente, pero continúa trabajando y recibiendo un salario. Mientras trabaja y cobra, esos cinco años también recibe una pensión que se de-posita en una cuenta con un retorno de 8% garantizado por los con-tribuyentes.*
- *Sin importar la cantidad que el empleado aporte en cada contribución, 5% del pago neto va a una cuenta 401(a) con impuestos diferidos. Eso suma, sin incluir los rendimientos, cerca de 94 000 dólares por una carrera de veinticinco años, además de la pensión correspondiente.*
- *33 880 dólares por días de incapacidad devengados. Ésta es una es-tafa tremenda. Los empleados tienen derecho a devengar sus días de incapacidad año tras año, y esas cantidades nunca desaparecen. Estas cantidades adicionales son una especie de fichas de casino que se pue-den usar al jubilarse.*
- *Los bomberos cobran los días y eso infla sus prestaciones. Ahora, ¿estás listo para el doble gancho al hígado? Las pensiones se calculan con base en los últimos años de paga, así que todas esas prestaciones de-vengadas y otros premios hacen que la pensión se infle todavía más... pensión que, como recordarás, reciben por el resto de sus vidas (en caso de fallecimiento, se le sigue entregando al cónyuge que le sobreviva 80% de la pensión). El contrato sindical también garantiza que los empleados de mayor antigüedad (quienes, por cierto, son los mejor pagados) sean los*

primeros en obtener pagos por trabajo en horas extra, otro mecanismo para que la pensión se dispare hasta el cielo.

- *76 000 dólares en prestaciones médicas postempleo, que se pagan conforme se usan. Eso es para los bomberos, pero ¿qué hay de los empleados que apenas comienzan? Aquí se presentan algunas de las prestaciones que reciben… en su primer año en el empleo.*

  ✓ *40.5 días libres al año (días festivos, vacaciones e incapacidad).*
  ✓ *8 000 dólares en prestaciones educativas anuales.*
  ✓ *150 dólares que se aportan semanalmente al plan de salud postempleo.*
  ✓ *Fondo de pensión que aporta la ciudad y que equivale a 20% de su paga. El empleado aporta 5 por ciento.*
  ✓ *Fondo de salud de lujo de 150 dólares mensuales para prestaciones de salud postempleo.*

Y entonces, ¿cómo les va a los servidores públicos en la Gran Recesión? Mientras millones de estadounidenses perdían sus empleos y hogares, los empleados del gobierno de Phoenix recibieron aumentos salariales llamados "incrementos graduales", los cuales equivalen a un promedio de 4.5% anual. Luego anunciaron que harían recortes salariales para que pareciera que se estaban sacrificando al igual que otros tantos millones de ciudadanos. Para la mayoría, el "recorte" consistió en una disminución sobre el aumento que ya habían recibido, no sobre su salario base. ¿Y qué hay acerca de los despidos? Phoenix tiene 17 000 empleados, pero sólo quince recibieron su hoja rosa de terminación de contrato. El golpe para las empresas pequeñas fue muchísimo más fuerte.

En la Gran Recesión la compensación promedio por servidor público aumentó más de 20 000 dólares, de 80 347 (entre 2005 y 2006), a 100 980 (entre 2011 y 2012). Eso equivale a 26 por ciento. ¿A ti cómo te fue en esos años?

Así pues, mientras millones de personas han tenido que apretarse el cinturón para cubrir sus gastos y conservar su casa en medio de la recesión, los contribuyentes tienen que pagar más para asegurarse de que los trabajadores del gobierno reciban pensiones nutridas. Muchos empleados van "saltando a pensiones", lo que significa que se retiran cuando cumplen 50 y luego se van a trabajar a otra entidad gubernamental, a veces en un puesto similar al que acaban de dejar; ahí obtienen otra pensión y comienzan el ciclo de nuevo.

Éstos son algunos de los puntos más destacados de las prestaciones que los contribuyentes pagan a los empleados. Hay muchas ventajas menores también, como acceso gratuito a transporte público y pases de tren ligero. También vale la pena señalar que es casi imposible despedir a alguien. Phoenix, por ejemplo, llegó a tener un empleado al que se le continuaba pagando a pesar de que estaba sentenciado a muerte.

Si los trabajadores del gobierno fueran compensados de la misma forma que los empleados del sector privado, y si tuvieran que competir para obtener sus empleos como se hace en empresas particulares, tú tendrías una relación muy distinta con el gobierno. Tendrías más dinero en el bolsillo, o más servicios, o tal vez ambos. Asimismo, los servidores públicos te servirían de verdad y estarían obligados a responder para satisfacer un alto nivel de calidad, y no sólo para satisfacer a sus líderes sindicales.

Atenta y respetuosamente,
Consejero de la Ciudad Sal DeCicio, 2012

Por favor, date cuenta de que no es mi intención criticar a los servidores públicos como profesionales. Los trabajadores del gobierno, incluyendo los maestros, y en particular los policías y bomberos, realizan funciones esenciales, incluso peligrosas, en la sociedad civilizada. Los aprecio y me doy cuenta de que su profesionalismo protege y sirve a mi familia, mis negocios, mi propiedad y a la comunidad veinticuatro horas diarias, trescientos sesenta y cinco días del año; pero el propósito de este libro es presentar preguntas y cuestionamientos sobre temas que, en mi opinión, están vinculados a la falta de educación financiera, la cual, a su vez, conduce a la mentalidad del subsidio, mentalidad que nos obliga a todos, tanto en el sector público como en el privado, a sufrir.

MI HISTORIA

Mi Padre Pobre fue maestro. Era un verdadero servidor público y le dedicó toda su vida a la educación; incluso se tomó dos años sabáticos y un recorte salarial para trabajar para el Cuerpo de Paz. Se inscribió en el momento en que el presidente Kennedy anunció la creación de esa organización de servicio. Los años que mis padres sirvieron en el Cuerpo de Paz fueron de los más felices de mi vida familiar, a pesar de que los sacrificios fueron muy grandes.

No obstante, mi padre se fue amargando a medida que pasaron los años. Les tenía resentimiento a sus compañeros que eligieron dedicarse a los negocios, siendo que él había entregado su vida al servicio público. A mi papá le molestaba tener éxito en el aspecto profesional, pero no en el económico, y ver que algunos de sus antiguos compañeros de clase disfrutaban de ambos tipos de logros.

A medida que sus compañeros fueron ganando más dinero, comenzó a llamarlos "gatos gordos" en lugar de "amigos".

Al principio, no era miembro activo del sindicato de maestros, pero conforme fue creciendo su resentimiento contra los gatos gordos, también realizó más actividades para la organización. Finalmente, llegó a ser líder de la Asociación de Maestros del Estado de Hawai (HSTA, por sus siglas en inglés). Desde esa nueva posición como dirigente de uno de los sindicatos más poderosos del estado, descargó sus frustraciones y hostilidades.

De no haber sido por las enseñanzas que me proveyó Padre Rico respecto al dinero, habría tenido que crecer aprendiendo de mi Padre Pobre y, entonces, yo también habría llegado a pensar que los ricos son codiciosos.

¿POR QUÉ LOS BANQUEROS QUIEREN VER TU ESTADO FINANCIERO?

A los 12 años aprendí a analizar estados financieros, y gracias a ello, pude detectar quién era codicioso y quién no. Me dolió mucho darme cuenta de que, de mis padres, el codicioso era el pobre, no el rico.

Comparar el estado financiero de mi Padre Rico con el de mi Padre Pobre me abrió los ojos. Ésta es una comparación de los balances generales.

	Padre pobre	Padre Rico
Empleos creados	0	Cientos
Viviendas creadas	0	Cientos

Mi Padre Pobre era un empleado del gobierno con un sueldo envidiable, pero no pudo comprar una casa, sino hasta que tuvo cuarenta y tantos años. Antes de eso siempre rentamos el lugar donde vivimos. Asimismo, aunque llegó a contratar gente, jamás creó empleos. El sueldo y las prestaciones de los empleados que contrataba los pagaban los contribuyentes. Si mi Padre Pobre contrataba a un mal empleado, quien pagaba el error eran los contribuyentes, no él; y en muchos casos, sólo tenía autorización para contratar, mas no para despedir. Ésta es una de las razones por las que muchas de las instituciones del gobierno son tan ineficientes.

En contraste, Padre Rico creaba cientos de empleos y pagaba miles de dólares en sueldos cada mes. Sus inversiones en bienes raíces le proveían hogares a cientos de inquilinos de bajos ingresos.

Padre Pobre nunca pudo ver que las acciones de Padre Rico eran generosas. Desde su punto de vista, mi Padre Rico era codicioso, explotaba a sus trabajadores y se aprovechaba de gente como él: gente que no podía comprar su propia casa.

Mis padres estaban en las caras contrarias de la misma moneda; cada uno pensaba que estaba en lo correcto y que el otro vivía equivocado.

Es la misma batalla que se libra en medio de la nueva guerra civil estadounidense, una batalla entre trabajadores del gobierno y contribuyentes, entre los ricos y todos los demás. El lado que tome cada persona dependerá de las definiciones que utilice para las palabras "codicia" y "generosidad".

Gracias a que tuve dos padres pude ver ambos lados... desde el canto de la moneda.

MÁS ALLÁ DE LAS EMOCIONES

El hecho de tener dos padres me ayudó a superar las emociones y enfocarme sólo en los hechos. La verdadera batalla entre capitalistas y todos los demás se libra en la columna de activos. Los capitalistas hacen de ese espacio una prioridad personal, los socialistas no. Estos tienden a considerar que la columna capitalista de activos debería ser propiedad pública.

Como suele suceder, ahora verás que una imagen vale más que mil palabras.

ESTADO DE INGRESOS

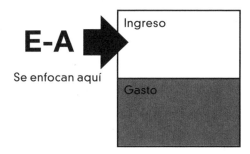

BALANCE GENERAL

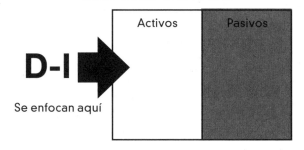

EL CONCEPTO MÁS IMPORTANTE

La falta de educación financiera en las escuelas es una de las causas de la batalla que se libra entre los ricos y todos los demás. Creo que si los niños supieran la diferencia entre activos y pasivos, la brecha que hay ahora entre ricos y pobres sería menor o, al menos, los pobres y la clase media se darían cuenta de que los ricos se vuelven más ricos, y decidirían aprovechar lo que estos saben y aplicarlo en sus propias vidas.

Mucha gente tiene la idea de "Cobrarles impuestos a los ricos" o la filosofía de Robin Hood de, "Robar a los ricos para darles a los pobres". Ambas son nociones propagadas por el gobierno. Asimismo, muchos creen que los ricos son codiciosos, y punto. Yo, en cambio, veo la otra cara de la moneda y sé que hay mucha gente rica que es generosa y brinda a otros tanto su tiempo como sus recursos.

Si esta crisis económica no se resuelve a tiempo, el sentimiento de antaño contra los ricos —el cual sigue vigente— dominará las agendas económica, social y política. Al conflicto se le puede disfrazar con la noción de "quitarle a los ricos para darle a los pobres", pero el asunto fundamental continuará siendo la ignorancia financiera provocada por las escuelas y sus programas incompletos.

LOS CUATRO GRUPOS ECONÓMICOS

En la actualidad existen cuatro grupos económicos.

1. Los pobres.
2. La clase media.
3. Los ricos que tienen ingresos por un millón de dólares al año.
4. Los megaricos que obtienen más de un millón de dólares al año.

Ahora te daré un ejemplo de los ricos contra los megaricos:

- **El médico puede ser rico.**
Pero el dueño de la empresa farmacéutica puede ser megarico.

- **El atleta profesional puede ser rico.**
Pero el propietario del equipo que firma el cheque del atleta es megarico.

- **El abogado que vive en una mansión puede ser rico.**
Pero quien invierte en edificios de departamentos tiene más probabilidades de volverse megarico.

La gente joven debería conocer estas diferencias porque le ayudarían a ver ambas caras de la moneda y a identificar más opciones en la vida.

¿QUÉ ES UN MILLONARIO?

Muchos sueñan con llegar a ser millonarios, pero ¿qué tipo de millonarios?

Los siguientes son ejemplos de los distintos tipos que hay.

MILLONARIOS DE VALOR NETO

Éste es el grupo más grande de millonarios que hay. Mucha gente de la clase media pertenece a esta categoría. El ejemplo podría ser un *baby boomer* que compró su casa en 1975 por 100 000 dólares, justamente cuando despegó la inflación. Esa casa de 100 000 ahora podría estar valuada en 2.5 millones de dólares, y el propietario podría ser el dueño absoluto sin ataduras de tipo hipotecario. Tal vez podría tener también un portafolio de acciones por 500 000 dólares. Aquí estamos hablando de un millonario de valor neto. El problema es que mucha gente en esta categoría todavía se preocupa por los gastos cotidianos porque su valor neto no le provee flujo de efectivo.

La contabilidad de padre rico no sigue los métodos tradicionales: se cimenta en el "flujo de efectivo". Si algo "lleva dinero a su bolsillo", entonces es un activo; si "saca dinero de su bolsillo", entonces es un pasivo. En este ejemplo, la casa de 2.5 millones de dólares no se puede considerar un activo porque sólo saca dinero del bolsillo para cubrir gastos como reparaciones, mantenimiento, seguros, servicios e impuestos. Si el propietario la vendiera, *entonces* la casa se volvería un activo porque llevaría dinero a su bolsillo, aunque, claro, lo haría en términos de ganancias de capital, no de *flujo de efectivo*. Los 500 000 dólares en acciones podrían o no producir flujo de efectivo de los dividendos.

Hay millones de estadounidenses que son "millonarios de valor neto", lo que significa que sólo lo son en papel y hay muy poco flujo de efectivo hacia sus bolsillos.

Millonarios de altos ingresos

Son millonarios que reciben cheques de nómina millonarios en los cuadrantes E y A; gente como directores ejecutivos, empleados con ingresos muy altos, abogados, atletas profesionales, médicos, estrellas de cine y ganadores de la lotería.

A pesar de ser millonarios en términos de *sus ingresos*, muchas de estas personas continúan preocupadas por perder su empleo o quedarse sin dinero si llegan a dejar de trabajar por alguna razón.

Millonarios de flujo de efectivo

Son las personas que reciben ingresos de sus activos, y son las verdaderamente ricas; ni siquiera les hace falta tener un empleo. Es por esto que Steve Jobs no necesitaba un cheque de nómina, y sólo cobraba un dólar al año.

Cuando la gente habla del "1%" de los verdaderamente adinerados de Estados Unidos, se refiere, en su mayoría, a los millonarios de flujo de efectivo.

¿Qué le estás enseñando a tus hijos?

Los niños aprenden con el ejemplo, ya que siempre imitan lo que ven y escuchan. Si muestras a tus hijos una variedad de puntos de vista —los dos lados de la moneda respecto a distintos temas—, abrirás sus mentes a las nuevas ideas y a nuevas maneras de pensar.

> ## La lección de padre rico
>
> *Padre rico nos motivó a su hijo y a mí a ser gente rica y generosa. Para esto nos enseñó a ser "millonarios de flujo de efectivo". Para Mike fue un poco más sencillo porque heredó los activos de su padre; yo comencé de cero.*
>
> *Actualmente Kim y yo proveemos más de 1 000 empleos, tenemos más de 4 000 departamentos, así como libros, juegos y pozos petroleros. Todos son activos que generan millones de dólares en flujo de efectivo. Si dejáramos de trabajar, el dinero seguiría ingresando a nuestros bolsillos. Cuando fallezcamos, estos activos seguirán produciendo flujo de efectivo para las caridades que son beneficiarias de nuestra riqueza.*
>
> *Nosotros estábamos convencidos de que si queríamos producir un flujo de efectivo sustentable que durara por generaciones, teníamos que ser generosos en principio. No obstante, para muchas personas sólo somos codiciosos cerdos capitalistas.*

Muchos padres estimulan a sus hijos a asistir a la escuela y luego conseguir "un empleo bien pagado" en el cuadrante E, en lugar de enseñarles a crear empleos, también bien pagados, para la mayor cantidad posible de gente en el cuadrante D. ¿Cuál es el camino que seguirá tu hijo?

Hay gente que se enfoca en comprar su casa soñada en lugar de invertir para proveerles hogares a otros. Muchos invierten a largo plazo en un plan de pensiones para sí mismos, en lugar de hacerlo en activos para obtener flujo de efectivo, es decir, en activos que puedan heredarles a sus hijos o a caridades, por generaciones. Ahora, acepta el desafío de ver por ti mismo, y con tus hijos, la otra cara de la moneda respecto a la codicia.

EN CONCLUSIÓN

El verdadero problema entre los ricos, los pobres y la clase media es de enfoque. Los ricos se enfocan en adquirir activos para la columna correspondiente, en tanto que los pobres y la clase media se enfocan en sus ingresos, es decir, en cuánto dinero ganan en la columna para este rubro. Los pobres y la clase media tienden a ahorrar dinero a pesar de que los burócratas del gobierno devalúan el poder adquisitivo de lo que llegan a guardar. En lugar de entender y atender sus problemas financieros, muchas personas de estos grupos sólo se enfurecen con los ricos y los acusan de ser codiciosos.

De hecho, la brecha entre capitalistas y todos los demás se empieza a abrir cuando los padres dicen a los hijos: "Ve a la escuela y consigue un empleo después" en lugar de, "Ve a la escuela y aprende a adquirir activos."

Los pobres sólo poseen muy pocos activos, y sucede lo mismo con la clase media. Observa que me refiero a activos legítimos, es decir, a inversiones que llevan dinero a tu bolsillo mes a mes. La mayoría de la gente sólo tiene un empleo o una profesión.

- La mayoría de la gente sólo tiene un empleo, el suyo.
- La mayoría de la gente sólo posee una casa, la suya.
- La mayoría de la gente sólo tiene un plan de retiro, el que la cubre a ella misma.

El verdadero principio del capitalismo es: "Entre a más gente sirva, más eficiente seré." Por eso, quienes decidan trabajar en los cuadrantes D e I deben ser generosos. Si quieres servir a mucha gente, tienes que ser dadivoso.

Sé que muchos estarán familiarizados con el versículo de la Biblia que dice:

"Den, y recibirán. Lo que den a otros les será devuelto por completo: apretado, sacudido para que haya lugar para más, desbordante y derramado sobre el regazo. La cantidad que den determinará la cantidad que recibirán a cambio."
Lucas 6:38 (Nueva traducción viva)

Por desgracia, hay mucha gente que quiere que le paguen más, hacer menos y jubilarse pronto. ¿Acaso no es esto una violación al principio de la generosidad?

Entonces, ¿quién debe ser más dadivoso?

Cuando des a tus hijos otro punto de vista, por favor menciona la importancia de la generosidad, los principios del dar —sin importar el cuadrante que elijan— y los resultados de ser generosos y de compartir, en oposición a las actitudes de avaricia.

ACCIONES PARA PADRES

HABLA SOBRE LO QUE ES LA GENEROSIDAD Y ACERCA DE LAS FORMAS EN QUE TODO MUNDO PUEDE SER DADIVOSO.

Pídele a tus hijos que piensen en maneras de ser generosos. Tal vez les sorprenda descubrir la cantidad de formas sutiles pero profundas con las que pueden ser dadivosos cotidianamente. La generosidad significa compartir sus juguetes, ser pacientes cuando mamá o papá están ocupados, ser amables y serviciales con sus hermanos más pequeños, participar como voluntarios en un refugio para gente sin recursos o dar dinero a la caridad.

Es importante que tus hijos sepan que grandes empresarios como Henry Ford y Walt Disney fueron muy generosos porque crearon millones de empleos y riqueza incomparable para su país y para el mundo. Esto podría inspirarlos a aprender a ser más desprendidos en lugar de creer que los *capitalistas* o los ricos son gente llena de avaricia, y que la palabra *capitalismo* es un término indeseable.

Capítulo doce

Otro punto de vista respecto a la deuda

Con frecuencia, la única educación financiera que reciben los estudiantes o la gente joven es la de "ahorrar dinero" y "salir de deudas". Muchos creen que es lo más inteligente que se puede hacer, sin embargo, en este capítulo descubrirás por qué estas ideas están pasadas de moda y, de hecho, pueden incluso convertirse en límites de velocidad y topes en el camino de tus hijos hacia la libertad financiera.

JUSTIFICACIÓN
En 2012, a través del Fondo de la Riqueza Soberana de Singapur se le vendió un hotel de cinco estrellas al gobierno de ese mismo país. El hotel estaba cerca de nuestro hogar en Phoenix. ¿De dónde salió el dinero? De los estadounidenses que usan sus dólares para comprar televisiones, computadoras, iPhones y otros productos fabricados en Asia, productos que pierden su valor con el paso del tiempo. Esos dólares regresaron a Estados Unidos para comprar nuestra riqueza. Me refiero a activos que incrementan su valor con el tiempo.

Actualmente, los empleados que trabajan para el hotel son empleados de Singapur y reciben financiamiento de bancos internacionales.

La pérdida de nuestra riqueza y empleos

El anterior es un ejemplo de lo que causa la globalización. Los estadounidenses, siempre en busca de una ganga para "ahorrar dinero", envían sus ganancias a países que fabrican productos de bajo costo. El precio que nuestros ciudadanos pagan por ese dinero es el de sus mismos empleos y de la riqueza de la nación. Me parece que es una lección sobre economía global demasiado costosa.

La globalización también es la causa de que el gobierno de nuestro país ya haya cedido cantidades enormes de poder político y económico a organizaciones como Naciones Unidas, la Organización Mundial de Comercio, el Fondo Monetario Internacional y el Banco Mundial. La economía estadounidense se ha fundido en buena parte con la economía mundial emergente. Por otra parte, para el individuo común, la globalización significa que dejó de contar con el liderazgo y la protección de sus dirigentes.

Enseñanzas de la historia

El presidente Richard Nixon realizó dos acciones específicas con las que contribuyó a nuestra crisis económica moderna.

1. En 1971 sacó al dólar estadounidense, la divisa de reserva del mundo, del patrón oro.

   El *patrón oro* se transformó en un patrón de deuda y con eso se logró que la economía tuviera un auge de más de cuarenta años. La inflación se disparó, los deudores salieron ganando y los ahorradores se convirtieron en perdedores.

   Asimismo, los precios de las viviendas empezaron a incrementarse. Muchos propietarios que nunca esperaron ser ricos, de repente descubrieron que el valor de su casa había aumentado en la escala de *apreciación*. Esta apreciación, sin embargo, en realidad era una malentendida *depreciación* del valor del dólar.

2. En 1972, el presidente Nixon abrió la puerta al comercio con China, y de repente los baratos productos chinos inundaron el mercado norteamericano. La producción y la manufactura estadounidense cambiaron de velocidad y nos convertimos en consumidores en primer lugar, y productores en segundo. Conforme los estadounidenses adquirieron más y más baratijas chinas, nuestros empleos se exportaron a China. Las fábricas estadounidenses cerraron y, de hecho, algunas sólo fueron empacadas y enviadas a países con mano de obra muy barata como China, Guatemala y otros lugares en Europa del Este.

Los sueldos estadounidenses se quedaron estancados pero los ciudadanos se *sentían* ricos porque el valor de sus casas continuaba *apreciándose*. En lugar de ganar más dinero, los estadounidenses empezaron a usar sus tarjetas de crédito para seguir comprando, y en vez de pagar sus deudas usaron sus casas como cajeros automáticos: refinanciaron sus hipotecas para cubrir las deudas de tarjetas.

El cuento de hadas terminó en 2007. El valor de las casas se desplomó y en muy poco tiempo llegaron a valer menos que las hipotecas que sobre ellas mismas se habían tramitado. La gente perdió su empleo porque el gasto paró en seco. Muchos perdieron sus hogares.

En 1913, el presidente Woodrow Wilson firmó el proyecto de ley con que se fundaría el Banco de la Reserva Federal de Estados Unidos. Me pregunto si lo habrá hecho por su propia voluntad o ¿coaccionado por el "poder bien organizado"? ¿Habrá sido eso lo que quiso decir Amschel Mayer Rothschild cuando comentó: *"Si me dan el control sobre la divisa de una nación, dejará de importarme quién haga las leyes"*?

He tenido esa duda durante mucho tiempo. ¿Será ésta la razón por la que no se imparte educación financiera en las escuelas? ¿Será también por eso que se les recomienda a los alumnos que trabajen duro, ahorren dinero, salgan de deudas e inviertan en un plan de retiro patrocinado por el gobierno?

LA DEUDA ES BENÉFICA

La persona promedio cree que la deuda es mala; y claro que *lo es*, pero sólo para la gente que carece de educación financiera. Me refiero a la misma gente que obedece a los "expertos" financieros que recomiendan: "Sal de deudas, corta en dos tus tarjetas de crédito, ¡y ahorra, ahorra, ahorra!"

Si estas personas contaran con educación financiera elemental, tendrían algo de inteligencia en aspectos económicos, serían capaces de colocarse en el canto de la moneda y mirar al otro lado... al lado en que la deuda es buena y te vuelve rico; en donde la deuda puede transformarse en riqueza libre de impuestos.

LA TRANSFORMACIÓN DE LA DEUDA EN ORO

Los alquimistas trataron por siglos de transformar el plomo en oro.

Hace más de mil años el gobierno romano empezó a incluir pequeñas porciones de plomo en la aleación de sus monedas de oro y plata, engaño que bien pudo haber acelerado la caída del Imperio Romano.

En 1971, el presidente Richard Nixon se convirtió en un alquimista moderno al sacar al dólar del patrón oro y convertir la deuda en este preciado metal.

En la actualidad, los graduados más inteligentes y astutos de nuestras mejores escuelas de negocios están trabajando como empleados para bancos de inversión como Goldman Sachs y Citigroup. Ahí, la deuda se convierte en oro. Aunque estos estudiantes de "10" no cuentan con educación financiera en el mundo real, siguen —incluso después del colapso de 2007— haciendo paquetes de deuda y vendiéndolos como activos. Envuelven el paquete en lindo papel decorado y le ponen un moño que dice cosas como obligaciones colaterales de deuda u obligaciones colaterales de hipoteca (CDO y CMO, respectivamente por sus siglas en inglés)... términos que muy poca gente común utiliza o comprende. Luego venden estos regalitos a inversionistas profesionales, fondos de pensión, compañías de seguros y gobiernos. Muchos de estos mal llamados "inversionistas profesionales" que adquieren los derivados son estudiantes de "10" que se desarrollan como empleados en el cuadrante E, no en el I. Casi ninguno de ellos tiene algo que perder, no es "su pellejo" el que está en juego, ni conllevan ninguna responsabilidad en caso de que algo salga mal. Si llegan a perder miles de millones, ellos de todas formas cobran su cheque de nómina, sus bonos y sus prestaciones de la jubilación.

Warren Buffett llamó a estos derivados "armas de destrucción financiera masiva". Hoy en día hay más de 1.2 cuatrillones de estas armas o bombas de tiempo, que estallarán un día y destruirán el mundo que conocemos.

A pesar de su propia advertencia, Moody's, la empresa de Warren Buffett, cobraba altas tarifas para calificar la deuda *subprime* como AAA, el nivel más alto de calidad para grado de inversión de deuda. En mi opinión, otorgar esta calificación es el equivalente a arrancarle una oreja a un puerco y vendérsela a la gente como si se tratara del más costoso bolso de seda.

Los estudiantes de "10", egresados de las mejores escuelas, participaron en ambos lados de las transacciones; compraron y vendieron deuda tóxica con la idea de que era tan legítima como oro puro. Y ahora, me vuelvo a preguntar: ¿es ésta una asombrosa historia más de la estupidez masiva global, o sólo corrupción legalizada?

Esta situación nos debe recordar la importancia de mirar *ambas* caras de la moneda.

La buena noticia es que mientras el mundo continúe en el patrón de deuda, la gente que sepa cómo aprovecharla se volverá más rica. Claro que, quienes no sepan, sólo se empobrecerán más.

Por todo lo anterior, en 1973 padre rico me recomendó tomar clases de inversión en bienes raíces. Cuando le pregunté por qué debía invertir en eso, me contestó: "Porque si deseas llegar a ser rico, tienes que aprender a aprovechar la deuda."

Como ya sabes, el manejo de la deuda puede ser parecido al de una granada de mano. En ambos casos se debe ser extremadamente cauteloso. Después de 2007 mucha gente descubrió, a la mala, que la deuda puede resultar letal. Si no estás dispuesto a estudiar y aprender a usarla, tal vez lo mejor sea que sigas el popular consejo de no endeudarte.

AHORRAR DINERO ES UNA ESTUPIDEZ

A pesar de lo extraño que le pueda sonar a la mayoría de la gente, ahorrar dinero es una estupidez. Endeudarse, por otra parte, es algo muy astuto. Porque, si los gobiernos continúan imprimiendo billones de dólares falsos, ¿para qué ahorrar?

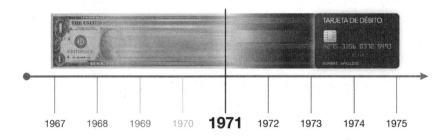

Recuerda que en 1971 el dólar estadounidense y la deuda se convirtieron en la misma cosa: ambos son deuda. *Si* los gobiernos dejaran de imprimir dinero y comenzaran a aumentar las tasas de interés, entonces *quizá* sería sabio ahorrar dinero… quizá.

EL USO DE LA DEUDA PARA EMPOBRECER MÁS

Hoy en día la deuda es dinero. Y, claro, la gente la ha aprovechado de esta manera por años. El mayor problema, sin embargo, es que la ha usado para comprar pasivos en lugar de activos. Te daré algunos ejemplos. Hay millones de personas en dificultades financieras porque usaron préstamos estudiantiles para pagar su educación, obtuvieron una hipoteca para comprar su casa, aceptaron financiamiento para adquirir su auto y usaron su tarjeta de crédito para ir de compras. En todos los casos anteriores la gente usó la deuda como dinero para empobrecerse más.

Cuando alguien dice, "No tengo dinero para invertir", es porque no sabe cómo usar la deuda como dinero ni para generar más recursos.

LA DEUDA ENRIQUECE A LOS BANQUEROS

Si leyeras el estado financiero de tu banco, verías que tus ahorros son su pasivo y tu hipoteca, su activo.

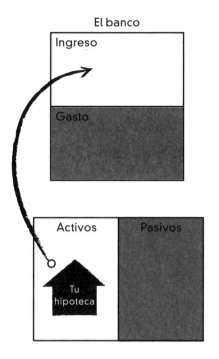

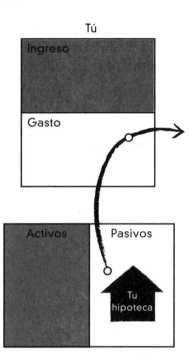

Recuerda que la forma de distinguir los activos de los pasivos consiste en preguntarte: "¿En qué dirección fluye el efectivo?"

El banco te paga intereses sobre tus ahorros, por eso éstos son el pasivo del banco; el interés saca dinero del bolsillo del banco. Tu hipoteca o cualquier otra deuda, por otra parte, es el activo del banco porque lleva dinero a su bolsillo.

La lección de padre rico

Tu deuda hace que los banqueros enriquezcan. Tus ahorros hacen que empobrezcan."

De hecho, el banquero en realidad no necesita de tus ahorros. Los bancos pueden imprimir su propio dinero a través del proceso de reservas fraccionarias.

Recuerda las reglas del Monopolio: "El banco nunca quiebra. Si el banco se queda sin dinero, el banquero puede emitir tanto como necesite con sólo escribir en papel común.

Quizá ya notaste que los bancos tienen programas de incentivos para animarte a usar sus tarjetas de crédito. Cada vez que estoy en el aeropuerto las aerolíneas me piden que solicite una de sus tarjetas para poderme dar puntos o millas adicionales a cambio de endeudarme. Sin embargo, jamás he visto que los banqueros ofrezcan millas por ahorrar dinero. La única razón por la que los bancos quieren que les entregues tus ahorros y cuentas de cheques es para hacer negocio con tus *deudas*.

USA LA DEUDA PARA ADQUIRIR ACTIVOS

Si los dólares están gravados pero la deuda no, ¿qué te parece que sea más inteligente aprender a usar?

En 2007, los bancos del mundo empezaron a imprimir billones de dólares. Siguieron las reglas del *Monopolio* e imprimieron dinero de forma electrónica para impedir el colapso de la burbuja que había estado inflándose desde 1971, el año que Nixon transformó al dólar en deuda. Cada vez que se imprime dinero, los impuestos suben; esto, a su vez, provoca la inflación que hace que aumenten los precios de alimentos y energía... Al mismo tiempo, por otra parte, los ahorros y el poder adquisitivo del dólar se desploman.

Si la inflación sube y el dólar baja de valor, ¿te parece lógico ahorrar dólares? El poder adquisitivo del dólar va disminuyendo, así que, ¿te parece sensato volver a la escuela a estudiar y trabajar más para conseguir más dólares? En realidad, si la inflación aumenta, ¿no te parece más lógico aprender a usar la deuda para adquirir activos? ¿Activos que podrían aumentar de valor con la inflación y generar flujo de efectivo?

A mí me parece que tiene más sentido aprender a usar la deuda que salir de ella.

MI HISTORIA

Actualmente cada vez que me es posible, uso el 100% de deuda para financiar la adquisición de activos en bienes raíces. Me refiero a activos que llevan dinero a mi bolsillo. Suena sencillo aquí, pero en realidad podría ser bastante difícil. A mí me llevó algún tiempo establecer antecedentes como inversionista en bienes raíces y probarle a los bancos que entendía a fondo el tema inmobiliario y de administración. ¿Por qué trabajar para ganar dinero si puedes usar la deuda, incrementar tu flujo de efectivo y ser más rico?

Kim y yo empezamos con algo pequeño, propiedades unifamiliares para renta. Aprendimos de nuestros errores, estudiamos para estar más preparados y luego aplicamos en nuestra siguiente inversión todo lo que habíamos aprendido. Cuando tuvimos la confianza suficiente, y algunas propiedades en nuestro portafolio que nos proveían flujo de efectivo, subimos de nivel y comenzamos a inspeccionar pequeños edificios de departamentos.

Actualmente, mi deuda personal es de cientos de millones de dólares, pero es deuda que me enriquece, deuda que lleva más dinero a mi bolsillo al mes, en forma de ingreso pasivo de flujo de efectivo.

Todavía puedo escucharte decir: "¡Cientos de millones en deuda! Es pura suerte, algún día lo perderás todo."

¿Podría perderlo todo? Sí, absolutamente. Por eso es que me tomo muy en serio mi educación financiera. Como ya lo expliqué arriba, cada cuadrante es un salón de clases. En lugar de aprender a ser inversionista profesional en el cuadrante I, casi todo mundo recibe información en nuestras escuelas y a través de los medios de comunicación para entregar a ciegas su dinero a desconocidos, con la esperanza de que volverá a verlo. Este entrenamiento y condicionamiento es casi para un perro de Pavlov. Mi Padre Rico me preparó para ser empresario y para que pudiera hacer que el dinero trabajara para mí. Yo no le entrego mis recursos a extraños porque, en mi opinión, eso es riesgoso y estúpido.

LA OTRA CARA DE LA MONEDA

No necesito un empleo porque sé usar la deuda; tampoco tengo que ahorrar dinero, adquirir un plan 401(k), ni esperar que Seguridad Social o Medicare se hagan cargo de mí. La situación que vivo ahora es resultado de mi inversión de tiempo y esfuerzo en un proceso permanente de aprendizaje de temas financieros, aprendizaje que luego puse en práctica. No todas las inversiones hicieron que me cayera dinero del cielo; siempre hubo altibajos en el camino, así como enseñanzas recibidas gracias a los errores que cometí. Así es el proceso para todos.

Mi juego *CASHFLOW 101* es el único juego de mesa que enseña a los jugadores a usar la deuda para volverse ricos y generar ingresos. Sin embargo, al igual que en la vida real, si haces mal uso de la deuda, terminarás quebrado. La buena noticia es que eso sucederá con dinero y deuda de juguete, y la lección no te costará nada más que el tiempo que hayas invertido en cada partida.

Si un padre comienza a orientar a sus hijos desde la primera ventana de aprendizaje —del nacimiento a los 12 años— con el juego *CASHFLOW para niños*, y luego con *CASHFLOW 101 y 202* entre los 12 y los 14, esos chicos estarán bien preparados para la vida real antes de irse de casa. También contarán con una ventaja financiera que incluso algunos de los niños de las familias más ricas no tienen.

La lección de padre rico

Como en la actualidad todo el dinero es deuda, la educación financiera debe incluir lecciones sobre los dos tipos de deuda: la mala y la buena.

Le recomiendo a los padres establecer el ritual de la noche de educación financiera familiar. Debe realizarse por lo menos una vez al mes. Si se juega y se discuten los sucesos financieros del mundo real en casa, la relación padres-hijos se fortalecerá, y tanto los padres como sus hijos estarán mejor preparados para la incertidumbre que presenta el futuro. Una de las labores más importantes de los padres es preparar a sus niños para las oportunidades del mañana.

En el cono del aprendizaje se muestra que la simulación es la siguiente mejor actividad después de vivir la experiencia real. Si juegas con las distintas versiones de *CASHFLOW* en muchas ocasiones, podrás aprender a aprovechar la deuda antes de usarla en el mundo real y con inversiones de verdad. Recuerda el dicho que reza: "La práctica hace al maestro." Asimismo, al usar el juego como herramienta didáctica mientras tus hijos construyen sus caminos neuronales relacionados con los temas económicos, ayudarás a incrementar su inteligencia financiera y a conectar los puntos que los conducirán hasta su futuro.

LÍDERES QUE NECESITAN EDUCACIÓN

En mi opinión, la crisis económica global es producto de la falta de liderazgo y de los problemas educativos que tienen los individuos que, a pesar de ser gente brillante, carecen de educación financiera en el mundo real. La mayoría de nuestros dirigentes son estudiantes de "10" que luego se volvieron estudiantes de "8" o "B", es decir, burócratas. Muy pocos son estudiantes de "6" o capitalistas legítimos como Steve Jobs, Thomas Edison o Henry Ford.

Nuestros líderes actuales intentan resolver el problema de que exista demasiada deuda, creando… más deuda. Están implorando que se les entregue más dinero para rescates y mayor poder para aplicar la expansión cuantitativa, mejor conocida como *impresión indiscriminada de dinero falso*. Lo único que tienen en mente como soluciones son los incrementos de impuestos y de gasto, pero, desde mi punto de vista, esto implica un suicidio financiero.

Conspiración y profecía

Te hablaré sobre dos de los libros que he escrito sobre dinero e inversión. El primero es *La conspiración de los ricos*, el cual habla sobre la forma en que nuestra riqueza está siendo robada a través del sistema monetario; el otro es *La profecía de Padre Rico*, publicado en 2002. Este último es sobre la predicción que hice acerca del más grande colapso del Mercado de Valores en la historia. Ahí dije que sucedería en algún momento de la próxima década.

Mucha gente quiere convencerse de que el problema es la deuda, pero no es así. El problema es la falta de educación financiera. Si nuestros dirigentes estuvieran mejor educados, sabrían cómo aprovechar la deuda para enriquecernos como nación e individuos, en lugar de seguir hundiéndonos.

Creo que en este momento estamos atravesando la mayor crisis financiera de la historia, incluso mayor que la Gran Depresión de 1929; y me temo que no acabará bien. Si la historia se repite, tal vez nos dirijamos al colapso financiero. Durante miles de años, todos los gobiernos que cometieron fraude —al añadirle plomo a las monedas o al usar las imprentas para resolver problemas financieros— terminaron destruyendo la misma economía que prometieron salvar.

Es por esto que resulta fundamental que tengas educación financiera e incrementes tu inteligencia. Si logras ver la otra cara de la moneda, tú y tus hijos estarán mejor preparados para tomar decisiones inteligentes respecto al dinero. Tú podrías estar entre la gente educada en el aspecto financiero que logrará prosperar mientras las masas sólo se esfuerzan por sobrevivir.

Pregunta: *¿Estás en contra del sistema bancario?*

Respuesta: *No, no estoy en contra del sistema bancario. De hecho, soy estudiante de éste y lo uso en mi beneficio. Este enorme sistema ofrece grandes beneficios, pero también hace mucho daño. Yo lo uso para el bien.*

Pregunta: *¿Recomiendas endeudarse?*

Respuesta: *Depende. En realidad, la mayoría de la gente ya está endeudada. Cada vez que usas dinero, también usas deuda. Cada vez que nuestros gobiernos imprimen más dinero y rescatan bancos, planes de retiro o países completos, nos hundimos más y más en la deuda. La respuesta a esta pregunta está vinculada con la comprensión de lo que es la deuda buena y la deuda mala, y con tu nivel de educación financiera en lo que se refiere a cómo usar la deuda para enriquecerte.*

El dólar estadounidense ha perdido 90% de su poder adquisitivo desde 1971. No pasará mucho antes de que pierda el 10% restante.

Al leer este libro, ya diste el primer paso importante en tu educación financiera. Estás aprendiendo acerca del dinero, la importancia de la deuda y el poder de los impuestos. Mucha gente usa la deuda de una manera ignorante y, al hacerlo, se esclaviza —junto a su familia y su país— a ella y a los impuestos.

Me gustaría mucho estar equivocado, pero dudo que nuestros dirigentes políticos, ya sean demócratas o republicanos, puedan enfrentar los desafíos que enfrentamos. El problema es demasiado grande para que lo pueda resolver un solo país y, mucho menos, un solo partido político. Además, sospecho que hay gente que está bastante contenta de que estemos en dificultades. Quizá, incluso, esté feliz de que haya poca, o casi nula, educación financiera en las escuelas. Haya sido intencional o involuntaria, la falta de educación financiera es lo que empujó a miles de millones de personas al borde, y las obligó a vivir con miedo, preocupación e incertidumbre.

Por desgracia, nuestros líderes no pueden protegernos en esta crisis global. Los padres, sin embargo, sí pueden cuidar a sus niños de la incompetencia de los líderes porque, nos guste o no, la deuda es el nuevo dinero. Podemos aprovecharla para ser más pobres o para enriquecernos: la decisión es nuestra.

ACCIONES PARA PADRES

ENSÉÑALES A TUS HIJOS QUE HAY DOS TIPOS DE DEUDA: DEUDA BUENA Y DEUDA MALA.

La deuda mala te empobrece y la deuda buena te vuelve rico. Habla sobre los distintos tipos de deuda: la de tarjeta de crédito, la hipotecaria, la de los préstamos estudiantiles y la de autofinanciamiento.

Si ya están en edad, puedes hablar con tus hijos sobre el interés y las tasas, y sobre el impacto que estos conceptos tienen sobre la deuda y el costo de lo que financias. Tus hijos también deberían aprender que la deuda buena puede estar libre de impuestos, y te puede ayudar a volverte rico. Esto significa que, entre más deuda buena uses, más dinero podrás hacer, y sin pagar tantos impuestos.

Otros de los temas que se podrían explorar en las conversaciones familiares sobre finanzas serían: el interés en los estados de las tarjetas de crédito, la tasa de interés sobre el préstamo hipotecario y la forma en que se habla en los noticieros de finanzas sobre las tasas de interés.

CASHFLOW 101 y *202* son los únicos juegos de mesa que te enseñan el poder de la deuda. Los juegos ofrecen la oportunidad de que pongas a prueba, con dinero de juguete, lo que vayas aprendiendo. Esto significa que puedes practicar, cometer muchos errores, perder grandes cantidades de dinero e ir acumulando, a lo largo del camino, práctica en lo que se refiere a la importancia de la deuda.

Si tus hijos se van de casa una vez que hayan comprendido el poder de la deuda, quizá nunca caigan en la trampa de endeudarse mucho de una manera equivocada; incluso, podrían volverse extremadamente ricos si aprenden a aprovechar la deuda buena.

Capítulo trece

Otro punto de vista respecto a los impuestos

Cada vez que los votantes exigen que "se les cobren más impuestos a los ricos", quienes terminan pagando más son la clase media y los pobres. Es muy común que se considere que los impuestos son un castigo, una carga. Se cree que son lo único de lo que no podemos escapar además de la muerte. Pero en realidad, la otra cara de la moneda en lo que se refiere al código fiscal es que éste incluye una extensa lista de incentivos que el gobierno usa para que la gente del sector privado atienda necesidades económicas específicas y reciba recompensas por hacerlo.

JUSTIFICACIÓN

Quizá William J. H. Boetcker (1873-1962), líder religioso y orador estadounidense, sea mejor recordado por ser el autor de un panfleto intitulado *El decálogo del no se puede (The Ten Cannots)*. El texto se enfoca en la libertad y la responsabilidad personales. Los diez puntos son los siguientes (enfaticé algunos de ellos):

- No se puede estimular la prosperidad desalentando la economía.
- No se puede fortalecer al débil, debilitando al fuerte.
- No se puede ayudar a los hombres pequeños, aplastando a los grandes.
- No se puede ayudar al asalariado, lastimando a quien paga el salario.
- **No se puede ayudar a los pobres, destruyendo a los ricos.**
- No se puede garantizar seguridad adecuada con dinero prestado.
- No se puede fortalecer la fraternidad de la humanidad, alentando el odio entre clases.
- No se pueden resolver los problemas mientras se gaste más de lo que se gana.
- No se puede formar el carácter y el valor de un hombre, dañando su iniciativa e independencia.
- **No se puede ayudar a los hombres de forma permanente, haciendo lo que ellos podrían y deberían hacer por sí mismos.**

LOS IMPUESTOS FAVORECEN A LOS CAPITALISTAS

En los primeros cursos sobre economía de cualquier escuela, se aprende que hay tres cosas que una persona puede aportar al mercado.

1. Trabajo
2. Propiedad
3. Capital

La mayoría de los estudiantes, incluyendo a los de "10", va a la escuela para aprender a intercambiar y vender su trabajo. Van a la escuela para luego conseguir un empleo. Algunos cuantos asisten para aprender a vender o desarrollar sus propiedades; o para vender su capital.

Según la terminología de Padre Rico, la gente que vende su trabajo está del lado izquierdo del cuadrante del flujo de efectivo. Quienes venden propiedades y capital operan desde el lado derecho del cuadrante.

Ahora retomaré las tasas de impuestos por cuadrante que vimos en la primera sección del libro:

PORCENTAJES DE IMPUESTOS PAGADOS
POR CUADRANTES

En los cuadrantes E y A se aplica un impuesto progresivo sobre el ingreso, y quienes pagan el mayor porcentaje son los que pertenecen al cuadrante A. En estos cuadrantes, entre más ganas, más pagas.

En los cuadrantes D e I, los porcentajes van hacia el lado contrario. De hecho, en donde menos se paga es en I. Esto quiere decir que del lado derecho, entre más ganas, menos impuestos pagas.

Te reitero que la diferencia es que la gente de los cuadrantes E y A vende su trabajo, mientras que la de D e I vende propiedades y capital, y además, *contrata* el trabajo de otros. Recordarás que la primera lección en *Padre Rico Padre Pobre* es: "Los ricos no trabajan por dinero."

Cada vez que los padres dicen a sus hijos, "Estudia y saca buenas calificaciones para que obtengas un trabajo bien pagado", les están sugiriendo que vendan su trabajo y trabajen mucho a cambio de dinero.

A mí, por ejemplo, cada vez que sacaba bajas calificaciones cuando estaba en la preparatoria, mi maestro me amenazaba con: "Si no sacas buenas calificaciones, no conseguirás un buen empleo." Yo contestaba: "Qué bueno, porque no quiero un empleo." En términos económicos, no tenía ningún plan de vender mi mano de obra.

Por supuesto, eso no significa que los ricos no trabajen arduamente; es sólo que trabajan en pos de algo más. A ellos les interesa adquirir activos que lleven más dinero a sus bolsillos y les permitan, gracias a mejores tasas fiscales, conservar una mayor cantidad de lo que ganan.

EL GOBIERNO NECESITA AYUDA

El gobierno necesita mucha ayuda para ofrecer más incentivos fiscales como paquetes de estímulos a quienes trabajan en los cuadrantes D e I. Hablo de resquicios legales en la práctica fiscal.

A continuación verás una imagen de mi balance general.

MI HISTORIA

He trabajado desde 1973 para producir o adquirir activos que me permitan vender propiedades y capital. Jamás he tenido ganas de vender mi trabajo.

El código fiscal de Estados Unidos tiene más de 5 000 páginas dedicadas a los "resquicios" aparentes. Estos resquicios son incentivos fiscales y planes de estímulos que se dejaron libres intencionalmente. Ahora describiré, de la manera más sencilla que pueda, los resquicios que yo aprovecho.

MIS IMPUESTOS DESDE UNA
PERSPECTIVA SENCILLA

- **Negocios:** el código fiscal me ofrece incentivos por generar empleos. Entre más empleos provea, más dinero puedo ganar y menos impuestos debo pagar. Desde la perspectiva del gobierno, si hay más gente trabajando, él puede cobrar más impuestos.
- **Bienes raíces:** el código fiscal quiere que yo provea viviendas. Si proveo más viviendas, puedo ganar más dinero y reducir mi carga fiscal.
- **Deuda:** la deuda es una de las mayores ventajas de los bienes raíces. La deuda es capital y, hoy en día, el dólar es deuda. Si dejo de pedir prestado, la economía se desacelera. A pesar de que estamos en medio de una crisis financiera, las tasas de interés sobre deuda siguen bajando porque el gobierno quiere que me endeude. Entre más deba, más dinero puedo ganar y menos impuestos tengo que pagar.
- **Acciones:** aunque las acciones le convienen a mucha gente, a mí no me gusta invertir en ellas. Gracias a las acciones mucha gente se ha enriquecido bastante, pero también hay quienes han perdido. Al invertir en acciones le estás entregando tu dinero a empleados y capitalistas gerenciales en lugar de ponerlo en manos de empresarios o capitalistas legítimos. Decidí no invertir en estos instrumentos principalmente porque no hay suficientes incentivos fiscales en ellos y porque representan un riesgo demasiado grande para mí.
- *Commodities* **o insumos:** yo invierto en producción petrolera, no en acciones de compañías petroleras. Entre más dinero gane, menos impuestos tengo que pagar. El gobierno quiere que los inversionistas continúen extrayendo petróleo por dos razones:

1. para mantener bajo el precio de este insumo;
2. para reducir la dependencia del petróleo extranjero.

Si te fijas en el tablero del juego de *CASHFLOW*, notarás que hay dos circuitos. Uno se llama la carrera de la rata; la gente que está en este circuito invierte en acciones, bonos y fondos mutualistas.

El segundo circuito es el carril de alta. En la vida real, también hay un carril de este tipo; ahí es en donde invierten los ricos. En el carril de alta los inversionistas eligen vehículos de inversión más sofisticados, como sociedades limitadas o memoranda de colocación privada. Aquí es en donde me gusta invertir mi dinero, y la ventaja que tengo es que conozco al empresario y sé que es un capitalista legítimo que fundó la empresa pero también la dirige. Cuando invierto como "socio", el empresario me atenderá siempre que sea necesario.

Si invirtiera en acciones, posiblemente jamás llegaría a conocer al director ejecutivo, quien, en la mayoría de los casos, es un empleado o un capitalista gerencial, no un empresario ni un capitalista legítimo.

Dicho llanamente, hay quienes invierten en las *acciones* de una empresa, pero la mayoría de las empresas públicas tienen millones de estos instrumentos. Por eso, en tanto que un socio invierte en *porcentajes* de la compañía —y, en muchos casos, recibe incentivos fiscales—, los accionistas sólo invierten en acciones y no tienen derecho a casi nada.

Hay muchos incentivos fiscales y estímulos

La lección de padre rico

Hay muchos contadores públicos y abogados fiscales, pero muy pocos de ellos son realmente inteligentes.

Sólo mencioné los que uso, pero en el código fiscal hay muchos incentivos fiscales. La lección que hay que aprender aquí es que el código es un plan de incentivos y estímulos para los capitalistas del lado derecho del cuadrante del flujo de efectivo proveen empleos y viviendas, que usan capital (deuda), y que producen insumos esenciales como alimentos y petróleo. Hay muchos otros incentivos fiscales.

Antes de invertir con el objetivo de recibir este tipo de recompensas, siempre, repito, *siempre*, busca asesoría profesional de contadores y abogados fiscales.

Si quieres aprender más acerca de incentivos, te diré que el contador público Tom Wheelwright, mi asesor personal de impuestos, escribió el libro de Asesores de Padre Rico, *Tax-Free Wealth (Riqueza libre de impuestos)*. Sería bueno que lo leyeras y lo compartieras con tus asesores.

¿QUIÉN PAGA MÁS IMPUESTOS?

El código fiscal castiga con mayores impuestos a quienes trabajan del lado izquierdo del cuadrante del flujo de efectivo. ¿Quiénes pagan más impuestos?

• La gente que tiene un empleo.
• La gente que sólo tiene una casa.
• La gente que ahorra dinero.
• La gente que tiene un plan de retiro 401(k).

Por lo general, estas personas pagan impuestos sobre ingreso ordinario por todo. Entre más ganan, más pagan.

Pregunta: *¿Por qué la gente paga más impuestos por el plan 401(k)? ¿Qué hay de la cantidad libre de impuestos que tu empleador paga y es igual a tu aportación?*

Respuesta: *Todo depende de tu punto de vista. En primer lugar, el dinero que, supuestamente, tu empleador te da, en realidad es tuyo de todas maneras. Él no lo dona, es sólo que no te lo paga en el momento y luego te hace creer que te está dando una cantidad adicional. En segundo lugar, los asesores financieros te dicen, "Cuando te retires, disminuirán tus impuestos" porque la mayoría de la gente planea jubilarse con menos dinero del que ganaba antes de retirarse. Como el ingreso de un plan 401(k) es ordinario, si tu ingreso es más alto al jubilarte, entonces lo que provenga de tu plan también estará gravado a un nivel mayor.*

Anteriormente mencioné que la gente que posee educación financiera siempre está tratando de transformar su ingreso ordinario en ingreso de portafolio y pasivo.

Andy Tanner, amigo y asesor de Padre Rico, tiene un libro muy interesante, entretenido y perturbador, intitulado *401(k)aos*. Si tienes un plan de este tipo, vas a querer leerlo.

EDUCACIÓN FINANCIERA EN LA ESCUELA

La educación financiera que se imparte en las escuelas es: "Estudia, consigue un buen empleo, trabaja duro, ahorra dinero, compra una casa, sal de deudas e invierte en un plan 401(k)." *Pero desde el punto de vista fiscal, este tipo de educación es de muy baja calidad.*

Si sigues estos consejos, convertirás a tus hijos en esclavos de los impuestos por el resto de sus vidas. Tendrán que trabajar para otros y dar su tiempo a cambio de dinero, en lugar de convertirse en capitalistas.

EDUCACIÓN FISCAL PARA TUS HIJOS

Hay millones de personas que creen en el principio de "quitarles a los ricos para darles a los pobres". Bien, pues ésta es la base de los impuestos... y de la teoría económica de Robin Hood, también conocida como socialismo.

Cuando el presidente Nixon sacó el dólar estadounidense del patrón oro, fue evidente que sucederían dos cosas:

1. habría un incremento en los impuestos;
2. habría un incremento en la inflación.

El gobierno imprime dinero por medio de la emisión de bonos; bonos y pagarés del Tesoro, bonos municipales y otros instrumentos a los que tú y yo llamaríamos IOU (*I Owe You*, es decir, te debo). Todos los bonos son deuda, y toda la deuda viene con un porcentaje de interés que se paga con el reembolso de la cantidad principal.

Es muy sencillo entender las cifras. Si el gobierno ofrece un bono por 1 millón, y el interés es de 10% al año, entonces alguien tiene que pagar esos 100 000 dólares al año de intereses. Y, en muchos casos, esa persona somos tú o yo: los contribuyentes.

En este momento, la deuda pública de Estados Unidos es de más de 16 billones de dólares y continúa en aumento. No se tiene que ser un economista con premio Nobel para saber que son *demasiados* intereses y *demasiados* impuestos. Un creciente porcentaje de nuestros dólares en impuestos ahora mismo fluye hacia otros bancos y a países como China; son acreedores a los que les debemos y que esperan que les paguemos.

Si el gobierno imprime más dinero, la inflación aumenta porque esos nuevos recursos diluyen el acervo financiero y, como resultado, el poder adquisitivo del dólar cae. Para darte una idea de cuánto dinero ha estado imprimiendo la Reserva Federal, observa el diagrama del oro que se presenta a continuación.

Oro – Londres PM Fix 2000 – presente

Fuente: kitco.com

Esta tendencia también la puedes ver en el precio del petróleo. Esto es lo que sucede cuando la Fed imprime más dinero.

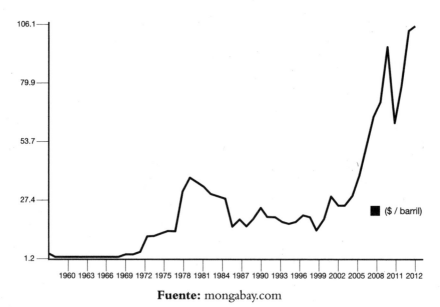

Petróleo crudo, Gráfica del precio *spot* promedio

Fuente: mongabay.com

EL SEGUNDO PERIODO PRESIDENCIAL DE OBAMA

Resulta muy obvio que el presidente Obama tiene la mentalidad de "cobrarle impuestos a los ricos", en especial ahora, en su segundo periodo. El problema es que, entre más trate de cobrarles impuestos a los ricos, más pagarán los pobres y la clase media.

Pregunta: *¿Por qué?*

Respuesta: *Porque la mayoría de las leyes fiscales tienen como blanco a los empleados de "altos ingresos". Es por esto que antes mencioné las tres cosas que vende la gente: trabajo, propiedades y capital.*

Los ingresos aumentan a medida que la inflación crece. Esto significa que los trabajadores que ganan poco terminarán ganando más muy pronto, y entonces su salario los va a empujar a zonas más altas en los tabuladores de gravámenes fiscales.

Con estas acciones, el presidente se va a anotar varias victorias, pero también estancará los principios del capitalismo. Si continúas trabajando como un hombre o mujer de negocios inteligente, entonces el gobierno te querrá como socio o socia y te ofrecerá incentivos para que hagas lo que él no puede. Pero si sólo haces todo lo posible por evadir impuestos, entonces el gobierno te va a perseguir, tal como debe hacerlo.

UNA REFLEXIÓN FINAL

En resumen, el gobierno ofrece incentivos fiscales a:

Empleados: porque necesita que haya más empleos.

Deudores: porque ahora el dólar es deuda.

Inversionistas: en bienes raíces, porque el gobierno necesita más viviendas.

Productores de insumos: porque todos necesitamos alimentos y petróleo.

La lección de padre rico

Los impuestos son tu mayor gasto.
La verdadera educación financiera debe incluir información sobre los impuestos, quiénes los pagan, y por qué a algunas personas se les ofrecen incentivos fiscales.

Si los particulares no hicieran lo que el gobierno necesita que se haga, terminaríamos en el comunismo, un sistema económico en el que el gobierno controla a la economía.

Solyndra, por ejemplo, la empresa consentida de Obama, no puede producir paneles solares. Es por esta razón que General Motors, también conocida como Government Motors, está imposibilitada para producir un automóvil eléctrico económico.

Ahora, pregúntate lo siguiente: ¿por qué las viviendas del gobierno son de las más peligrosas del mundo? ¿Por qué el Servicio Postal de Estados Unidos se está yendo a la quiebra? ¿Por qué Medicare es corrupta, cara e ineficiente? ¿Por qué quiebran nuestros gobiernos? Y, para ir directo al espíritu de los mensajes de este libro, ¿por qué las escuelas no pueden educar a nuestros niños y brindarles la información que necesitan para tomar decisiones responsables e inteligentes respecto a su dinero?

Pregúntate también: si el gobierno nacionalizara las aerolíneas, ¿seguirías viajando en avión? Bien, ésta es una de las razones por las que los gobiernos ofrecen incentivos fiscales.

ACCIONES PARA PADRES

ENSÉÑALES A TUS HIJOS A VER LOS IMPUESTOS DESDE DOS PUNTOS DE VISTA.

Si bien es cierto que los impuestos pueden empobrecer a algunas personas, también pueden volver ricas a otras.

Todo depende del punto de vista desde donde se vea el asunto. A los impuestos se les considera con mucha frecuencia un castigo… una carga que en muchas ocasiones representa el mayor gasto familiar. Los ricos, por otra parte, consideran que los impuestos son un programa de incentivos que el gobierno les ofrece a negocios y a individuos que trabajan para llevar a cabo lo que el gobierno mismo requiere para funcionar. Algunas de las actividades que ameritan recompensas son la creación de empleos, la construcción de viviendas accesibles y las iniciativas relacionadas con la energía.

Cuando tus hijos tengan edad suficiente para entender que cada año le presentas una solicitud de devolución de impuestos al sistema tributario, surgirán otras conversaciones y oportunidades de aprendizaje relacionadas con este tema. Analiza con tus hijos una copia de tu devolución. Muéstrales en dónde se registran los ingresos y el gasto. También señala la sección en donde se desglosan las deducciones. Muéstrales un talón de pago o resumen de las deducciones que se hacen de tu cheque de nómina. Esto les ayudará a ver cómo se financian programas como Seguridad Social y la forma en que se grava el ingreso —el mecanismo con que el gobierno sustrae los impuestos de los salarios netos—, así como la diferencia entre esos salarios netos y totales, y lo que termina llevándose uno a casa.

Te exhorto a que enseñes a tus hijos los *tres* lados de la moneda de los impuestos, y les ayudes a entender las diferencias entre ellos.

Capítulo catorce

Otro punto de vista respecto a las palabras

Una de las lecciones importantes de la escuela dominical:

"Y el Verbo se hizo carne y habitó entre nosotros."
Juan 1: 14

LAS PALABRAS SE HACEN CARNE

En la vida real, el verbo —es decir, las palabras— se hace carne. Todas las clases económicas tienen palabras que reflejan su esencia y las definen. La gente rica usa palabras ricas, la gente de la clase media usa palabras de clase media, y la gente pobre usa palabras pobres. Se dice que "uno provoca lo que piensa", y creo que sucede lo mismo con lo que decimos y con las palabras que usamos.

La frase favorita de la gente pobre, por ejemplo, es: "No lo puedo pagar"; y la gente rica dice, "¿qué podría hacer para pagarlo?" Si quieres cambiar tu vida, tienes que cambiar las palabras que usas.

JUSTIFICACIÓN

Padre Rico a veces decía: "Con dinero baila el perro." Él nos enseñó que el dinero tenía su propio lenguaje para mover a la gente y las situaciones. Este lenguaje no se enseña en las escuelas, por eso, él me recomendaba: "Si quieres ser rico, tienes que tomarte el tiempo necesario para aprender la jerga del dinero."

También decía: "Hay muchos consejos de porquería por ahí, en lo que se refiere a las finanzas." Hay millones de personas que ahora se encuentran en crisis financiera porque le prestaron atención a muchos de esos consejos baratos. En lugar de enseñarles a los niños el lenguaje del dinero, las escuelas se enfocan en el lenguaje de los maestros, el que tiene palabras como cálculo, historia, química y física.

Naturalmente, estas palabras tienen su importancia, pero no sirven para preparar a los estudiantes para el mundo real del dinero.

Albert Einstein dijo: *"La diferencia entre la estupidez y la genialidad es que la genialidad tiene sus límites."*

Esta crisis financiera en realidad es producto de la exacerbación de la estupidez.

LAS PALABRAS PUEDEN LASTIMAR

Hay una cancioncita infantil que dice, "Palos y piedras podrán quebrar mis huesos, pero las palabras jamás me lastimarán".

No hay nada más falso. Pocas cosas afectan tanto el futuro de un niño como las palabras; son increíblemente poderosas.

• Las palabras pueden herir.
• Las palabras pueden curar.
• Las palabras pueden volver rica a la gente.
• Las palabras pueden empobrecer a la gente.
• Las palabras pueden motivar.
• Las palabras pueden desanimar.
• Las palabras pueden transmitir mentiras.
• Las palabras pueden transmitir la verdad.
• Las palabras pueden causar dolor.

EL PODER DE LAS PALABRAS

Muchos de los problemas económicos empiezan por las palabras. Hay mucha gente que se mete en apuros financieros porque recibe asesoría financiera mala —de porquería, engañosa, castillos en el aire— de quienes dicen estar interesados en su bienestar. En la mayoría de los casos, no es así.

¿Cuáles son los *castillos en el aire*? En inglés se usa el término *Blue Sky* (cielo azul), el cual se refiere a lo que los vendedores (o vendedoras) te dicen con tal de realizar su venta. Si el cliente quiere escuchar que su dinero crecerá en un fondo mutualista, entonces el vendedor le dirá: "Los fondos mutualistas tienen un promedio de retornos de 8% anual." Tal vez *no* te digan que esas ganancias se produjeron en los años del auge económico entre 1970 y el 2000. Quizá usen palabras e información que respalden su discurso de ventas, omitan las que no y deseen de todo corazón que su cliente no tenga suficiente astucia y experiencia financiera para darse cuenta del engaño.

Muchos fondos de pensiones del gobierno están en serios problemas porque tienen base en proyecciones a futuro que indican que el Mercado de Valores aumentará un 8% en promedio. Hablando de castillos en el aire… muchos empleados del gobierno van a salir vapuleados por no entender la jerga económica.

Otros ejemplos de castillos en el aire serían:

"Tu casa es un activo."

"La diversificación es una manera de reducir el riesgo."

"Invierte a largo plazo en un portafolio bien diversificado de acciones, bonos y fondos mutualistas."

Mucha gente comete el error de confundir estas frases con educación financiera, pero casi siempre, consejos como los anteriores son en realidad discursos de ventas disfrazados de asesoría. Cuando el corredor de bienes raíces te dice, "Tu casa es un activo y será tu mayor inversión", probablemente dentro de sí mismo está diciendo: "Compra esta casa porque necesito mi comisión."

Si un asesor financiero te sugiere "invertir a largo plazo", tal vez sólo te esté queriendo decir:"Envíame un cheque cada mes. Necesito la comisión. Para cuando te retires, yo ya habré desaparecido."

Cuando los asesores financieros te recomiendan "diversificarte", en realidad sólo quieren que te "dispersifiques". Lo que quieren decirte es: "Compra de manera dispersa porque no sé qué productos son buenos ni cuáles van a fracasar... aunque de todas formas recibo mi comisión por todo lo que adquieras."

Lo peor de todo es que, incluso cuando la gente cree que, en efecto, se está diversificando, no es así. Si el inversionista promedio se diversifica, tiende a hacerlo dentro del mismo tipo de activos. Quizá compren fondos mutualistas de alto crecimiento, fondos mutualistas del mercado emergente, y fondos mutualistas en bonos; todos ellos, instrumentos de la misma clase. Desde el punto de vista técnico, estas adquisiciones no son diversas porque pertenecen al mismo vehículo: los fondos mutualistas.

Si el banquero te exhorta a "ahorrar dinero", también te quiere decir, "Para que te pueda dar una tarjeta de crédito, incluso, un préstamo hipotecario". Porque recuerda que los bancos no ganan dinero por tus ahorros, sino por tu deuda.

ASESORÍA FINANCIERA
VS. EDUCACIÓN FINANCIERA

Los problemas económicos comienzan cuando se confunde la *asesoría financiera* —los discursos de ventas o los castillos en el aire— con *educación financiera* verdadera. Mucha gente cree que los *consejos* y la educación son lo mismo, pero no es así.

- Solicitar consejo significa "dime qué debo hacer".
- Buscar educación significa "dime qué debo estudiar para aprender y saber qué debo hacer".

La diferencia entre *educación* y *asesoría* podría parecer poco importante, pero las pequeñas diferencias son las que a menudo tienen un impacto significativo en la vida de la gente. Si lo único que te han enseñado a hacer es entregarle tu dinero a los vendedores, entonces eres un *cliente*, no una *persona con educación financiera*.

Cuando el esquema Ponzi de Bernie Madoff se puso al descubierto, mucha gente sufrió duros golpes en el aspecto económico. Pero quizá, lo peor de todo fue que, más que perder dinero, esa gente no recibió nada de educación financiera.

Padre Rico nos motivó a Mike y a mí a cometer errores honestos con nuestro dinero. A menudo nos decía: "Si ustedes cometen el error, aprenderán de él; pero si quien lo comete es el asesor financiero, *ustedes* no serán más inteligentes que el mismo día que le entregaron su dinero."

DIME QUÉ HACER CON MI DINERO

Una de las preguntas que más me hacen es: "Tengo 10 000 dólares. ¿Qué debería hacer con ellos?"

Mi respuesta es: "Antes que nada, tienes que mantenerlo en secreto. No debes permitir que el mundo sepa que tienes dinero para invertir y no sabes qué hacer con él. Si le preguntas a un asesor financiero qué hacer, la respuesta casi siempre es la misma, 'entrégamelo.'"

PLANES DE RETIRO PARA EMPLEADOS

Los planes de retiro para empleados son algo todavía peor. Cada vez que se contrata a un nuevo empleado, el director de Recursos Humanos le entrega una forma y le dice: "Elige un fondo mutualista para hacer las contribuciones de tu fondo de retiro."

Quizá sería mejor decirle al empleado: "Ve a Las Vegas y diviértete mucho con tu dinero. Tal vez tengas suerte. Al menos, si llegas a ganar ahí, podrás conservar 100% de tu dinero."

En un capítulo anterior mencioné a John Bogle, fundador de Vanguard. Bogle advierte a los inversionistas que en un fondo mutualista ellos ponen 100% de la inversión y corren 100% del riesgo, pero sólo se llevan 20% de las ganancias, si acaso las llega a haber. A través de tarifas y otros cargos que se enlistan en la letra chiquita del contrato, los fondos mutualistas se quedan con 80% de las ganancias que se generen.

DESPIERTA EL GENIO FINANCIERO DE TUS HIJOS

Lo peor de todo es que, si pierdes dinero, tal vez tengas que pagar impuestos sobre ganancias de capital, ganancias que, por cierto, nunca recibiste. ¿Cómo sucede esto? Digamos que un fondo tiene 2 millones de acciones de la compañía XYZ que compró diez años atrás. Para este ejemplo vamos a imaginar que las acciones aumentaron de 10 a 50 dólares cada una. Luego compras el fondo mutualista; dos días después, el mercado colapsa y el fondo tiene que vender XYZ para conseguir capital y sobrevivir. Tú, el accionista, tienes que pagar el impuesto de las ganancias de capital sobre la ganancia de 40 dólares, ganancia que nunca disfrutaste ni por la cual recibiste retorno alguno.

Como verás, al Mercado de Valores bien se le podría considerar un esquema Ponzi autorizado por el gobierno. Los primeros que se inscriben en él reciben su dinero, y los últimos, pagan los impuestos. Es por esto que los asesores financieros te recomiendan, "invierte a largo plazo y diversifícate". Castillos en el aire... una vez más.

Para ser justos, sin embargo, cada vez que una persona invierte para obtener ganancias de capital —es decir, que compra a bajo precio para vender a alto—, se podría decir que la transacción también es un esquema Ponzi. Mucha gente cree que invertir es riesgoso porque se enfoca en el sistema de ganancias de capital. Los "especuladores" de bienes raíces, cuyos planes se desplomaron tras el colapso del mercado inmobiliario, habían invertido en ganancias de capital. En la actualidad hay millones de personas que están comprando oro y plata con la esperanza de que los precios sigan subiendo. Eso también es invertir en ganancias de capital.

INVERSIONES: LA TEORÍA DEL MÁS TONTO

En el ámbito de las inversiones hay una teoría conocida como "La teoría del más tonto". Cada vez que alguien invierte para obtener ganancias de capital, en realidad está en espera de que llegue "el más tonto". El más tonto es aquella persona que es más ingenua que la anterior... la que está dispuesta a pagar más por algo, ya sean acciones de la bolsa, un inmueble o una moneda de plata. Bajo el riesgo de repetirme, te diré que ésta es la razón por la que muchos creen que invertir es peligroso.

318

Cuando la gente invierte en ganancias de capital —que es lo que hace la mayoría de los inversionistas—, siempre se convierte en el tonto más grande y se queda en espera de que llegue alguien aún más imbécil.

Por eso las palabras son tan importantes. Más adelante en este capítulo hablaré sobre la diferencia entre invertir en *ganancias de capital* (en donde esperas a que llegue el más tonto) e invertir en *flujo de efectivo*.

MI HISTORIA

EL GANSO DE LOS HUEVOS DE ORO

Cada vez que le explico las diferencias entre ganancias de capital y flujo de efectivo a una persona joven, uso la fábula de Esopo, *El ganso de los huevos de oro*. La persona que invierte en ganancias de capital vende al ganso. Quien invierte en flujo de efectivo, en contraste, lo alimentará y cuidará hasta poder vender los huevos de oro.

La ironía es que, con los huevos de oro, se pagan impuestos mucho menores, y a veces, hasta del cero por ciento. Si rostizas al ganso y te lo comes, pagarás los porcentajes fiscales más altos.

La mayor parte de los expertos financieros son en realidad vendedores, no inversionistas; por eso siempre venden los gansos.

Y como los adultos no conocen la diferencia entre *ganancias de capital* y *flujo de efectivo*, creen que invertir es comprar y vender. Muy poca gente sabe invertir en huevos de oro. Lo más irónico es que, probablemente, el inversionista pagará menos impuestos cuando realice la venta de los huevos de oro. Estos inversionistas retienen la producción (el ganso) que genera un flujo constante de productos que se pueden vender (huevos de oro).

Por todo lo anterior, las palabras y el aprendizaje de la jerga del ámbito económico son parte importante de la educación de tus hijos.

EL GRAN PLAN FINANCIERO

Siempre me ha parecido asombroso que, en lo que se refiere a dinero, la gente se espere a que le digan qué hacer. He llegado a creer que lo hace porque no recibió educación financiera en la escuela. Y eso es precisamente lo que los grandes bancos y la industria de servicios financieros quieren. Recuerda que tu ignorancia forma parte de *su* gran plan financiero.

Casi toda la gente busca asesoría de los agentes y vendedores, como corredores de bolsa y de bienes raíces; vendedores de seguros y asesores financieros. Todo este grupo lo conforma gente que se beneficia al proveer *consejos* en lugar de *educación*.

Por eso, padre rico decía:

"Les llaman corredores porque
tienen que correr más que tú para perseguir la chuleta."

Warren Buffett decía:

"Wall Street es el único lugar en que la gente viaja en un Rolls Royce
para ir a recibir asesoría de los que viajan en el metro."

Lo creas o no, conseguir una licencia para dar masaje de terapia física toma dos años. Para ser asesor financiero sólo se necesitan dos meses.

Es de suma importancia que los padres comiencen a impartirles educación financiera a sus hijos a temprana edad. Los niños tienen que aprender la diferencia entre consejos y educación financiera: la diferencia entre *que les digan qué hacer con su dinero*, y saberlo con exactitud por sí mismos.

VOCABULARIO FINANCIERO

Si planearas ir a trabajar a Alemania, quizá te ayudaría aprender alemán. Si quieres ser doctor, tienes que aprender la jerga médica. Si quieres jugar futbol, deberás aprender su lenguaje. Cuando yo estudié para ser oficial de un buque, tuve que aprender el lenguaje de la navegación; y cuando entré a la escuela de vuelo, mi educación comenzó por conocer los términos de la aviación.

EL LENGUAJE DEL DINERO

Padre Rico comenzó a enseñarnos a su hijo y a mí el lenguaje del dinero desde que teníamos nueve años. Luego yo se lo enseñé a Kim. Así es como logramos retirarnos pronto para continuar con nuestra labor de defensores de la educación financiera.

Kim y yo diseñamos los juegos *CASHFLOW* para que los padres pudieran aprender y luego enseñar el lenguaje del dinero a sus hijos.

La buena noticia es que sólo hay siete términos básicos del ámbito del dinero que tienes que aprender. En cuanto los domines, tu vocabulario financiero crecerá, empezarás a pensar de manera distinta y verás que tu mundo cambia. Al jugar *CASHFLOW* tus hijos entenderán la diferencia entre el ganso y los huevos de oro; entre *ganancias de capital* y *flujo de efectivo*. Si comprenden la diferencia entre *tan sólo* esos dos términos financieros, subirán de nivel y aumentarán sus probabilidades de tener un futuro financiero más seguro. Ahora bien, si aprenden los siete términos básicos, ¡imagínate hasta dónde podrían llegar! Quizá nunca necesiten un empleo. Tal vez sólo elijan tener uno para acumular la experiencia, pero no para cobrar su cheque de nómina. Quizá se vuelvan empleadores en lugar de empleados. Podrían llegar a ser capitalistas legítimos en lugar de capitalistas gerenciales.

TU BOLETA DE CALIFICACIONES EN LA VIDA REAL

Abajo podrás ver el estado financiero del juego de *CASHFLOW*. El *verdadero CASHFLOW* se juega con un estado financiero también. Este documento es tu boleta de calificaciones en el mundo real, y será lo único que te pida un banquero. La utilización de este juego en repetidas ocasiones les ayudará, a ti y a tus hijos, a dominar los siete términos básicos del dinero, cimientos del vocabulario financiero.

Profesión _____ **Jugador** _____

Objetivo: sal de la carrera de la rata logrando que tu ingreso pasivo sea mayor que tus gastos totales.

ESTADO FINANCIERO

Ingresos

Descripción	flujo de efectivo
Salario:	
Intereses / dividendos	
Negocio de bienes raíces	

Auditor

(La persona que está a tu derecha)

Ingreso pasivo: $ _____
(Flujo de efectivo
de intereses / dividendos
+ bienes raíces / negocios)

Ingreso total $ _____

Gastos

Impuestos	
Pago hipotecario:	
Pago escolar:	
Autofinanciamiento:	
Pago de tarjetas de crédito:	
Gastos menores:	
Otros gastos:	
Gastos de los niños:	
Pago préstamo:	

Número
de niños $ _____
(Comienza el juego sin niños)

Gasto por niño $ _____

Gasto total $ _____

Flujo de efectivo mensual (NÓMINA) $ _____
(Ingreso total − gasto total)

BALANCE GENERAL

Activos				Pasivos	
Ahorros:				Pago hipotecario	
Acciones / fondos / CD	# de acciones	costo / acción:		Préstamo escolar:	
				Autofinanciamientos:	
				Tarjetas de crédito:	
				Deuda menor:	
Bienes raíces / negocios	enganche:	costo:		Bienes raíces / negocios:	Hipoteca / pasivo
				Préstamo	

La base del vocabulario del dinero comienza con los términos *ingreso, gasto, activos* y *pasivos*, componentes clave del estado financiero.

Si una persona no entiende uno o más de estos términos esenciales, su vida podría resultar dañada en el aspecto financiero. Por ejemplo, millones de personas se encuentran hoy en aprietos sólo porque aceptaron que alguien les dijo "Tu casa es un activo". En realidad, una casa es un pasivo. Hay otros que tienen problemas porque les dijeron "Consigue un empleo", pero nadie les explicó que había tres tipos de ingreso: ordinario, de portafolio y pasivo. El ingreso que proviene de un empleo es ordinario y es sobre el que las tasas de impuestos son más altas.

El inglés tiene más de un millón de palabras; la persona promedio conoce entre 10 000 y 20 000, lo que significa que siempre hay posibilidad de incrementar el conocimiento relacionado con el vocabulario y el lenguaje del dinero.

LOS SIETE TÉRMINOS DEL DINERO

La buena noticia es que, de seguro, ya estás algo familiarizado con los siete términos o palabras más importantes del ámbito del dinero. Todos ellos se enseñan en el juego *CASHFLOW*, y son:

Ingreso: como ya lo mencionamos, hay tres tipos básicos de ingreso: ordinario, de portafolio y pasivo. Éste es un ejemplo de cómo tu vocabulario financiero se expandirá cuando aprendas y entiendas los términos esenciales.

Gasto: los gastos o pasivos hacen que salga dinero de tu bolsillo. El gasto más fuerte de la gente es el fiscal. Otros gastos típicos serían los de vivienda, alimento, vestido, atención médica, educación y entretenimiento.

Activos: los activos llevan dinero a tu bolsillo. Hay cuatro tipos básicos de activos:

1. NEGOCIOS

Mucha de la gente más rica del mundo construye sus negocios en el cuadrante D. Gente como Steve Jobs, Bill Gates, Larry Ellison, Richard Branson y Larry Page. Edificar un negocio en esta zona es muy difícil y exige los niveles más altos de educación financiera, pero si llegas a tener éxito, las recompensas son, literalmente, infinitas.

Los negocios del cuadrante D exigen que el empresario aprenda varios lenguajes. Por ejemplo, tal vez necesite hablar los lenguajes de las leyes, la contabilidad, la ingeniería, las ventas, la innovación tecnológica, el liderazgo y otros. No es necesario que el empresario los hable todos con fluidez, pero sí debe hablar y entender algunos de los términos más importantes de cada profesión que pueda respaldar el éxito de su negocio.

En la mayoría de los casos, las escuelas enseñan a los niños a ser especialistas, es decir, que aprendan más y más acerca de menos y menos. Los empresarios, en contraste, tienen que ser generalistas, lo cual significa que tienen que hablar un poco de cada uno de los distintos lenguajes profesionales.

Los estudiantes de "10" no son buenos empresarios porque suelen juntarse con otros especialistas. Por ejemplo, los maestros se ven con otros maestros, y los doctores pasan tiempo con otros doctores. Mi Padre Pobre pasaba 90% de sus horas de trabajo con maestros. Mi Padre Rico, en contraste, pasaba 90% de su tiempo trabajando con estudiantes de "10" de otros campos como banqueros, contadores, abogados, arquitectos, contratistas y gente que tenía maestría en alguna otra profesión.

Al salir de la universidad muchos estudiantes de "A" salen titulados de escuelas de especialidades como las de medicina, leyes u ortodoncia. Luego de graduarse se reúnen con otros doctores, abogados o dentistas, e inician negocios juntos. Se especializan aún más, se aíslan y cada vez les es más difícil comunicarse con gente de otros ramos y profesiones.

Algunas de las ventajas de tener un negocio en el cuadrante D son las oportunidades para obtención de riqueza, desarrollo a nivel global, mayores alcances e incentivos fiscales. Tal vez lo mejor de todo sea que también uno se puede volver multilingüe y hablar los lenguajes de varias profesiones distintas.

2. Bienes raíces

Los bienes raíces son el segundo tipo de activos más desafiante. El negocio inmobiliario tiene que ver con deuda, y la deuda tiene su lenguaje propio. Los bienes raíces exigen habilidades de administración de propiedades y de trato con gente.

Las mayores ventajas de los bienes raíces son la deuda y los impuestos. La desventaja es la administración inmobiliaria. En otras palabras, conseguir el préstamo es la parte sencilla. Lo difícil es administrar bien la propiedad y hacerla rentable. La administración también tiene su lenguaje, y ahí es donde la mayoría de los inversionistas novatos de los bienes raíces se mete en aprietos.

Lo mejor de ser inversionista profesional en bienes raíces es que puedes invertir tanto para obtener ganancias de capital *como* para flujo de efectivo; además de que puedes pagar muy pocos impuestos... si acaso tuvieras que hacerlo (hablaré más sobre este tema en los capítulos siguientes).

3. ACTIVOS DE PAPEL

El papel es el activo de las masas. La ventaja de estos instrumentos es que los novatos pueden comenzar a usarlos con facilidad, ya que los activos como acciones, fondos mutualistas, bonos y acciones indexadas y sectoriales, son de participación "gradual". Esto significa que el inversionista primerizo puede comenzar con 100 dólares o con 100 000.

Sin embargo, las ventajas para los inversionistas en activos en papel son limitadas. Por ejemplo, si una persona invierte en bienes raíces mediante un papel como el Fideicomiso de inversión en bienes raíces (FIBRA o REIT, por sus siglas en inglés), perderá las ventajas fiscales y de deuda que los verdaderos inversionistas en bienes raíces sí obtienen. Sucede lo mismo cuando se invierte en *commodities* o insumos a través de activos de papel como las acciones indexadas y sectoriales (ETFs, por sus siglas en inglés).

Si estás familiarizado con la Compañía Padre Rico, entonces ya sabes que nosotros no vendemos inversiones. En el mercado vas a encontrar muchas organizaciones que ofrecen programas financieros, pero con frecuencia se trata de programas que te entrenan para que uses sus servicios financieros y compres sus productos. Dicho de otra forma, sus programas no son nada más que un discurso de ventas disfrazado, castillos en el aire... o una "estrategia para la generación de contactos".

Naturalmente, no hay nada de malo con vender ni con los discursos de ventas; estamos en el capitalismo y lo apoyo. Sin embargo, en un verdadero ambiente capitalista existe la frase en latín, *Caveat emptor*, que quiere decir "Que se cuide el comprador". Esto me lleva de vuelta al punto fundamental de por qué la *educación* financiera es mucho más importante que los *consejos* de los asesores. La verdadera educación debe ser capaz de ponerte más alerta respecto a lo que sucede en el mundo que te rodea.

4. Commodities

Los insumos o *commodities*, como se les conoce de manera generalizada en los mercados, son elementos esenciales para la vida. Esta categoría incluye petróleo, carbón, oro, plata y alimentos como maíz, soya, vísceras de puerco, etcétera. Cada insumo tiene su propio lenguaje.

El gobierno ofrece importantes incentivos fiscales para insumos como el petróleo y los alimentos.

Mientras los gobiernos siguen fabricando dinero, yo ahorro en metales porque prefiero el oro y la plata por encima del dinerito de juguete.

¿Qué tipo de activo es el mejor para ti?

Dicho de una manera muy sencilla, si quieres ser empresario, quizá los activos más adecuados para ti sean los dos primeros: negocios y bienes raíces. Si llegas a ser profesional en ellos, obtendrás mucha experiencia de la vida real. Estos tipos de activos exigen un nivel altísimo de educación financiera, resistencia y dedicación.

Si no deseas ser empresario, entonces tal vez los activos de papel y las *commodities* te convengan más.

Los activos de papel y los insumos como el oro y las monedas de plata son geniales para personas con habilidades empresariales limitadas. En términos financieros, tanto los activos de papel como el oro y la plata, son bastante "líquidos". Eso significa que las compras y las ventas de estos productos se pueden realizar de manera instantánea y electrónica, las veinticuatro horas del día, los siete días de la semana, en todo el mundo.

Además, no necesitas tener habilidades de buen trato con la gente para invertir en papel, oro o plata. A muchos estudiantes de "10" suele irles bien con activos de papel, e insumos como oro y plata porque las habilidades de inversionista requeridas son similares a las que se necesitan para tener un buen desempeño escolar. Te puedes sentar frente a una computadora y comerciar el mundo entero sin tener que interactuar con otras personas. Estas habilidades son muy distintas a las de liderazgo y trato interpersonal que debe desarrollar cualquier empresario.

Pasivos: dicho llanamente, los pasivos como las hipotecas, los préstamos estudiantiles, la deuda de tarjeta de crédito y los pagos de autofinanciamiento, sacan dinero de tu bolsillo de forma constante. La gente adquiere pasivos que le cuestan dinero.

El objetivo del juego de *CASHFLOW* es enseñarte a adquirir pasivos que te *generen* dinero.

Por ejemplo, si compro una propiedad para rentar, entonces los pasivos como impuestos, mantenimiento e hipoteca se pagan de lo que se recibe por concepto de renta de los inquilinos. Las ganancias fluyen hacia mí, el inversionista, pero sólo si logro ser un emprendedor competente.

Deuda: la deuda puede ser un pasivo. O un activo también. Si le presto a alguien 10 dólares con un 5% de interés, entonces, aunque esa deuda sea un pasivo para quien me pidió prestado, para mí es un activo.

Los juegos *CASHFLOW 101* y *202* son los únicos que conozco que enseñan el uso adecuado de la deuda, así como otros tipos de apalancamiento como opciones, opciones de compra, opciones de venta, opciones mixtas. El aprendizaje del uso de la deuda o las opciones para volverse rico, brinda a la gente una ventaja enorme.

Flujo de efectivo: según padre rico, las palabras "flujo" y "efectivo" son los términos financieros más importantes de todos. Por lo anterior, hasta que no aprendas a *ver* cómo fluye el efectivo en un estado financiero, quizá tengas dificultades para distinguir los activos de los pasivos y los gastos de los ingresos.

Creo que *Padre Rico Padre Pobre* fue un gran éxito porque en él usé diagramas muy sencillos para que los lectores pudieran "ver" cómo fluía el efectivo.

Por ejemplo:

Patrón de flujo de efectivo de una persona pobre:

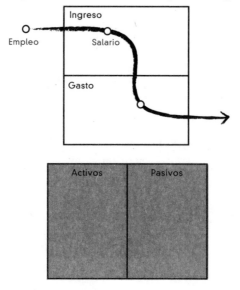

Patrón de flujo de efectivo de una persona de clase media:

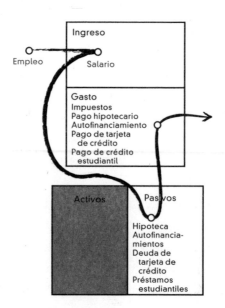

Patrón de flujo de efectivo de una persona rica:

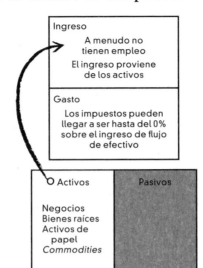

Ganancias de capital: las ganancias de capital se producen cuando el valor de un activo se incrementa. Por ejemplo, si compraste acciones a 10 dólares cada una, y ahora se intercambian a 15, cuando las vendas tendrás ganancias de capital de 5 dólares por acción. Este ingreso se grava con la tasa de ganancias de capital.

La transacción luce de esta forma:

15.00	precio de venta por acción
- 10.00	menos precio de compra por acción
	ganancia en ganancias de capital
- 0.75	menos impuestos sobre ganancias de capital... a un promedio de 15%
- 0.18	menos 3.5% adicional por impuestos para Obamacare
4.07	**flujo de efectivo neto**

Si la transacción fuera de 100 acciones, tus ganancias de capital serían de 500, y el pasivo por impuestos sería de 100 (92.50), o de casi una quinta parte de tus ganancias.

1 500	precio de venta por acción
- 1 000	menos precio de compra por acción
	ganancia en ganancias de capital
- 75	menos impuestos sobre ganancias de capital... a un promedio de 15%
- 17.50	menos 3.5% adicional por impuestos para Obamacare
407.50	**flujo de efectivo neto**

Para resumir: la inversión en ganancias de capital consiste en comprar y vender el ganso.

La inversión en flujo de efectivo consiste en invertir en el ganso que pone los huevos de oro... Y luego vender los huevos.

EL DINERO HABLA

Si logras entender lo que el dinero te quiere decir, entonces tu inteligencia financiera se incrementará.

La palabra *deuda* puede ser tanto buena como mala. Si alguien te debe dinero, es buena. Si le debes dinero a alguien y no puedes pagarlo, entonces es mala. El hecho de ver ambas caras de la moneda también te ayuda a incrementar tu inteligencia.

F. Scott Fitzgerald lo dijo mucho mejor:

"La prueba de una inteligencia de primera clase es la habilidad de tener dos ideas opuestas en la mente al mismo tiempo, y seguir funcionando."

EL PROBLEMA DEL BILLÓN DE DÓLARES

En el 2000, la deuda pública de Estados Unidos era de 5.5 billones de dólares. Para 2013, había crecido a 16.5 billones. ¿Cuál es la siguiente parada? ¿Los 20 billones?

Para que tengas una idea de cuánto es un billón de dólares, imagina lo siguiente: si hubieras comenzado a gastar un millón de dólares todos los días, desde hace más de 2 000 años, *todavía* no te habrías gastado el billón de dólares. Otro ejemplo para comprender lo que son un billón de dólares sería: si comenzaras a gastar un dólar por segundo, te tomaría más de 31 000 años gastar el billón de dólares.

El gobierno de Estados Unidos ha acumulado una deuda de más de 16.5 billones, y se espera que dicha deuda llegue a los 20 billones en los años por venir. Esta deuda es una carga que tus hijos tendrán que soportar. Creo que esta situación nos habla del nivel de "inteligencia de primera clase" que tienen nuestros líderes en Washington.

El futuro de tus hijos

Compara los siete términos básicos del dinero con los siete conceptos básicos de la enseñanza tradicional.

Conceptos de la educación académica

Ve a la escuela y estudia

Consigue un empleo

Trabaja con ahínco

Ahorra dinero

Sal de deudas

Compra una casa

Financia tu plan de retiro

Términos de la educación financiera

Ingreso

Gasto

Activos

Pasivos

Deuda

Flujo de efectivo

Ganancias de capital

Tomando en cuenta a los cuatro gorilas de 400 kilos que tus hijos tienen que enfrentar, ¿qué niño crees que tenga mayores oportunidades de sobrevivir? ¿El que sólo habla el lenguaje de la educación tradicional o el que también aprendió el lenguaje del dinero?

"La educación es lo que queda cuando
uno ya olvidó lo que aprendió en la escuela."

Ésta es la forma de decir que para mucha gente la educación sólo "le entra por un oído y le sale por el otro".

Yo estudié cálculo durante tres años pero jamás lo he usado en la vida real y, ahora, no sabría cómo resolver ningún problema aplicándolo.

Casi todos los estudiantes salen de la escuela con este plan: "Voy a conseguirme un buen empleo con prestaciones, ahorrar dinero, vivir por debajo de mis posibilidades, comprar una casa, salir de deudas e invertir en mi plan de jubilación." Estas palabras se volverán carne, se convertirán en realidad en cuanto se topen con los gorilas de 400 kilos.

La lección de padre rico

Padre rico dijo, "El estado financiero es el centro del ámbito económico, así como el sol es el centro del sistema solar."

También dijo, "Si un padre tiene un estado financiero débil, toda la familia sufrirá. Si un negocio tiene un estado financiero débil, los empleados sufrirán. Y si un país tiene un estado financiero débil, los ciudadanos sufrirán."

Si tus hijos entienden bien las definiciones de los siete términos básicos del dinero, tendrán cimientos sólidos para hacer crecer su vocabulario financiero. Recuerda que las palabras son la base de la inteligencia financiera.

LAS PALABRAS SE VUELVEN CARNE

Cuando los niños juegan con los juegos de *CASHFLOW* invierten su cuerpo, mente y emociones. Cada vez que compran o venden algo, están transformando —mental, física y emocionalmente— los siete términos básicos del dinero, en carne, en realidad.

Es como andar en bicicleta: en cuanto aprendes, puedes seguirlo haciendo por siempre. Sucede lo mismo con el entendimiento fundamental de las palabras clave del dinero.

PALABRAS, DEFINICIONES Y RELACIONES

Al jugar *CASHFLOW*, los participantes aprenden más que sólo la definición de algunas palabras. Aprenden las relaciones que existen entre ellas. Por ejemplo, si una persona compra un activo, de inmediato se dará cuenta de cómo éste incrementa sus ingresos. Si compra un pasivo, notará que el ingreso disminuye. El hecho de entender las relaciones entre las palabras y las transacciones es mucho más sólido que sólo memorizar definiciones.

En este momento, los estados financieros de Estados Unidos, Japón, Inglaterra y Francia se encuentran severamente dañados, plagados de un cáncer económico. La mejor manera de protegerte a ti y a tu familia de esta enfermedad letal es mantener estados financieros *personales* sanos.

ACCIONES PARA PADRES

HABLA SOBRE EL PODER DE LAS PALABRAS Y DE POR QUÉ SON IMPORTANTES LAS QUE USAMOS.

Mi padre rico nos prohibió a su hijo y a mí decir, "No puedo pagarlo". Él solía explicarnos, "La gente pobre dice 'No puedo pagarlo' mucho más que la gente rica". En mi familia era muy común que se usara esta frase.

Las palabras tienen el poder de fortalecer a la gente… o de destruirla. Pueden inspirar e infundir poder; devastar y desmoralizar. La magia de las palabras es que son libres, y nosotros tenemos la capacidad de elegir cuáles usamos.

La expansión del vocabulario de tus hijos relacionado con el dinero puede comenzar a temprana edad y continuar a lo largo de toda la vida. Cuando juegues con ellos con los productos que les presentan nuevas palabras —como activos, pasivos, flujo de efectivo y ganancias de capital—, tómate el tiempo necesario para buscar las definiciones y entender lo que significan. Anímalos para que usen nuevas palabras en sus oraciones de conversaciones cotidianas.

Cuando vayan creciendo, asegúrate de mantener cerca un diccionario de términos financieros, y elige la "palabra del día". Búscala, discute la definición y usa la palabra en las conversaciones por lo menos tres veces ese día.

Conforme pasen los años, el lenguaje del dinero se hará parte del vocabulario de tu familia.

Capítulo quince

Otro punto de vista respecto a Dios y el dinero

Esta cita de Mahoma me hace detenerme y pensar:

> *"El verdadero valor de un hombre equivale*
> *al bien que haga en este mundo."*

Creo que Dios se fija en lo que hacemos con los talentos y dones que nos otorga, y observa si los usamos, o no, para realizar buenas acciones. Entonces, ¿a quién ama más Dios? Lo más probable es que sea a quienes comparten sus dones, talentos, tiempo o tesoros, con el mundo.

JUSTIFICACIÓN

En la Biblia se habla mucho acerca del dinero, la riqueza, la deuda, los banqueros, la generosidad y la codicia. De hecho, se dice que la Biblia contiene más versículos sobre el dinero que sobre cualquier otro tema.

Cuáles versículos de la Biblia coincidan con la situación de una persona, dependerá de en qué lado de la moneda esté ese individuo, y de la forma en que se vea a sí mismo y al mundo.

- La gente pobre tiende a escuchar los versículos sobre la malignidad del dinero.
- La gente de clase media suele seguir los versículos sobre resignarse y estar agradecido con lo que se tiene.
- La gente rica suele escuchar los versos sobre cómo Dios recompensa a los ricos y castiga a los podres.

VERSÍCULOS DE LA BIBLIA PARA LOS POBRES

Aquí te presento algunos de los que me vienen a la mente:

"Jesús le respondió: 'Si quieres ser perfecto, ve y vende lo que posees y da a los pobres, y tendrás tesoro en los cielos; y ven, sé mi discípulo.'

"Pero al oír el joven estas palabras, se fue triste, porque era dueño de muchos bienes.

"Jesús dijo entonces a sus discípulos: 'En verdad les digo que es difícil que un rico entre en el reino de los cielos. 'Otra vez les digo que es más fácil para un camello pasar por el ojo de una aguja, que para un rico entrar en el reino de Dios.'"

Mateo 19: 21-26

"Oíd ahora, ricos. Llorad y aullad por las miserias que vienen sobre vosotros. Vuestras riquezas se han podrido y vuestras ropas están comidas de polilla. Vuestro oro y vuestra plata se han oxidado, su herrumbre será un testigo contra vosotros y consumirá vuestra carne como fuego. Es en los últimos días que habéis acumulado tesoros.

"Mirad, el jornal de los obreros que han segado vuestros campos y que ha sido retenido por vosotros, clama contra vosotros; y el clamor de los segadores ha llegado a los oídos del Señor de los ejércitos.

"Habéis vivido lujosamente sobre la tierra, y habéis llevado una vida de placer desenfrenado; habéis engordado vuestros corazones en el día de la matanza. Habéis condenado y dado muerte al justo; él no os hace resistencia."

Santiago 5: 1-6

VERSÍCULOS DE LA BIBLIA PARA LA CLASE MEDIA

"Si escuchan y le sirven, acabarán sus días en prosperidad y sus años en delicias."

Job 36: 11

"El temor del Señor conduce a la vida, para poder dormir satisfecho, sin ser tocado por el mal."

Proverbios 19: 23

VERSÍCULOS DE LA BIBLIA PARA LOS RICOS

"¿De qué sirve el dinero en la mano del necio para comprar sabiduría, si no tiene entendimiento?"

Proverbios 17: 16

LA PARÁBOLA DE LOS *TALENTOS*

Nota: un *talento* era una suma grande de dinero. En la actualidad, equivaldría a 100 000 dólares o más.

"Porque el reino de los cielos es como un hombre que al emprender un viaje, llamó a sus siervos y les encomendó sus bienes. Y a uno le dio cinco talentos, a otro dos y a otro uno, a cada uno conforme a su capacidad; y se fue de viaje.

"El que había recibido los cinco talentos, en seguida fue y negoció con ellos y ganó otros cinco talentos.

"Asimismo, el que había recibido los dos talentos ganó otros dos.

"Pero el que había recibido uno, fue y cavó en la tierra y escondió el dinero de su señor.

"Después de mucho tiempo, vino el señor de aquellos siervos, y arregló cuentas con ellos.

"Y llegando el que había recibido los cinco talentos, trajo otros cinco talentos, diciendo: 'Señor, usted me entregó cinco talentos; mire, he ganado otros cinco talentos.'

"Su señor le dijo: 'Bien, siervo bueno y fiel; en lo poco fuiste fiel, sobre mucho te pondré; entra en el gozo de tu señor.'

"Llegando también el de los dos talentos, dijo: 'Señor, usted me entregó dos talentos; mire, he ganado otros dos talentos.'

"Su señor le dijo: 'Bien, siervo bueno y fiel; en lo poco fuiste fiel, sobre mucho te pondré; entra en el gozo de tu señor.'

"Pero llegando también el que había recibido un talento dijo: 'Señor, yo sabía que usted es un hombre duro, que siega donde no sembró y recoge donde no ha esparcido, y tuve miedo, y fui y escondí su talento en la tierra; mire, aquí tiene lo que es suyo.'

"Pero su señor le dijo: 'Siervo malo y perezoso, sabías que siego donde no sembré, y que recojo donde no esparcí. Debías entonces haber puesto mi dinero en el banco, y al llegar yo hubiera recibido mi dinero con intereses. Por tanto, quítenle el talento y dénselo al que tiene los diez talentos.'

"Porque a todo el que tiene, más se le dará, y tendrá en abundancia; pero al que no tiene, aún lo que tiene se le quitará.

"Y al siervo inútil, échenlo en las tinieblas de afuera; allí será el llanto y el crujir de dientes."

Mateo 25: 14-30

LA PREGUNTA

¿Cuáles versículos te conmueven más? ¿Los versículos para los ricos, para los pobres o para la clase media?

MI HISTORIA

A pesar de que no soy un hombre muy religioso, mi educación espiritual me ha hecho mucho bien. Me brindó energía y guía en tiempos muy difíciles en el aspecto personal, en la guerra y en los negocios.

Cada vez que mencione a "Dios" en esta sección, no me estaré refiriendo al Dios de alguna religión específica. Estaré hablando de un ser espiritual, no humano. Yo creo en un Dios etéreo y, de hecho, uso la palabra Dios pensando en un acrónimo en inglés, ya que creo que las letras de 'GOD' significan "General Overall Director", es decir, director general sobre todas las cosas.

También me agrada lo que dice Steve Jobs:

"El cielo tiene muchas puertas."

Y lo que solía declarar Mark Twain:

"No me gustaría comprometerme al preferir el cielo o el infierno porque, verán, tengo amigos en ambos lugares."

Y, por supuesto, me agrada particularmente el comentario de Joel Osteen:

"Voy a dejar que Dios sea quien decida quién va al cielo y quién al infierno."

También apoyo la libertad de credo, y eso incluye a quienes deciden no creer en Dios. No me gusta que la gente me imponga sus creencias religiosas, y tampoco tengo planes de imponerte las mías.

EL NUEVO PREDICADOR DEL PUEBLO

Mi educación religiosa comenzó cuando tenía 10 años. Un nuevo predicador llegó al pueblo; era joven, soltero, bien parecido. Venía de Texas. Usaba jeans y botas de vaquero, y siempre traía colgada su guitarra a la espalda, listo para tocar y cantar. Pero en lugar de sermonear sobre el infierno y la perdición, cada vez que hablaba impartía lecciones de vida.

Era como el flautista de Hamelín, los chicos lo adoraban. La gente joven comenzó a asistir a la iglesia sin que sus padres tuvieran que llevarla arrastrando.

No obstante, las "señoras de la iglesia", las más conservadoras, estaban algo perturbadas. El predicador tuvo que irse en menos de dieciocho meses, pero en el tiempo que estuvo, por primera vez en mi vida sentí deseos de ir a la iglesia. Aprendí mucho sobre Dios, el dinero, la religión y la espiritualidad.

El Reverendo Ichabod llega a la ciudad

Al joven pastor lo remplazó el "reverendo Ichabod". Los chicos lo bautizaron así por Ichabod Crane, el personaje del cuento de Washington Irving, "La leyenda del jinete sin cabeza", el cual fue publicado en 1820.

El "reverendo Ichabod" era alto y delgado, y tenía la nariz puntiaguda. A los chicos les parecía que era cruel. Siempre predicaba sobre la ira de Dios. A pesar de que era delgado, comía mucho, igual que el Ichabod de la historia del jinete.

En cuanto llegó su familia al pueblo, me dio la impresión de que la iglesia comenzó a organizar una comida comunitaria cada semana. Los niños sospechábamos que las organizaba porque era mezquino, y que alimentar a su familia de seis hijos y satisfacer su asombroso apetito era una forma de poner a prueba la generosidad de la congregación.

Sus sermones siempre eran sobre el dinero, la codicia, los ricos, la bondad de los pobres… y de dar más limosna a la iglesia. Con frecuencia citaba estos versículos de la Biblia:

"Es más fácil para un camello pasar por el ojo de una aguja,
que para un rico entrar en el reino de Dios."

y

"El amor por el dinero es la raíz de todo mal."

Educación espiritual vs. educación religiosa

A los chicos no nos tomó tiempo darnos cuenta de la diferencia entre la educación espiritual y la educación religiosa.

Aquel joven predicador con su guitarra a la espalda quería que usáramos las lecciones bíblicas como una guía en la vida. Él le habló a nuestro espíritu.

El "reverendo Ichabod", en cambio, impartía la educación religiosa con miedo. Era dogmático y creía que sólo se podía estar en lo correcto o estar equivocado; ser bueno o ser malo. Para él, la vida era blanca o negra; no tenía ni traza de gris. Tenía poca tolerancia respecto a otras religiones. Era mejor orador que el joven predicador anterior, y debido a eso, la asistencia a la iglesia fue en aumento. Por desgracia, la gente que iba comenzó a cambiar.

MISMA RELIGIÓN, DIFERENTES MENSAJES

- El joven predicador hablaba del amor de Dios.
El reverendo Ichabod hablaba de tenerle miedo a Dios.

- El joven predicador hablaba de que el dinero era resultado de la generosidad. El reverendo Ichabod decía que el dinero era resultado de la codicia.

- El joven predicador decía que Dios estaba en nuestro interior.
El reverendo Ichabod decía que Dios estaba fuera de nosotros.

La posibilidad que tuve de conocer ambas caras de la moneda de la religión me proveyó muchas enseñanzas. Seis meses después dejé de ir a la iglesia del reverendo Ichabod. Como no me agradaba su cara de la moneda, decidí ir en busca de un nuevo maestro espiritual.

EDUCACIÓN ESPIRITUAL

El joven predicador de Texas se enfocaba más en la educación espiritual que en la religiosa. Además de enseñarnos sobre la Biblia y Jesús, invertía tiempo en enseñarnos acerca del poder espiritual en nuestro interior.

Con frecuencia decía: "Nosotros tenemos el poder de crear nuestro propio infierno o paraíso aquí en la tierra." No sé si eso sea verdad, pero es una creencia que me ha servido mucho. También nos enseñó que: "Dios ya nos otorgó poder, ahora depende de nosotros usarlo."

Esta lección acerca de que Dios vivía en nuestro interior molestó a algunas de las "señoras de la iglesia", y por eso el predicador no pudo quedarse mucho tiempo más. No entiendo por qué las perturbaba tanto este concepto, pero así sucedieron las cosas.

En Vietnam en varias ocasiones tuve la oportunidad de ser testigo del poder interior al que se refería el joven predicador. Y como un amigo dijo: "Hoy estoy vivo gracias a que los muertos siguieron luchando."

En muchas ocasiones, desmontamos las ametralladoras y los misiles de la nave para operar como helicóptero de evacuación médica. Creo que realizábamos muchas más acciones peligrosas y valerosas al salvar vidas, que las que llevábamos a cabo cuando las quitábamos. Mi jefe de tripulación decía: "Parece que hacemos mejor nuestra labor cuando nos preocupan otros que cuando tenemos que ver por nosotros mismos."

EN LOS NEGOCIOS

Hasta la fecha sigo usando las lecciones del joven predicador en los negocios. De no ser por sus enseñanzas, tal vez no habría sobrevivido al viaje de la zona E-A a la zona D-I del cuadrante del flujo de efectivo. Hay mucha gente malintencionada, codiciosa y desesperada que haría cualquier cosa por dinero. El mundo está repleto de Judas modernos. Sí, son como aquel discípulo de Jesús que lo traicionó a cambio de treinta monedas de plata. Es probable que ya te hayas encontrado con uno o dos Judas en tu vida.

La lección de padre rico

Padre rico solía decir: "Yo creo que a Dios no le interesa si eres rico o pobre. Dios te ama de cualquier manera. Pero si quieres ser rico, entonces tienes que elegir con mucho cuidado tu iglesia y a tu predicador."

Judas modernos

Mi vida cambió cuando *Padre Rico Padre Pobre* llegó a ser *best-seller* en todo el mundo. En cuanto la fama y el dinero llegaron, también lo hicieron las demandas de amigos y socios de negocios: Judas modernos. Por eso es tan importante que, si eres rico o planeas llegar a serlo, leas el Capítulo 5 y la Lección 4 de *Padre Rico Padre Pobre*: "La historia y el poder de las corporaciones." La Lección 4 es sobre la forma en que los ricos se pueden proteger a sí mismos de los Judas modernos por medio de vehículos conocidos como "entidades legales".

Padre pobre solía decir, "Mi casa y mi auto están a mi nombre". Padre rico decía: "No quiero nada a mi nombre." Él conservaba su riqueza con entidades legales que lo protegían de demandas por parte de amigos, socios y Judas.

En su libro, *Run Your Own Corporation (Dirige tu propia empresa)*, Garrett Sutton, amigo, abogado y Asesor de Padre Rico, habla con más detalle sobre cómo se protegen los ricos de los Judas.

Te menciono lo anterior para que recuerdes que llegar a ser rico no significa que tus problemas se acabarán. En muchos sentidos, es justo cuando van a comenzar. El hecho de enfrentar al sistema judicial y tener que defenderte —a ti, tus negocios y tu dinero— de otras personas, puede ser una especie de infierno moderno.

Hay un antiguo dicho que reza: "Si atraviesas el infierno, no te detengas a mirar."

Millones en el infierno

Después del colapso de 2007, millones de personas cayeron en un infierno financiero personal. En lugar de seguir adelante con sus vidas, muchos se quedaron ahí estancados, culpando a los ricos de sus problemas.

También hay muchos jóvenes en infiernos similares, agobiados por préstamos estudiantiles y empleos mal pagados. Si no hacen cambios de raíz, se quedarán en sus infiernos financieros de por vida, a pesar de toda su preparación académica.

Albert Einstein nos dejó estas sabias y espirituales palabras:

"La imaginación es más importante que el conocimiento.
El conocimiento se limita a todo lo que sabemos y entendemos,
mientras que la imaginación acepta el mundo entero, así como
a todo lo que podrá saberse y entenderse jamás."

UNA ENSEÑANZA DEL INFIERNO

Ahora que lo veo en retrospectiva, me doy cuenta de que necesité cuatro tipos de educación para sobrevivir al infierno en la tierra:

- Educación académica.
- Educación profesional.
- Educación financiera.
- Educación espiritual .

ACCIONES PARA PADRES

HABLA DEL PAPEL QUE LA RELIGIÓN Y LA FE JUEGAN EN TU HOGAR... Y SOBRE LA FORMA EN QUE TUS CREENCIAS AFECTAN LO QUE OPINAS SOBRE EL DINERO.

Las creencias religiosas proveen enseñanzas muy profundas, e independientemente de si una persona cree en Dios o sigue una religión específica, o no, las referencias y enseñanzas nos ofrecen puntos de vista importantes sobre el dinero y el papel que éste juega en nuestra vida.

Trata de conversar sobre la forma en que la generosidad se relaciona con Dios y con el dinero. Habla con tus hijos sobre las posibilidades que existen, y diles que ellos tienen la opción de gastar, invertir o donar cada dólar que ganen. Discute conceptos como honestidad y honradez, y cómo se relacionan éstos con la vida, los tratos de negocios... y con tus creencias religiosas. Habla con tus niños del dinero espiritual y de la importancia de retribuir a la sociedad.

Dales a tus hijos la ventaja del ganador

El verdadero propósito de:
- Los bancos
- Las bolsas de valores
- Las compañías de seguros
- Los departamentos tributarios del gobierno
- Los fondos de pensiones

Introducción a
la Tercera parte

La educación financiera tiene muchos beneficios, en particular, la educación que impartas como padre en casa le dará a tus hijos las ventajas del ganador para:

1. Hacer más dinero.
2. Conservar más dinero.
3. Proteger más dinero.

SAQUEO LEGALIZADO

En 1850, Frederic Bastiat, el economista político francés, declaró:

> *"Todos quieren vivir a costa del estado.*
> *Se les olvida que el estado vive a costa de todos."*

Bastiat también dijo que las clases privilegiadas usan al gobierno para realizar un "saqueo legalizado". Al saqueó legalizado de los ricos en la actualidad se le conoce con términos como: "pillaje desenfrenado, contratos militares, puentes hacia ningún lugar y proyectos en los que la gente ya está lista para comenzar a cavar." Los ricos tienen el poder de influir sobre las legislaciones, por eso hay tantos cabilderos ofreciéndoles al presidente, a los senadores y los congresistas, "tratos especiales" a cambio de apoyo a sus intereses personales.

La empresas más grandes —desde bancos y farmacéuticas hasta conglomerados agrícolas y compañías petroleras— tienen el poder de influir en la creación y modificación de las leyes, y todo bajo la falsa consigna de ayudar a la gente común. Los programas estadounidenses 401(k) y Cuenta Individual de Retiro Roth (Roth IRA, por sus siglas en inglés), son ejemplos de "saqueos legalizados". Yo creo que ésta es la razón por la que las escuelas no imparten educación financiera.

Al parecer, la única educación financiera que se permite en las escuelas es la que exhorta a los niños a "Ahorrar dinero e invertir en un plan 401(k) lleno de acciones, bonos y fondos mutualistas." Estas directrices envían dinero sin escalas a las arcas de la gente y los bancos más poderosos del mundo. Insisto en que esto no es necesariamente malo; de hecho, desde la posición en que me encuentro en el canto de la moneda, puedo ver ambas caras, el panorama completo. Cuando el efectivo fluye hacia estos enormes bancos de inversión, mis socios y yo lo pedimos prestado para invertir en nuestros proyectos privados como edificios de departamentos y pozos petroleros.

Bastiat dijo que el saqueo legalizado motivaba a las clases más bajas a sublevarse y a ejercer, a su vez, saqueos *socialistas* legalizados como represalia contra los ricos. Algunos de estos saqueos socializados serían los programas como Seguridad Social, de cupones para alimentos, Medicare y, ahora, Obamacare. Lo que provocó el levantamiento de los sindicatos fue el saqueo legalizado que perpetraron las grandes corporaciones. En la actualidad, los más grandes sindicatos de trabajadores no son los de obreros, sino los de empleados del gobierno. Entre los sindicatos más grandes de Estados Unidos se encuentran los de maestros, incluyendo a la Asociación Nacional de Educación (NEA, por sus siglas en inglés). Esta organización no se enfoca en la educación de tus hijos, sino en hacer más dinero para pagar a sus cabilderos en Washington.

Bastiat recomendó que tanto los capitalistas como los socialistas cesaran los saqueos legalizados. Al igual que la mayoría de los académicos, vivía en un mundo de fantasía, de ensueño. Pronosticó con mucha precisión que si estos saqueos llegaban a corromperse, mutarían y terminarían siendo usados en contra del grupo al que originalmente debían proteger.

En otras palabras, cuando los capitalistas usaron el saqueo legalizado para enriquecerse, terminaron perdiendo. Por eso, Lehman Brothers, los grandes bancos, Wall Street y muchos Proyectos Patrocinados por el Gobierno (Government Sponsored Enterprises. GSEs, por sus siglas en inglés) como Fannie Mae y Freddie Mac, se metieron en apuros y tuvieron que ponerse en manos de dirigentes del gobierno mismo. Sin embargo, como recordarás, este cambio de dirigencia se llevó a cabo una vez que los ejecutivos —es decir, los *capitalistas gerenciales*— se hubiesen repartido cientos de millones de dólares en salarios, finiquitos y bonos.

El saqueo que perpetran los socialistas a través de programas como Seguridad Social, Medicare y las pensiones del gobierno, es uno de los factores que contribuyen a la falta de solvencia que enfrentan los programas mismos.

Y en medio de estos saqueos legalizados, se encuentran los ciudadanos comunes, quienes trabajan sin la protección del gobierno y de enormes acumulaciones monetarias.

Cada vez que empresas tan grandes como Walmart o Home Depot llegan a una ciudad, los pequeños negocios familiares comienzan a desaparecer. Los capitalistas gerenciales, quienes fueron educados en las mejores escuelas del mundo, dirigen estas empresas que sustituyen a las tienditas que tanto se esfuerzan por prosperar en los pueblos, los países y todo el planeta. En lugar de la hospitalidad de los negocios familiares, nos enfrentamos a administraciones corporativas; en lugar del espíritu de solidaridad, ahora todo mundo "ve por sí mismo". En vez de generar empleos bien pagados, estos gigantes corporativos producen una nueva clase de trabajadores: los pobres. En lugar de que los salarios aumenten, disminuyen. Y entre más caen los salarios, más gente tiene que depender del apoyo del gobierno para sobrevivir en los aspectos financiero y médico.

Hay un antiguo dicho que reza, "Cuando los elefantes se pelean, los animales pequeños terminan aplastados."

Si no cuentas con educación financiera, lo más probable es que termines aplastado sin importar por cuánto tiempo ni con cuánto ahínco trabajes.

FERROCARRILES VS. PETRÓLEO

En la crisis económica de la década de 1870, Tom Scott, dueño de Pennsylvania Railroad Company, empezó a construir su propio ducto petrolero en Pennsylvania. Esto molestó a John D. Rockefeller, quien tenía el monopolio de ductos en aquel entonces. Rockefeller cerró una de sus refinerías en Pittsburgh como represalia. El resultado fue un devastador golpe financiero para Scott.

Scott y Rockefeller perdieron dinero, pero también resultaron afectados los trabajadores de ambos bandos porque perdieron sus empleos.

Scott despidió a muchos y recortó los salarios de quienes se quedaron. Furiosos, los trabajadores despedidos incendiaron sus encierros ferrocarrileros y el imperio de Scott se derrumbó. La depresión de la década empeoró, debido a la lucha económica que tuvieron que librar los trabajadores y sus familias.

Hoy en día, los acuerdos de libre comercio han logrado enviar un estimado de 2.5 millones de empleos estadounidenses al exterior, a países en donde puede o no haber legislación laboral, estándares de salario mínimo, prestaciones de salud y leyes para la compensación de los trabajadores.

Los ganadores son colosos como Walmart, General Electric, Microsoft y Apple.

Los perdedores son los trabajadores estadounidenses, quienes tienen pocas opciones y terminan comprando en Walmart o Amazon, o adquiriendo productos de bajo costo de GE y Microsoft. Para mover sus productos, Apple usa sus propias tiendas y a otros distribuidores.

Por esto, la educación financiera de tus hijos es más importante que nunca.

Los padres estadounidenses quieren, por lo mismo, que sus hijos saquen buenas calificaciones y obtengan empleo en alguno de los gigantes corporativos, o que lleguen a ser abogados o doctores.

Pero incluso si consiguen un empleo bien pagado en el cuadrante E, o si llegan a ser profesionales exitosos en el cuadrante A, si tus hijos no cuentan con educación financiera, lo más probable es que alguien más les quite, a lo largo de toda su vida, un porcentaje grande de su dinero a través del saqueo legalizado.

Estos saqueos sólo irán en aumento a medida que empeore la situación de la economía global. Nuestros juzgados están llenos de demandas, de gente que ataca a otros y asegura que el dinero de ellos le pertenece. El crimen relacionado con las drogas y la violencia, los secuestros y las invasiones a hogares son hechos de la vida moderna, y no porque muchos quieran ser criminales, sino porque, a veces, es la única opción que encuentran. También ha habido un incremento en los delitos de cuello blanco. Yo he perdido más dinero por culpa de empleados y funcionarios, que en asaltos callejeros.

La elección presidencial de 2012 fue un reflejo de los "saqueos legalizados" que se perpetran en todo el mundo. Por un lado, están los ricos exigiendo que los programas sociales se recorten, pero que no se toque el presupuesto para defensa, y por otro, están los pobres, quienes exigen más recursos del gobierno para cubrir las prestaciones de desempleo, Medicare y Seguridad Social.

Como Bastiat lo dijo, el saqueo lo hacen ambos bandos. Repetiré sus palabras:

"Todos quieren vivir a costa del estado.
Se les olvida que el estado vive a costa de todos."

Dicho de otra forma, los capitalistas ya no existen. Hoy somos ya una nación socialista que depende de que el gobierno se haga cargo de nuestras necesidades personales.

Margaret Thatcher, la ya fallecida ex Primera Ministra del Reino Unido, dijo:

> *"...y los gobiernos socialistas normalmente hacen de las finanzas un desastre. Ellos [los socialistas] siempre se acaban el dinero de otras personas. Es un rasgo muy común."*

La Tercera parte de este libro se enfoca en la importancia de brindarle a tus hijos la ventaja financiera del ganador. La educación financiera es la mejor defensa cuando los elefantes comienzan a luchar entre sí.

Capítulo
Dieciséis

Las 10 ventajas del ganador que brinda la educación financiera

En este capítulo se resumirán las dos primeras partes del libro. En él haremos una revisión de las 10 ventajas del ganador que brinda la educación financiera, y del impacto que pueden tener en la vida de tus hijos. Al repasar estas 10 ventajas estarás mejor preparado para entender la cuarta y última parte del libro: conviértete en la Fed.

JUSTIFICACIÓN

A lo que me refiero con el término "ventaja del ganador" es a esa prerrogativa adicional que sólo puedes obtener gracias a la educación financiera. Éstas son enseñanzas que tú como padre puedes compartir, y de las que te puedes beneficiar. Los ejemplos que pongas a tu familia en casa en relación con la educación permanente, brindarán a tus hijos una vida entera de recompensas y los colocarán en el camino hacia una vida de abundancia.

Ventaja del Ganador #1

La habilidad de transformar tu dinero y tu vida
Como ya sabes, hay tres tipos de ingresos:
• El ordinario.
• El de portafolio.
• El pasivo.

La mayoría de la gente sale de la escuela y empieza a trabajar para obtener ingreso ordinario, el más caro de todos en el aspecto fiscal.

Asimismo, cada vez que alguien ahorra dinero en una cuenta, Certificado de Depósito o 401(k), está en espera de recibir ingreso ordinario. Para ser capaz de convertir este tipo de ingreso en ingreso de portafolio o pasivo, se requiere de inteligencia financiera.

Aquí tienes un resumen, en términos simples, de los patrones más típicos de recepción de ingreso:

• **Los pobres trabajan para obtener ingreso ordinario.**

• **La clase media trabaja para obtener, principalmente, ingreso de portafolio.**
Esto incluye ganancias de capital, incremento en el valor de sus casas, inversiones en el Mercado de Valores y cuentas para el retiro.

• **Los ricos trabajan para obtener ingreso pasivo.**
Esto significa flujo de efectivo que va a su bolsillo, trabajen o no.

Cuando era niño, solía ver en televisión el programa de *Los Beverly Ricos*. Era una comedia sobre un hombre pobre que un día le disparó a la madriguera de un conejo y encontró petróleo sin querer. El "oro negro" lo hizo rico, y el hombre se mudó con su familia a Beverly Hills, donde aprendió a ajustarse a la forma de desenvolverse de los ricos y a su glamoroso estilo de vida.

Recibir ingreso pasivo es como encontrar petróleo en tu patio trasero. El dinero sigue apareciendo mientras el petróleo (o activo) siga fluyendo. Si perforas más pozos, a tu bolsillo llegará más petróleo. O dinero.

A mí me gusta interpretar la historia del ganso de los huevos de oro como un cuento de hadas sobre los ingresos de portafolio y pasivos. Si te comes al ganso, es como si obtuvieras ingreso de portafolio... ganancias de capital. Si conservas al ganso, tendrás más y más huevos de oro o ingreso pasivo en forma de flujo de efectivo.

Pregunta: *¿Por qué es importante aprender a transformar tu ingreso?*
Respuesta: *Porque en 1971 el dinero dejó de estar respaldado por oro. Actualmente, los bancos centrales de todo el mundo están fabricando billones de dólares, lo que significa que tu dinero vale menos y menos cada vez.*

Si eres capaz de transformar tus ingresos, te será posible mantenerte a la par con la devaluación que sufre el dinero que ganas.

Si un joven aprende a transformar sus ingresos, también podrá modificar su vida y pasar de ser pobre a pertenecer a la clase media, y luego, a ser rico. En lugar de trabajar a cambio de dinero, tal vez se tope con un yacimiento petrolero en su propia cabeza. Eso fue lo que hicieron Steve Jobs, Walt Disney y Thomas Edison.

La palabra educación proviene de *educe*, y *educe* significa "extraer", lo contrario de "depositar". Por desgracia, nuestro sistema educativo no está interesado en extraer y sacar a la luz el genio financiero de tus hijos. Lo que el sistema quiere es meter más basura en sus cabecitas. Y en la mayoría de los casos, los programas educativos les inyectan la noción de que deben ser empleados de por vida.

> ## La lección de padre rico
>
> *Hoy en día, al imprimir más billetes y acuñar más monedas, los gobiernos devalúan de forma activa el poder adquisitivo del dinero. Quieren hacer que los productos fabricados en sus países sean menos costosos. Si los salarios suben y la divisa permanece fuerte, los productos se vuelven más caros en los mercados globales y las exportaciones se hacen más lentas.*
>
> *La capacidad de mantener los salarios bajos permite exportar más productos que, a su vez, mantienen a más trabajadores con empleo. Más pobres, pero con empleo.*
>
> *Por esta razón, tus hijos necesitan aprender a transformar su ingreso, particularmente el ordinario, en ingreso de portafolio o pasivo.*

VENTAJA DEL GANADOR #2

La habilidad de ser más generoso

La principal razón por la que hay tanta codicia en el mundo se puede encontrar en el segundo nivel de la Jerarquía de las necesidades de Maslow: Seguridad.

Si tus hijos cuentan con educación financiera sólida, tendrán más oportunidades de llegar al quinto nivel de esta Jerarquía, el de la Autorrealización. En ese nivel los niños se vuelven más generosos y prefieren dar en lugar de tomar.

Mientras se sientan inseguros en el aspecto financiero o no sepan qué sucederá respecto al nivel dos, los niños seguirán siendo necesitados, lo cual normalmente conduce a la codicia.

EL REY DEL ROCK AND ROLL

Cuando yo era niño escuché algunas anécdotas que se hicieron famosas respecto a la generosidad de Elvis Presley. En una de ellas, se cuenta que una mujer se quedó asombrada al ver el anillo de diamantes del Rey. Con una sonrisa, Elvis se lo quitó y se lo regaló.

Es claro que Elvis creía en compartir sus bendiciones con otros y, por eso, le daba dinero a mucha gente y hacía caridad. Sus opciones de beneficiarios eran diversas y no mostraban preferencia alguna por edad, raza o credo. Elvis sólo veía las necesidades. Hay una película intitulada *200 Cadillac* en la que se documenta su generosidad.

De acuerdo con la Jerarquía de necesidades de Maslow, Elvis llegó a la cima de la pirámide. Lo hizo compartiendo sus dones y talentos como artista y, entre más daba, más recibía.

Mis amigos mormones me enseñaron un dicho: "Dios no necesita recibir, pero los humanos sí necesitan dar." Tal vez ésta es la razón por la que la fe mormona es tan sólida. Los mormones no sólo predican sobre dar a otros, también lo practican. Es un requisito.

El término "dar diezmo" proviene de la palabra *diez*, y significa dar el 10% de lo que ganas.

Mucha gente dice: "Daré diezmo o compartiré mi dinero cuando tenga." Pero esa gente no tiene dinero porque no comparte.

Ventaja del Ganador #3

Impuestos más bajos

Entre más generoso seas, más bajos serán los impuestos que tengas que pagar. Quizá sea una noción simplista pero, en principio, es precisa.

Como ya se mencionó en la Primera y Segunda partes, la legislación fiscal es una guía del gobierno. Si haces lo que el gobierno quiere, éste te ofrece incentivos fiscales o estímulos.

La mayoría de la gente sólo tiene una casa. El gobierno ofrece incentivos fiscales para quienes proveen hogares a otros. En este mismo sentido, ofrece estímulos para quienes generan empleos porque la mayoría de la gente sale de la escuela y lo único que quiere es encontrar trabajo.

Casi todo mundo se esfuerza para no tener deudas. No obstante, el gobierno ofrece incentivos para quienes saben manejar la deuda. Esto sucede porque, en la actualidad, el dólar es deuda. Si la gente dejara de aprovechar la deuda, la economía se desaceleraría. Casi todos consumen insumos como alimentos y petróleo, pero el gobierno ofrece incentivos a quienes, en vez de consumirlos, los *producen*.

¿QUIÉN PAGA MÁS IMPUESTOS?

¿Recuerdas este diagrama del cuadrante del flujo de efectivo que se presentó al principio del libro? Muestra las tasas de impuesto para cada área.

PORCENTAJES DE IMPUESTOS PAGADOS
POR CUADRANTES

La educación financiera puede dar a tus hijos ventajas asombrosas en impuestos. Sólo tienen que ser más generosos y usar sus recursos y riqueza para apoyar a la economía y ayudarle al gobierno con lo que el país necesita... viviendas, empleos y productos y servicios específicos.

VENTAJA DEL GANADOR #4

Usa la deuda para volverte más rico

El dólar se convirtió en deuda en 1971. Ahora es una especie de pagaré firmado por el contribuyente estadounidense.

Como padre, tú sabes de primera mano que nuestras escuelas no enseñan nada a nuestros hijos sobre dinero o deuda. La mayoría de los muchachos sale de la escuela con deudas por préstamos estudiantiles y tarjetas de crédito. Luego se casan y endeudan aún más con hipotecas, autofinanciamientos y deuda del consumidor.

La educación financiera permitirá a tus hijos aprender sobre la deuda buena y la deuda mala. La deuda buena vuelve más rica a la gente y la deuda mala, la empobrece.

La deuda es el nuevo dinero, y la educación financiera enseñará a los niños a hacer más dinero aprendiendo a aprovecharla. Ahora ya no tendrán que vivir diciendo, "No lo puedo pagar" o "No tengo dinero".

Al aprender a usar la deuda para adquirir activos como bienes raíces, los niños se vuelven más generosos y pueden elegir con mayor confianza el tipo de inversión que en realidad satisfaga las necesidades de la sociedad, como proveer viviendas accesibles. Con esto, ganan ingreso pasivo y pagan menos y menos impuestos cada vez.

Ventaja del Ganador #5

Expande tus posibilidades

La mayoría de los cuasiexpertos del ámbito financiero hace la siguiente recomendación: "Vive por debajo de tus posibilidades." Pero en realidad, éste es un consejo muy malo para la gente que sí cuenta con educación financiera. Además, ¿quién diablos quiere vivir por debajo de sus posibilidades? La vida ofrece muchísimas cosas maravillosas para disfrutar. En mi opinión, vivir por debajo de tus posibilidades mata al espíritu.

Cuando un hijo se va de casa, los gastos de la vida lo golpean de frente en el rostro. Como ya no cuenta con el apoyo de mamá y papá, se ve abrumado por los gastos como renta, alimentos, ropa, transporte y entretenimiento. Y su chequecito de nómina también sufre. Si va de viaje o de compras, o si le surge una emergencia, tiene que recurrir a las tarjetas de crédito, y entonces, se hace de un gasto adicional: los altos intereses sobre los pagos de las tarjetas.

Después, cuando los hijos se casan, al principio parece que, teniendo una pareja y un ingreso adicional, la carga será menor, pero eso sólo funciona… hasta que llega el primer hijo. Entonces, el departamento de una sola recámara resulta demasiado pequeño y las discusiones sobre la compra de una casa se vuelven más intensas.

Los hijos que no tienen educación financiera piensan, "Nuestra casa es un activo y nuestra mayor inversión". Inducidas por este engaño propagado por los bancos y los corredores de bienes raíces, las parejas dan el salto y compran su primera casa, la cual, rara vez pueden financiar.

Ya con casa nueva, los gastos se incrementan. Ahora se necesita mobiliario, electrodomésticos y un auto. Si llega a surgir una emergencia, como goteras en el techo o averías del auto, lo único que puede resolver el problema es deslizar otra vez la tarjeta de crédito.

Los jóvenes se dicen a sí mismos, "Tenemos que vivir por debajo de nuestras posibilidades", y siguen trabajando muy duro para salir de deudas. Naturalmente, no tener deudas de *consumo* es una buena idea, el problema es que, si no se cuenta con educación financiera, la gente continúa ignorando el hecho de que la deuda se puede aprovechar para adquirir activos que produzcan flujo de efectivo que, a su vez, puede expandir las posibilidades de cualquiera.

Los chicos que no tienen educación financiera se van de casa y entran a la misma carrera de la rata en que participan sus padres. Yo he hablado con padres de todo el mundo, y sé que quieren algo mejor para sus hijos.

LA CARRERA DE LA RATA

Según sé, "El problema con la carrera de la ratas es que las ratas van ganando". Muchos asesores financieros recomiendan iniciar un fondo educativo para la educación de los hijos. En Estados Unidos, a estos fondos se les llama Planes 529. A pesar de que la idea y *el contexto* son buenos, el gobierno exige que el contenido de estos planes esté formado principalmente por fondos mutualistas, los cuales son la forma más cara e ineficiente de ahorrar dinero. Éste es otro ejemplo del saqueo generalizado del que habla Bastiat, otro ejemplo de la forma en que las grandes corporaciones influyen en la legislación para hacer llegar más dinero a sus bolsillos.

Cómo vencer a las ratas

En lugar de hacer lo que las ratas te digan, aprende a vencerlas. Esto se puede hacer por medio de *la expansión de tus posibilidades*, ya que *vivir por debajo de ellas* no te servirá de nada.

Enséñale a tus hijos a expandir sus posibilidades: les dará la ventaja del ganador.

Cómo expandir las posibilidades y los medios

A mí me fascinan los automóviles. Si tuviera más lugar en donde estacionarlos, tendría más. El problema es que… los autos son pasivos. Mi solución para adquirir más autos es expandir mis posibilidades por medio de la compra de un primer activo que genere flujo de efectivo para pagar esos pasivos.

Voy a usar un ejemplo sumamente sencillo que ya presenté en algún otro libro.

Hace muchos años vi que un raro Porsche convertible estaba a la venta. El precio era 50 000 dólares. Yo tenía el dinero, pero si compraba el auto habría adquirido un pasivo y perdido 50 000 dólares. Hablé con Kim sobre el asunto y ella jamás me dijo que no lo comprara, sólo me recomendó: "Primero compra un activo que te permita adquirir el Porsche."

Entonces le di al vendedor 5 dólares para que me apartara el auto por 90 días.

La lección de padre rico

La persona que dijo que "El dinero no hace la felicidad" era un maniaco depresivo, solía decir Padre Rico.

Me tomó algo de tiempo, pero al final conseguí un negocio en una minibodega en Texas. Lo compré con los 50 000 dólares y un préstamo del banco. Luego, el efectivo que fluyó de las rentas de la bodeguita cubrió por mucho los pagos mensuales del Porsche.

Ahora el auto es mío; está completamente pagado. En cuanto di la última mensualidad empecé a usar el flujo de efectivo de la bodeguita para comprar otros juguetes. Hace algunos años la vendí e invertí las ganancias en un edificio de departamentos con impuestos diferidos. En lugar de empobrecernos, el Porsche nos brindó más riqueza. Para comprar el Bentley apliqué exactamente el mismo proceso.

Éste es un ejemplo de cómo *expandir tus posibilidades para adquirir los pasivos con activos.* Kim y yo seguimos el procedimiento al pie de la letra.

La casa de playa es otro buen ejemplo. Antes de comprar una casa de playa en Hawai, pasamos algunos años adquiriendo más complejos de departamentos. El flujo de efectivo de estos bienes raíces paga la casa que, en realidad, es un pasivo. En lugar de permitir que los pasivos nos empobrezcan, nos encargamos de adquirir activos para comprar pasivos que nos enriquezcan.

Francamente, vivir por debajo de las posibilidades o los medios que se tienen, no hace feliz a nadie. Los lujos de la vida fueron hechos para disfrutarse. En vez de enseñarle a tus hijos a vivir como pobres, muéstrales una buena vida y enséñales la forma en que se pueden volver ricos. Permite que cuando sueñen con lujos, su ambición sea un incentivo para que actúen.

Si los niños aprenden el proceso desde temprana edad, podrán vencer a las ratas en su propia carrera. Lo único que se necesita es un poco de educación financiera para saber cómo usar los activos para comprar pasivos. Será una enorme ventaja para los chicos.

Para resumir, te diré que los pasivos pueden incluso volverte rico si aprendes a comprar activos que paguen por ellos.

¿Por qué el dinero no te vuelve rico?

Parecería que es imposible que los atletas multimillonarios quiebren. Sin embargo, la revista *Sports Illustrated* descubrió que, tras dos años de retiro, 78% de los jugadores de la NFL termina en la bancarrota o en una situación económica muy apretada. ¿Cómo es eso posible?

Hay muchos factores que contribuyen a que, de manera repentina, se pase de la riqueza a la pobreza absoluta. Factores como estúpidos hábitos de consumo, malas inversiones, generosidad mal encaminada y pensiones alimenticias, pueden hacer que incluso el atleta más adinerado termine en la calle.

Pero no sólo son los de la NFL. En cinco años de retiro, aproximadamente, 60% de los jugadores de la NBA termina en bancarrota.

Ventaja del Ganador #6

Incrementa tu inteligencia emocional

Cuando compré el Porsche por medio de la adquisición de bienes raíces para generar flujo de efectivo, estaba jugando *Monopolio®* en el mundo real. Kim y yo comenzamos con casitas verdes para luego comprar propiedades más grandes como la pequeña bodega.

Aunque es sencillo, no mucha gente puede realizar este proceso porque carece de inteligencia emocional.

Anteriormente presenté una lista de las inteligencias múltiples de Gardner, que ahora repasaremos.

1. Lingüística-verbal
2. Lógica-matemática
3. Corporal-kinestésica
4. Espacial
5. Musical
6. Interpersonal
7. Intrapersonal

A la inteligencia emocional a menudo se le llama "inteligencia del éxito". La *gratificación retrasada* es prueba de un alto nivel de este tipo de inteligencia. Mucha gente tiene problemas económicos porque no puede retrasar las recompensas. Todo mundo quiere salir corriendo y comprar un Porsche o un Prius a crédito, es decir, con deuda mala.

Si les enseñas a tus hijos a comprar primero activos y luego a usar esos activos para comprar sus pasivos, estarás incrementando su inteligencia del éxito.

Ventaja del Ganador #7

Entendimiento de los distintos caminos a la riqueza

Hay muchos senderos que te pueden llevar a ser millonario. Éstos son algunos de ellos.

- Te puedes casar por dinero, pero todos sabemos bien qué tipo de persona se necesita ser para hacer algo así.
- Puedes ganar la lotería. Pero la lotería es para perdedores, porque, sin millones de ellos, no habría ganadores.
- Puedes ganar el premio del programa *¿Quién quiere ser millonario?* Sin embargo, te diré que este programa debió ser diseñado por un estudiante de "10". Sólo a alguien así se le ocurriría que conocer las respuestas correctas te puede volver rico; eso casi no sucede. La gente se vuelve millonaria cometiendo errores y aprendiendo de ellos. Pero tienen que ser muchos, muchos errores.
- También te puedes volver atleta profesional. El problema es que muchos de estos atletas terminan en bancarrota a los cinco años de retirarse. Y como ya están grandes para ese momento, recuperar sus millones se vuelve casi imposible.
- Puedes volverte millonario por medio de la inteligencia financiera.

Los distintos tipos de millonarios

Mucha gente dice ser millonaria. Pero cuando escucho algo así, lo primero que me pregunto es: "¿Qué tipo de millonario eres?" Aquí te presento a los distintos tipos de millonarios.

- **El millonario de valor neto**

Antes de la crisis *subprime* de 2007 había muchos millonarios de valor neto. Por ejemplo, sus casas valían 3 millones de dólares y ellos valían 1.7. Esto significa que el valor neto de una persona en estas condiciones era de 1.3 millones. Eso es ser un millonario de valor neto.

Después del colapso, sin embargo, el valor de la casa cayó a 1.5 millones, lo que significa que la persona dejó de ser millonaria porque la casa ahora vale menos que la hipoteca.

Muchos inversionistas de la bolsa pertenecen a esta categoría. Tienen millones en acciones, pero de ellas fluye muy poco efectivo. Son millonarios, pero sólo en papel.

- **El millonario de altos ingresos**

Muchos directores ejecutivos, doctores, abogados, atletas profesionales, estrellas de cine y artistas, son millonarios de altos ingresos. Esto significa que ganan más de un millón de dólares al año. El problema para este tipo de millonarios es que tienen que pagar una enorme cantidad de impuestos porque están en un nivel muy alto del tabulador fiscal.

- **El millonario por herencia**

A este grupo con frecuencia se le llama el "club del esperma con suerte" porque está conformado por gente que nació dentro de una familia rica. El problema que se le presenta a este grupo es cómo aferrarse al dinero. Muchas fortunas familiares se pierden en la tercera generación. El abuelo produce la fortuna y la pasa a sus sucesores, pero no les transmite el conocimiento necesario para preservarla y hacerla crecer.

- **El millonario de flujo de efectivo**

El millonario de flujo de efectivo es una persona que gana un millón de dólares o más gracias a sus inversiones... y sin trabajar. Uno de los mayores beneficios de ser millonario de este tipo es que, tanto la deuda como los impuestos, trabajan en tu beneficio. Recuerda que la deuda y los impuestos están en contra de los otros tipos de millonarios.

Desde chico siempre supe que lo que más me convenía era ser millonario de flujo de efectivo porque no contaba con ningún talento académico, artístico ni atlético en particular. A los nueve años supe que tendría que encontrar mi propio camino al éxito. Por eso me encantaba jugar *Monopolio*. Eso lo hacía muy bien, y lo sabía. Comencé con casitas verdes y fortalecí mi columna de ingresos y la confianza en mí mismo poco a poco. Ahora juego *Monopolio* de la misma forma en la vida real.

Cuando hables de dinero con tus hijos, es importante que menciones los distintos tipos de millonarios, y cuál sería el más indicado para ellos. La posibilidad de llegar a tener mucho dinero los puede inspirar a aprender, estudiar y trabajar en pos de realizar su sueño. Los sueños son importantes porque como Padre Rico decía: "Tu genialidad está en ellos."

Tú le puedes brindar a tus hijos la ventaja del ganador si los inspiras a luchar por lo que desean en lugar de conformarse con un empleo tradicional. Recuerda que la palabra *inspirar* proviene de *espíritu*. Si enciendes el espíritu de tus hijos, surgirá su genialidad.

Ventaja del Ganador #8

Protege tus activos

A mucha gente pobre y de la clase media le enorgullece decir: "Mi casa (o mi coche) está a mi nombre." A eso se le llama *orgullo de poseer*.

Los ricos, por otra parte, no quieren tener nada a su nombre. Los ricos protegen sus activos por medio de entidades legales como las sociedades de responsabilidad limitada y las corporaciones tradicionales, por mencionar tan sólo algunas.

Asimismo, usan estas entidades legales para protegerse de dos tipos de depredadores y de sus estrategias:

1. El gobierno (impuestos)
2. Gente (demandas)

Si tú o tus hijos planean ser ricos, es muy importante que conozcan el manejo de las entidades legales… antes de amasar sus fortunas. Si ya tienen fortunas, pero todavía no cuentan con entidades, podrían perderlo todo.

Protección de los depredadores

Hay dos tipos de depredadores. El primero es el gobierno. Si no tienes una entidad que te proteja, pagarás cada vez más en impuestos. El segundo es la gente… hienas humanas, depredadores de dos patas.

Como ya lo mencioné antes, mi vida fue pacífica hasta que la fama y la fortuna me volvieron el centro de atención de muchos. El alto perfil que tuve de repente (además de mi proclividad a llamar a las cosas por su nombre) hicieron que la gente equivocada también comenzara a prestarnos atención a mí y a mi esposa. Ya nos han demandado varias veces desde el 2000.

La lección aprendida aquí es: si quieres que tus hijos lleguen a ser ricos, enséñales a proteger sus activos desde antes de que lo sean porque, como ya habrás escuchado por ahí la frase, "No puedes comprar un seguro para autos después de que ya tuviste el accidente".

Ventaja del Ganador #9

Jubilación temprana

Warren Buffett ya nos advirtió que la inminente crisis del retiro será mucho mayor que el colapso de las hipotecas *subprime*.

En cuanto los *baby boomers* del mundo comiencen a jubilarse, tendrán que enfrentar una enorme tormenta de mentiras, incompetencia y engaños que convertirán sus años dorados en un gran abismo. Es probable que se convoque a los Bancos Centrales del mundo a rescatar los planes de retiro.

El mayor problema para los millones de personas que se jubilen será que tendrán mucho tiempo pero no suficientes recursos. Dicho de otra forma, ahora tal vez sepan con cuánto dinero cuentan para su jubilación, pero en definitiva no pueden saber cuánto tiempo van a vivir. Asimismo, como la inflación se incrementa día con día, es de esperarse que muchos se queden sin un quinto antes de lo esperado.

El mejor plan para la "jubilación temprana" de tus hijos es empezar a impartirles educación financiera lo antes posible. Si comienzas desde que son niños y les inculcas el valor del aprendizaje permanente, ellos contarán con la enorme ventaja de retirarse siendo jóvenes, si así lo desean. La educación financiera es un paso crucial para prepararse para el futuro, un futuro que les dará a tus hijos libertad y prerrogativas que otros no tendrán en la vida. Si cuentan con cimientos sólidos de educación sobre el dinero y las inversiones, quizá tus hijos no tengan que trabajar toda la vida como es el caso de muchos *baby boomers*.

Kim y yo nos retiramos en 1994. Ella tenía 37 y yo 47. Nos retiramos tempranamente porque queríamos poner a prueba nuestras inversiones. En el caso de que estuviéramos haciendo algo mal y éstas fallaran, todavía seríamos suficientemente jóvenes para reponernos. Sin embargo, en lugar de fallar, nuestras estrategias de inversión tuvieron un excelente desempeño, y en particular, después de la crisis *subprime* de 2007.

Hoy en día el escenario para la jubilación no es nada alentador; cuarenta y nueve de los cincuenta estados de la unión tienen planes de pensiones con déficit de fondos. Por si este desastre no fuera suficiente, Seguridad Social y Medicare están a punto de quebrar.

Para 2020, la crisis del retiro aflorará como un fenómeno mundial. Los años dorados de los *baby boomers* no serán tan fulgurantes como esperan. En un futuro próximo podría llegar a haber entre tres y hasta cuatro generaciones de una familia viviendo bajo el mismo techo.

VENTAJA DEL GANADOR #10

El uso de la ley de compensación

La ley de compensación dice: "Mi compensación aumenta en proporción a mi experiencia." En otras palabras, entre más astuto y competente me vuelva, más podré ganar. En los deportes profesionales, por ejemplo, los novatos comienzan ganando salarios bajos. Si continúan mejorando y ganando experiencia, su salario se incrementa. Si no, lo más lógico es que los saquen del equipo.

Esta crisis financiera se desarrollará a largo plazo porque hay millones de personas desempleadas que no están obteniendo la tan valiosa experiencia profesional. De hecho, la crisis está gestando ahora mismo una generación perdida porque hay muchísimas personas que se encuentran en su tercera ventana de aprendizaje —entre los 24 y los 36 años—, pero están desempleadas.

Tú puedes darle a tus hijos la ventaja del ganador, si les enseñas a buscar mentores y a estar dispuestos a trabajar a cambio de experiencia solamente. Eso fue lo que yo hice. Aprendí más trabajando para padre rico sin salario, que yendo a la escuela y asistiendo a clases. Creo que haber trabajado a cambio de nada por algún tiempo es lo que ahora me permite ser rico en el aspecto financiero.

Te sorprendería saber cuántas personas exitosas están dispuestas a enseñarle a la siguiente generación. Gente que sabe que, entre más dé, más recibirá. Los perdedores no saben eso o, si lo saben, no lo creen. En la actualidad hay muchos programas de enseñanza a través de mentores, dirigidos a gente joven.

Las habilidades más importantes que aprendí de padre rico son las que me permitieron desarrollarme en los cuadrantes D e I, y son las siguientes:

- Captación de capital
- Liderazgo
- Diseño de proyectos de negocios
- Aprovechamiento de deuda para la generación de recursos

MI HISTORIA

En 1974, conseguí empleo en la Corporación Xerox en Honolulu, lo hice para aprender a vender. Fue mi verdadero primer empleo como adulto y durante dos años tuve que luchar para superar mi timidez y miedo al rechazo, al mismo tiempo que vivía preocupado pensando en que me despedirían en cualquier momento. Cuatro años después, me encontré de manera constante entre los cinco representantes de ventas más exitosos de Honolulu. A pesar de que empezaba a ganar bastante dinero, supe que había llegado el momento de pasar del cuadrante E al D y comenzar el negocio que se estaba gestando en mi mente. Era un negocio de carteras de nailon y velcro para surfistas que al principio me hizo ganar mucho dinero, pero después fracasó. A pesar de que me dolió caer y de que la pérdida económica fue extrema, sabía que estaba adquiriendo experiencia en los cuadrantes D e I. Cuando dejé Xerox para ir al cuadrante D tenía 28 años y estaba en mi tercera ventana de aprendizaje. Fue un salto de fe como los que he dado en varias ocasiones desde entonces. Los empresarios somos expertos en los saltos de este tipo, por si no lo sabías.

UN EMPLEO PARA APRENDER

Trabajé en Xerox porque quería saber cómo vender. Era un capitalista novato y sabía que tenía que aprender a captar recursos. Ésta sigue siendo una labor fundamental hasta la fecha y, si le preguntas a cualquier empresario, verás que está de acuerdo conmigo. Lo principal es saber reunir capital por medio de los clientes, los inversionistas y el trabajo de los empleados.

Donald Trump y yo recomendamos los negocios de redes de mercadeo para obtener el mismo tipo de habilidades y experiencia que yo obtuve en Xerox. Sabemos que si puedes vender, enfrentar el rechazo y aumentar tu capacidad de liderazgo, tendrás una gran probabilidad de éxito en los cuadrantes D e I. La ley de la compensación también es aplicable a la industria de las redes de mercadeo, sin embargo, mucha gente se da por vencida rápidamente y no llega a aprender nada importante de su experiencia.

La ley de la compensación sigue vigente. En mi caso, todos esos años de lucha en el salón de los cuadrantes D e I tuvieron su recompensa. La ventaja del ganador que tengo es que mi Padre Rico pasó años preparándome para este proceso, y tú puedes hacer lo mismo con tus hijos.

DOS PROFESIONES

Hoy más que nunca, es de suma importancia que tus hijos tengan, por lo menos, dos profesiones: la que ellos elijan y la que les dará seguridad económica. Mi profesión personal es la enseñanza, sin embargo, ser maestro del cuadrante D es lo opuesto a serlo en el cuadrante E, en donde normalmente están todos los educadores. La profesión que me da seguridad económica es la del cuadrante I, en donde tengo mis negocios, bienes raíces, propiedad intelectual, petróleo, oro y plata.

LOS TALENTOS DE OTRAS PERSONAS

La capacidad de liderazgo es esencial para los empresarios. Yo aprendí mucho sobre este tema en la escuela militar, en el Cuerpo de Marina, en los equipos deportivos a los que pertenecí y en mis propios negocios.

Tus hijos pueden adquirir habilidades de liderazgo de muchas maneras. De hecho, las reciben cada vez que participan en actividades de grupo. Sin embargo, antes de llegar a ser líderes, deben aprender a ser buenos seguidores. Hay muchas personas, particularmente en el cuadrante A, que saben ser buenos líderes pero son terribles para seguir a otros. También es común que los estudiantes de "10" carezcan de esta habilidad; por eso tienden a estudiar para llegar a ser doctores y abogados del cuadrante A.

EL DINERO DE OTRAS PERSONAS (OPM)

Si aprendes a usar la deuda —también conocida como el Dinero de Otras Personas (OPM, por sus siglas en inglés)— para adquirir tus activos, entonces obtendrás retornos infinitos. En la Cuarta parte del libro, "Conviértete en la Fed", hablaré más sobre este tema. Como ya sabes, el gobierno ofrece importantes incentivos fiscales si usas OPM. Es otra gran ventaja que la educación financiera puede dar a tus hijos.

La gente usa OPM en todo el mundo. De hecho, los negocios más grandes y los edificios más altos fueron fundados y construidos con OPM. En pocas palabras, los capitalistas del mundo usan OPM para volverse ricos.

Recuerda que el flujo de efectivo se ve así:

Cuando la gente de E y A deposita dinero en un banco para ahorradores o de inversión, o en una compañía de seguros, la institución financiera elegida comienza a mover ese dinero. Mientras a la gente de E y A le recomiendan *estacionar* sus recursos, la de D e I no permite que su dinero se quede quieto. ¿Por qué? Porque el dinero estacionado no trabaja de manera activa para ti y se convierte en un pasivo.

En este sistema mundial, la gente de E y A es esa "otra gente", que provee trabajo y dinero a través de sus cuentas de ahorro y de sus planes de retiro. Cada vez que le recomiendas a un niño que "estudie, consiga un empleo, ahorre dinero e invierta en un plan de jubilación", también le estás diciendo que sea la otra gente y permita que lo usen quienes trabajan en D e I.

De hecho, el propósito del sistema educativo es producir gente dispuesta a permitir que la utilicen. Si tú no quieres que tus hijos terminen siendo la otra gente del mundo del dinero, entonces tienes que brindarles educación financiera en casa.

En conclusión

Los cuadrantes son salones de clase

Recuerda que cada cuadrante es un salón de clases en el que se imparten distintas materias. Enséñale a tus hijos esto a temprana edad para que puedan prepararse para el lugar en que tomarán clase en el futuro.

Los cuadrantes son más importantes que las profesiones

También recuerda que el cuadrante es más importante que la profesión. Aunque nunca imaginé que sería maestro —en especial porque reprobaba mucho en la escuela—, ahora lo soy. Sin embargo, enseño en los cuadrantes D e I, no en E ni en A. La diferencia es que aquí hago tanto dinero como quiero, pago muy pocos impuestos (de manera legal) y no necesito un cheque de nómina ni pensión.

Al brindarle a tus hijos estas Diez Ventajas del Ganador, les estarás dando muchas otras ventajas en la vida.

VENTAJAS ECONÓMICAS DE LA EDUCACIÓN FINANCIERA:
- Hacer más dinero.
- Conservar más dinero.
- Proteger más dinero.

VENTAJAS ESPIRITUALES DE LA EDUCACIÓN FINANCIERA:
- Tranquilidad mental.
- Más generosidad.
- Más control sobre tu vida.

Ahora, vamos a graduarnos en el Capítulo diecisiete del libro: "Conviértete en la Fed".

ACCIONES PARA PADRES

EXPLÍCALES A TUS HIJOS POR QUÉ APRENDER SOBRE EL DINERO LES DARÁ UNA VENTAJA INCONMENSURABLE EN LA VIDA.

La educación no tiene que ver con la igualdad ni con la justicia. Los padres le otorgan mucha importancia a la educación de sus hijos porque saben que con ella pueden brindarles ventajas en la vida. La educación financiera es parte fundamental de este concepto y, naturalmente, también les da otras prerrogativas. Si les enseñas a tus hijos acerca de temas financieros, aprenderán cosas de las que la mayoría de los niños nunca se enteran porque no se enseñan en las escuelas.

Tómate el tiempo necesario para explicar los distintos tipos de ingresos y decir por qué es importante entender las diferencias entre ellos. Si tus niños ya tienen la edad adecuada, también puedes ayudarles a identificar la relación entre el ingreso ordinario y los impuestos tal como se explicó en las Acciones para padres del Capítulo trece.

Como muy pocas escuelas imparten educación financiera, tú como padre debes transformar tu hogar en un salón de clases y establecer las noches de educación de riqueza como un ambiente en que las preguntas sean bien recibidas, y en donde se identifiquen los desafíos y los imprevistos de la vida como nuevas oportunidades para aprender.

Al crear un ambiente de aprendizaje activo en tu casa, les estarás dando a tus hijos ventajas inigualables para ser ganadores. Si ellos cuentan con educación financiera sólida, tendrán la libertad necesaria para perseguir sus sueños, y les estarás abriendo la puerta a la posibilidad de nunca necesitar un empleo o un cheque de nómina.

Cuarta parte

Universidad
para capitalistas

¿Por qué no imprimir tu propio dinero?

Introducción a
la Cuarta parte

Muchos empresarios tienen el sueño de comenzar un negocio y, tarde o temprano, "cotizar en la bolsa". Cotizar significa vender acciones de la empresa a través de un ofrecimiento al público. Esto fue lo que hicieron Steve Jobs y Mark Zuckerberg para introducir Apple y Facebook a la Bolsa de Valores. Cuando esto sucedió, ambos comenzaron a imprimir cantidades inigualables de acciones de sus propios negocios. Y se hicieron millonarios.

La mayoría de los empresarios tiene la idea de que vender acciones de sus compañías al público es una especie de *graduación* universitaria. El mayor regalo es que, a partir de entonces, se puede imprimir dinero propio. Esto también significa que ya no se tiene que pedirlo a otros. El dinero se imprime al emitir más acciones de la compañía y venderlas al público. ¡Es como obtener un doctorado en capitalismo!

El 9 de marzo de 2004 fue uno de los días más felices de mi vida porque una empresa que fundé con unos amigos cotizó por primera vez en la Bolsa de Valores de Toronto. Era una empresa minera en China con yacimientos comprobados de oro valuados en cinco mil millones de dólares.

A pesar de que mi sueño se había vuelto realidad, no interrumpí mi educación financiera. El juego comenzó en cuanto el gobierno chino se dio cuenta de cuánto oro habíamos descubierto. En nuestras negociaciones, un funcionario de alto nivel del gobierno nos hizo saber que, si queríamos permanecer en el negocio, tendríamos que "hacer felices" a algunas personas. Después de cinco años de negociaciones infructuosas, nos vimos frente a una disyuntiva: hacer algo ilegal o vender. Entonces vendimos las acciones y nos separamos del negocio que habíamos construido desde 1997.

No culpo al gobierno ni a la gente de China, ya que corrupción burocrática la hay en todos los países del mundo. De hecho, la corrupción existe en cualquier lugar en donde se lleven a cabo transacciones.

La experiencia en China me recuerda lo que Padre Rico solía decir: "Los burócratas sólo saben cómo gastar dinero; no saben cómo generarlo. Si supieran, serían capitalistas." También llegó a comentar: "En los países capitalistas, los capitalistas son ricos. En los países socialistas y comunistas, los ricos son los burócratas."

En Estados Unidos hay muchos burócratas que se están volviendo ricos, y ésta no es una buena señal. En mi opinión, es un indicativo de que la corrupción crece, debido a las fallas del sistema educativo.

En las primeras secciones cité un fragmento del libro *What American's Really Want... Really*, del doctor Frank Luntz: "Entonces, ¿cómo podemos preparar a toda una generación de estadounidenses para el éxito en las actividades empresariales? Olvídense de las maestrías. La mayoría de las escuelas de negocios te enseñan a tener éxito en una corporación grande (burocrática) en lugar de enseñarte cómo iniciar tu propio negocio."

Te repito que, según las encuestas del doctor Luntz:

- 81% de los estadounidenses dice que las universidades y preparatorias deberían desarrollar habilidades empresariales en los estudiantes de manera activa.
- 70% dice que el éxito y la salud de nuestra economía dependen de ello.

Estoy de acuerdo con el doctor Luntz. Si la mayoría de los maestros son empleados, ¿entonces cómo pueden enseñarle a los chicos sobre actividades empresariales? Y si el maestro viene del mundo de los negocios, lo más probable es que sea un capitalista gerencial, es decir, un burócrata que jamás inició un negocio de cero y que, mucho menos, lo llevó a la Bolsa de Valores con una oferta pública.

A mí me preocupa que lo único que nuestras escuelas estén haciendo sea producir más y más burócratas en masa con títulos académicos. Si esto continúa así, no sólo se va a incrementar la corrupción, también comenzarán a abandonar el país más empresarios legítimos.

Por todo lo anterior, creo que la educación financiera es fundamental para tus hijos. Necesitamos empresarios; gente que crezca y abra negocios, cree empleos y aprenda a imprimir su propio dinero.

FORMAS DE IMPRIMIR TU PROPIO DINERO

Iniciar un negocio y venderlo al público es una de las formas en que puedes imprimir tu propio dinero.

Otra manera es lo que se conoce como intercambio de análisis técnico en el Mercado de Valores. En este tipo de intercambio se usan estrategias como *opciones call (de compra), opciones put (de venta), posición corta, garantías bilaterales y opciones mixtas*. En el juego *CASHFLOW 202* se enseñan algunas de estas estrategias, pero como siempre, te recomiendo que antes de iniciar cualquier plan o estrategia de inversión en el mundo real, practiques y te prepares mucho.

Asimismo, recuerda que no tienes que pertenecer al Mercado de Valores para imprimir dinero. Por ejemplo, cada vez que escribo un libro, estoy fabricando dinero. Si me aseguro de registrar los derechos de autor a nivel internacional para los editores que traducen y publican mis libros en otros idiomas, también estoy imprimiendo dinero. Ese dinero me llega de manera regular a través de cheques por concepto de regalías que vienen de todo el mundo.

Hay muchas formas en que un niño puede desarrollar sus propios caminos para imprimir dinero. Aquí te doy cinco ejemplos:

1. Si un niño pone un puesto de limonada y la intercambia por dinero, ya está imprimiendo su propio dinero al que se le puede llamar, *venta de limonada*.
2. Si un grupo de niños se reúne para montar una obra de teatro, los boletos que vendan serán otra forma de dinero que ellos mismos imprimirán.
3. Si la banda que ensaya en la cochera produce un CD que resulta ser un *hit*, entonces la venta de ese CD será su forma de imprimir dinero. Y cuando la banda salga de gira y venda boletos, estará imprimiendo más dinero aún.
4. Si una persona diseña una aplicación para *smartphones* o tabletas, y recibe ingresos por ello —dinero que se genera cada vez que la aplicación se descarga—, el invento es la forma de imprimir dinero.
5. La venta de galletas de niñas exploradoras es un ejemplo importante de impresión de dinero… y de la forma en que piensan los capitalistas generosos.

Mi punto es: la impresión del dinero se puede enseñar y motivar en casa. Tú no necesitas que los burócratas del gobierno enseñen a tus hijos a hacerlo porque, además, permitir que un *burócrata-académico* (un empleado por partida doble) enseñe actividades empresariales, sería el equivalente a que yo le enseñara a tu hijo a realizar cirugías cerebrales. El resultado podría dejar *idiota* a alguien.

Hay muchas maneras en que un padre o una madre puede enseñar a sus hijos a imprimir su propio dinero, y van de las más sencillas a las más complejas. El único límite es la imaginación de cada persona.

Como complemento para este libro hemos creado: *Estudiantes de "10"*, una guía de estudio. Esta guía te ayudará en el proceso de enseñarle a tus hijos sobre el dinero y sobre cómo ser un capitalista que imprime su propio dinero. Una vez que tus hijos hayan aprendido a crear sus recursos, quizá ya nunca necesiten un empleo. Si trabajan, será porque así lo desean. Cualquier padre puede darle a sus hijos este increíble regalo.

De hecho, con tan sólo animarlos a abrir un puesto de limonada o conseguir un empleo en McDonald's, les estarás dando una tremenda ventaja en casa. McDonald's es un excelente lugar para aprender a ser un empresario que, algún día, llegará a imprimir su propio dinero.

Una gran escuela de negocios

Mucha gente bromea sobre voltear hamburguesas en McDonald's, pero lo hace porque pertenece al cuadrante E.

McDonald's es una de las mejores escuelas de negocios para quienes desean aprender a ganar dinero en los cuadrantes A o D.

Cada vez que algún joven me pregunta cómo puede adquirir experiencia de negocios en el mundo real, le sugiero que solicite un empleo de medio tiempo en McDonald's y se fije en cómo funcionan sus sistemas. Podría decirse que McDonald's tiene los mejores sistemas de negocio del mundo.

A los jóvenes les sugiero trabajar en todos los puestos posibles, de cajero a cocinero, intendente y, si es posible, gerente de turno. En este pequeño espacio de ventas al menudeo, los jóvenes pueden adquirir experiencia completa de negocios y con sesiones de práctica en distintas ramas. Es el tipo de práctica que los preparará para dirigir sus propios negocios.

El trabajo en McDonald's les puede dar una experiencia del 80% de los distintos elementos que conforman el negocio. Si trabajan para una empresa tradicional, quizá obtengan experiencia en un departamento como el de contabilidad, pero nada más.

Por supuesto, si los jóvenes ven a McDonald's desde el punto de vista del cuadrante E, pensarán que la paga es terrible. Pero si lo ven desde la perspectiva de los cuadrantes A o D, se darán cuenta de que la experiencia es sumamente valiosa.

A los fanáticos de la salud no les sugeriría comer en McDonald's, pero lo que estoy haciendo aquí es recomendar el sistema de negocios. Padre Rico solía decir: "Casi todos pueden cocinar mejores hamburguesas que las de McDonald's, pero muy pocos podríamos construir un negocio mejor."

Recuerda la enseñanza de Padre Rico: "Lo que importa no es la profesión, sino el cuadrante." Actualmente soy maestro de los cuadrantes

D e I, y por eso puedo hacer más dinero que otros educadores. Además, imprimo mi dinero en estos salones de clase.

La Cuarta y última parte del libro se enfoca en la forma en que la educación financiera les puede ayudar a ti y a tus hijos a *convertirse en la Fed* e imprimir su propio dinero, pagar menos impuestos, hacer más buenas obras, ser más generosos y protegerse a sí mismos de la creciente inflación, los impuestos y de toda la pobreza que se ve venir en esta turbulencia financiera.

Capítulo
diecisiete

Conviértete en la Fed

Sospecho que, hasta antes del colapso de 2007, muy poca gente estaba al tanto de la existencia del Banco de Reserva Federal de Estados Unidos, mejor conocido como la Fed. La Fed solía ser una institución oscura que ejercía poder silencioso sobre nuestro país y sobre la economía mundial. A pesar de que para estas fechas ya muchos han *escuchado* sobre la Fed, su papel y funcionamiento continúa siendo un misterio en general.

El propósito definido de la Fed es "promover de manera efectiva los objetivos de empleo para la mayor cantidad de gente, estabilidad de precios y moderación de las tasas de interés a largo plazo".

Evidentemente, a la Fed le está costando hacer su trabajo y, de hecho, debido a esto tenemos déficits multibillonarios. En lugar de resolver los problemas subyacentes, esta institución sólo imprime más y más dinero.

JUSTIFICACIÓN

Hoy en día hasta la gente sin hogar está al tanto de la Fed. En los lotes vacíos en donde se resguardan muchos indigentes han comenzado a aparecer pancartas que dicen, "Fin a la Fed".

Durante el movimiento de la Ocupación de Wall Street, que comenzó el 17 de septiembre de 2011 en Zucotti Park, cerca de Wall Street en Nueva York, se vieron muchos letreros en los que se exigía que se cerrara la Fed. Ahora mucha gente ya está enterada de que la Fed no es federal, no es un banco y, además, no tiene reservas. Ni siquiera es una institución estadounidense, ya que le pertenece a la gente y los bancos más ricos del mundo. La Fed tiene el poder de imprimir dinero a pesar de que su presidente, Ben Bernanke lo niega.

Esta institución emite cheques de la nada para comprar bonos del Tesoro de Estados Unidos y otros activos, y así impedir que la economía colapse. Luego el dinero fluye hacia los bancos más grandes y, de ahí, a la economía. Más adelante, la Fed cobra intereses sobre los bonos, y estos intereses los pagan los contribuyentes. ¿Qué pasa con el dinero que recauda la Fed? Bien, ésa es la pregunta de los varios billones de dólares.

En 2009, Ron Paul, entonces candidato presidencial y diputado de Texas, escribió un libro intitulado, *Fin a la Fed* (*End the Fed*). Paul ha sido crítico y oponente de la Fed por años, y considera que es una organización casi criminal, un cártel conformado por los bancos privados más grandes del mundo. Aunque estoy de acuerdo con Ron Paul y creo que el mundo estaría mejor sin bancos como la Fed, prefiero no desperdiciar mi tiempo en protestas. Creo que es mejor idea invertirlo en incrementar mi inteligencia financiera y ver a esta institución desde el canto de la moneda, es decir, el punto de observación que me permite considerar ambas caras. Al ver los dos lados me doy cuenta de que la Fed ha hecho mucho bien, aunque a muchos les parece que es un peligro.

Asimismo, a pesar de que puedo entender los dos puntos de vista, me inclino por el altísimo nivel de conciencia que ahora tienen hasta a los indigentes protestando por la Fed.

En los sesenta, cuando estaba en la preparatoria, el presidente Lyndon B. Johnson lanzó sus programas de la Gran Sociedad, los cuales condujeron a la creación de Medicare, Medicaid y la Ley para las personas mayores de Estados Unidos. Gran Sociedad fue diseñado para salvar a los pobres; sus programas crecieron bajo el mandato de los presidentes republicanos Richard Nixon y Gerald Ford, pero su mayor expansión se produjo durante el periodo presidencial de George W. Bush. Asimismo, cuando el presidente Bush se enfrentó al desafío de la reelección, aprobó las ramificaciones: Medicare Parte D, Medicare Prescription Drug, Improvement y Modernization Act. Esto le permitió a Medicare + Choice, añadir la cobertura de las medicinas de prescripción, y entonces el conglomerado se popularizó con el nombre de Medical Advantage Plans (Planes de Cuidados Médicos; MA, por sus siglas en inglés). Medicare es, quizá, el programa de ayuda social más caro de Estados Unidos hasta la fecha. La decisión de George W. Bush hizo muy felices a las empresas farmacéuticas y a los votantes de mayor edad, y así fue como ganó el segundo periodo.

MI HISTORIA

Ahora tenemos Obamacare, que bien podría llegar a ser la peor de todas las políticas presidenciales. Creo que muchos estarán de acuerdo con que Obamacare no es sólo un programa de salud, es un asunto de dinero y poder. Hay leyes que forman parte de este plan, que no tienen nada que ver con el bienestar, sino con otorgarle más poder al gobierno a costa de una invasión aún mayor de nuestras vidas privadas. No es de sorprenderse que en meses recientes las palabras socialismo y comunismo se escuchen más y más en los medios de comunicación masivos.

PARA SALVAR A LA CLASE MEDIA

En la carrera presidencial de 2012, en las campañas retóricas del presidente Obama y de Mitt Romney se prometió "salvar a la clase media". Yo me pregunto: "¿Y quién va a salvar a los pobres?"

¿La Fed ha hecho que la vida de la clase media y de los pobres sea aún más difícil? Bueno, de una cosa podemos estar seguros: definitivamente sí ha hecho que todo sea más agradable para los ricos.

Por desgracia, muy pocos políticos tienen el valor para enfrentarse a la Fed; de hecho, en lugar de tener una confrontación con esta institución, nuestros dirigentes sólo hablan de la "expansión cuantitativa", término con el que se describe la indiscriminada impresión de dinero por parte de la Fed.

La caída al abismo fiscal

En las últimas semanas de 2012, el gobierno de Estados Unidos se enfrascó en una batalla entre republicanos y demócratas. En los noticieros se escuchaban incontables historias sobre el hecho de que estábamos "Al borde de un abismo fiscal". Un partido hablaba de recortar el gasto, y el otro, de cobrarles más impuestos a los ricos. En mi opinión, los partidos no se ponen de acuerdo porque saben que no pueden resolver los problemas. Los políticos están conscientes de que no cuentan con suficiente poder; quizá sepan cómo actuar, pero no tienen las agallas para hacerlo.

Una vez más los legisladores "patean la lata", cubren las heridas financieras del país con curitas, y le arrojan el problema a la siguiente generación de legisladores y ciudadanos estadounidenses. Fue lo que hizo Franklin Delano Roosevelt. Fundó Seguridad Social y otros programas en la última Depresión, pero sus soluciones, aunadas al programa Medicare del presidente Lyndon B. Johnson, son ahora una preocupación para nosotros. Lo admitamos o no, comenzamos a caer al "abismo fiscal" hace ya mucho tiempo.

En la depresión anterior, a las ciudades de tienditas de campaña en donde vivían los indigentes comenzó a llamárseles "Hoovervilles" en honor al presidente Herbert Hoover. Si acaso la historia pudiera guiarnos, sabríamos que imprimir más dinero para resolver las dificultades económicas sólo nos traerá dificultades mayores y provocará que millones de personas más caigan en la indigencia.

Aunque estoy de acuerdo con Ron Paul en que debemos darle "Fin a la Fed", prefiero aprovechar la educación financiera que recibí de mi Padre Rico, quien enseña: "Conviértete en la Fed." Padre Rico solía decir: "La mejor manera de ayudar a los pobres es no ser uno de ellos." También decía: "Entre más trates de ayudar a los pobres, más pobres habrá." Padre Rico creía que en lugar de que los gobiernos imprimieran más y más billetes, lo que se debía hacer era enseñarle a la gente a pescar: a fabricar su propio dinero. En el siguiente capítulo aprenderás a ser la Fed en lugar de destruirla.

ACCIONES PARA PADRES

ENSÉÑALES A TUS HIJOS A IMPRIMIR SU PROPIO DINERO.

Una de las ventajas de ser pobre y trabajar para Padre Rico (quien no me pagaba nada) fue que tuve que aprender a usar la cabeza para resolver mis problemas económicos.

Se dice que "la pobreza conduce a la creatividad" y, como ya lo relaté en *Padre Rico Padre Pobre*, yo comencé a "hacer dinero" derritiendo tubos de pasta dental antiguos para fabricar moneditas de plomo. En la Academia de la Marina Mercante hacía algo de dinero adicional tomando las velas viejas de los barcos para fabricar coloridas carteras de nailon. Como las carteras de piel se echaban a perder debido a los elementos naturales, los marineros recibieron bien las de fibra sintética.

Lo que quiero decir con esto es que no tener dinero me hizo más creativo porque me obligó a encontrar maneras de imprimir mi propio dinero. Actualmente hago lo mismo con los libros que escribo, los juegos que diseño y en nuestros negocios de educación financiera como Rich Dad Company, así como en las inversiones en bienes raíces para renta y petróleo. Tus hijos también pueden imprimir su propio dinero con tu ayuda.

Capítulo dieciocho

¿Cómo imprimo mi propio dinero?

A continuación, describiré el proceso que utilizo para imprimir mi propio dinero. Me he esforzado por hacerlo lo más sencillo posible, pero no sé si lo logré, ya que es bastante complicado.

Te pido que hagas lo posible por seguir mi explicación al pie de la letra. Si no la entiendes por completo, no te preocupes, es normal. Si quieres tener una comprensión más profunda de ella, te sugiero que te reúnas con algún amigo —alguien que desee aprender—, para que juntos lean y analicen el proceso.

Cada vez que quiero aprender algo nuevo, me junto con amigos y hablamos sobre distintos temas de interés en grupo. Ya sabes lo que dicen: "Dos cabezas piensan mejor que una"; sentencia que también es cierta en cuanto a la fabricación de dinero.

A mí la colaboración me ayuda mucho a aprender, por eso me rodeo de un equipo de asesores inteligentes y con experiencia.

Por desgracia, en el ambiente escolar a eso se le considera hacer trampa.

JUSTIFICACIÓN

Invariablemente sucede que, cada vez que explico el proceso para *convertirse en la Fed*, alguien se pone de pie y dice, "Pero eso no se puede hacer". Mi respuesta siempre es la misma: "Tal vez usted no pueda hacer eso aquí, pero yo sí. Y lo hago todos los días." Para ser más preciso: he podido crear vehículos —inversiones, propiedad intelectual y activos—, que llevan dinero a mi bolsillo mes a mes, año tras año, trabaje o no. A eso le llamo "ser la Fed"... o imprimir tu propio dinero.

Sobra decir que no todo mundo puede *ser la Fed*, pero hay ciertos pasos que cualquiera puede dar para mejorar su situación financiera.

Éstas son algunas sugerencias:

1. Sé empresario: sé el dueño de tu propio negocio.
2. Construye un equipo de asesores, abogados, contadores y otros empresarios.
3. Entiende cómo usar la deuda.
4. Entiende la legislación fiscal.
5. Desarrolla inteligencia emocional alta.
6. Fíjate estándares altos en cuanto a legalidad, ética, moralidad y prácticas personales.
7. Sé inversionista en bienes raíces.
8. Sé inversionista en *commodities* (insumos).
9. Dedica tiempo a la educación financiera y a poner en práctica lo que aprendas.
10. Desarrolla habilidades sólidas de comunicación y de trato con la gente.

MI HISTORIA

Permíteme contarte cómo creé mi propia Fed...

En 1973, cuando volví de la Guerra de Vietnam, no sabía si podría salir adelante en el mundo de Padre Rico. Entendía, por lo menos en lo más básico, los diez requisitos que acabo de mencionar, lo esencial en su ámbito. Sabía que un empleo seguro y los cheques de nómina, *no* estaban en la lista, y además, entendía el porqué. Tenía 25 años, pero también me quedaba claro que el proceso no sería fácil.

Aunque no me agradaba la escuela, quería aprender a ser capitalista. Ésa era mi ventaja: que quería aprender. Verás que, para ti también, el *deseo* de aprender será la clave del éxito.

Mientras estudiaba lo que necesitaba para hacer el viaje por el sendero empresarial que había elegido, me di cuenta de que acababa de iniciar otro capítulo en mi vida. De la misma manera en que me había sucedido en la escuela, este nuevo proceso sería como la transformación de la oruga en mariposa. No volvería a tener empleos fijos ni cheques de nómina; y si fracasaba o caía, no habría nadie ahí para atraparme. Igual que sucedía al volar aeronaves, podía chocar, estallar, arder y morir en el proceso de ser empresario.

Ahora te presentaré algunos puntos importantes que debes recordar antes de que te explique cómo convertirte en la Fed.

Punto #1: tres tipos de ingreso

Ya mencioné que hay tres tipos de ingreso. Los repito para que los recuerdes:

1. Ordinario
2. De portafolio
3. Pasivo

Los tres tipos son importantes. Son la razón por la que el presidente Obama pagó cerca de 20.5% de impuestos sobre 3 millones de dólares en ingresos, y Mitt Romney pagó 14% sobre 21 millones. Como ya se explicó en un capítulo anterior, el presidente trabaja a cambio de ingreso ordinario, en tanto que Romney se enfoca en ingreso de portafolio.

Creo que Steve Jobs cobraba sólo un dólar de salario al año porque no le interesaba el ingreso ordinario. Él también se enfocaba en el ingreso de portafolio y en el pasivo.

Por desgracia, la mayoría de la gente sólo está enterada de la existencia del ingreso ordinario. Para tener éxito en el proceso de *convertirse en la Fed*, es necesario tener conocimiento y práctica en la obtención de los tres tipos de ingreso.

Punto #2: cuatro tipos de dinero

Para entender el proceso de ser la Fed, es importante comprender a fondo la historia de la economía y de los cuatro tipos de dinero que son:

1. Dinero de insumos
2. Dinero de reserva
3. Dinero de reserva fraccionaria
4. Dinero por decreto oficial o moneda *fiat*

La crisis financiera en que estamos sumergidos fue provocada por el dinero por decreto oficial o moneda *fiat*. Éste es el dinero que no está respaldado por oro ni plata, sino solamente por la promesa del gobierno (y, para ser franco, creo que no nos gustaría revisar ahora el historial de promesas incumplidas por parte del gobierno). La Fed y los bancos centrales del mundo imprimen dinero por decreto. El proceso en el que tú puedes convertirte en la Fed exige un revés en la historia. Todo comienza con la capacidad para imprimir tu propio dinero *fiat*, y usarlo para adquirir activos legítimos como negocios, bienes raíces y pozos petroleros. Luego, con el flujo de efectivo de los activos, tienes que adquirir más activos como bienes raíces y dinero de *commodities* como oro y plata. Eso es lo que hacen los capitalistas.

Enseñanzas de la historia del dinero

1. *Commodities*

Hace miles de años, los insumos o *commodities*, como se le llaman en el ámbito monetario, fungían como moneda de cambio. Me refiero a oro, plata, sal, conchas de mar y ganado. De hecho, la palabra capital proviene de *cattle* (ganado, en inglés).

También habrás escuchado hablar del término "en especie". En inglés se usa PIK o *payment in kind*. Esto se debe a que la palabra *kind* se deriva de la palabra alemana *kinder*, que significa bebé —por eso también *kindergarten* significa jardín de niños—. Cada vez que un vaquero le dejaba su ganado a un banquero como garantía por un préstamo, el banco tenía el derecho a conservar a los "bebés" o *kinder*, como pago de intereses. En términos financieros, el término "en especie" (*in kind*) significa "pagar con algo del mismo tipo". Hace muchos años implicaba pagar los intereses con terneros, pero hoy significa pagar con dinero.

Cuando se usan insumos en lugar de dinero, al proceso se le denomina *trueque*.

2. Dinero de reserva

El segundo tipo de dinero es el de reserva. Cuando los mercaderes viajaban por el desierto para comprar artículos a tierras lejanas, en lugar de llevar oro consigo —lo cual era muy peligroso—, depositaban el metal precioso o ganado con un *banquero*, quien en aquel entonces era alguien en quien se confiaba para que guardara los bienes.

El banquero emitía una nota en la que se indicaba dónde estaba el oro o el ganado que guardaba. Luego los mercaderes viajaban por el desierto y pagaban sus compras con esa nota que entonces se conocía como *divisa de reserva*.

3. Dinero de reserva fraccionaria

No pasó mucho tiempo antes de que el banquero a quien se le confiaban los artículos se diera cuenta de que los mercaderes en realidad no querían el oro ni los otros bienes.

La mayoría de los clientes de los banqueros se quedaban contentos con aquellas *notas:* los pedacitos de papel o pagarés emitidos por el banquero. Las notas eran más ligeras y se podían doblar; además era menos peligroso transportar papel que sacos de oro.

Al banquero se le encendió el foco y empezó a prestar *notas de reserva fraccionaria.* Eso significaba que si él tenía 1 000 dólares en oro en sus arcas (pertenecientes a los depositantes), podía prestar hasta 10 000 en notas de reserva fraccionaria a otros prestatarios y cargar interés en especie. Gracias a la aparición del dinero de reserva fraccionaria, los bancos pudieron empezar a imprimir dinero.

Cuando esto sucedió se expandió el suministro de dinero y también se incrementó la prosperidad. En el ejemplo que acabo de dar, la *reserva fraccionaria* era de diez. Eso significa que por cada dólar en oro que se quedaba en el banco, había diez dólares de papel en circulación.

Naturalmente, todo mundo estaba feliz… a menos que, de pronto, todos los prestatarios quisieran recuperar su dinero el mismo día. A ese fenómeno se le conoce hoy en día como pánico bancario.

En 2008, justamente después de que Lehman Brothers colapsara, el presidente George Bush aprobó la iniciativa de ley para la creación del Programa de rescate de activos comprometidos (TARP). Bush estaba esforzándose al máximo para prevenir un pánico bancario masivo.

Así fue como la economía global se endeudó por billones de dólares. Los gobiernos de todo el mundo habían impreso ese tipo de cantidades en yenes, euros y pesos para prevenir el pánico bancario global en el sistema mundial. Podría decirse que a los banqueros se les sorprendió prestando dinero que no tenían.

4. Dinero por decreto oficial o moneda *fiat*

En 1971, cuando el presidente Richard Nixon sacó al dólar del patrón oro, nuestra moneda se convirtió en dinero por decreto oficial o *fiat*. Éste es el tipo de dinero que impulsa a la economía mundial hoy en día. La moneda *fiat* es dinero declarado por un gobierno. *Fiat* significa "que así sea" en latín.

Dicho de manera sencilla, el gobierno controla una imprenta con la que puede convertir cualquier pedazo de papel en dinero, y de hecho, como ahora se usa un pulso electrónico, ya ni siquiera se necesita papel.

Cada vez que se imprime más dinero suceden dos cosas:

• Los impuestos aumentan
• La inflación crece

La impresión de dinero es, en esencia, un impuesto doble para los pobres y para la clase media, por eso el abismo entre los ricos y todos los demás se hace cada vez más extenso. Recuerda que en el primer capítulo de *Padre Rico Padre Pobre* dije: "Los ricos no trabajan por dinero." Porque, ¿por qué querría alguien trabajar a cambio de dinero que sólo lo es por decreto oficial?

La impresión de dinero por decreto puede ser benéfica para la economía estadounidense… pero sólo un rato. La moneda *fiat* mantiene bajos los salarios y hace que los productos que fabricamos sean menos caros y se puedan importar en mayores cantidades. Si los gobiernos no devaluaran su dinero por decreto, los productos se volverían más caros, el desempleo aumentaría y el descontento social comenzaría a manifestarse más. El dinero por decreto también sirve para que el gobierno pague su deuda con dólares más baratos, y para que pueda cobrar más por concepto de impuestos porque el ingreso sube en el tabulador fiscal a pesar de que, en realidad, el *valor* del dinero cae en picada.

Cuando abandoné el Cuerpo de Marina en 1973, se consideraba que 25 000 dólares al año era un buen salario de clase media. Actualmente, a esa misma cantidad se le cataloga como un ingreso más bien pobre.

Si continuamos imprimiendo dinero por decreto, no va a pasar mucho tiempo antes de que el ingreso a nivel pobreza sea de 250 000 dólares, y que una hogaza de pan cueste 50. Ya ha sucedido varias veces en la historia. La gente hace más dinero, sube en los tabuladores fiscales, paga más impuestos… y sólo empobrece más cada vez.

Por eso es fundamental que te conviertas en la Fed. Necesitas imprimir todo el dinero que sea posible, crear tu propio dinero por decreto, pagar lo menos posible de impuestos dentro de lo legal, y adquirir más y más activos. Estos activos producirán, a su vez, más dinero *fiat* y, tarde o temprano, volverán a ser dinero de insumos, oro o plata.

Éste es el proceso que usan los ricos; gracias a él, algunas personas se vuelven cada vez más ricas, mientras los pobres y la clase media siguen batallando y empobreciendo. Los ricos no trabajan para obtener dinero *(fiat)*, pero los pobres y la clase media, sí.

¿Yo podría ser la Fed?

Después de salir del Cuerpo de Marina trabajé en Xerox durante el día para aprender a vender, y por las noches y los fines de semana me dedicaba a diseñar e iniciar negocios. Me esforzaba por dar mi primer paso de muchos en la larga lista de lo necesario para llegar a ser empresario y ser la Fed. Sabía que si lo lograba en el cuadrante D, podía hacer mucho más dinero que si me quedaba en los cuadrantes E o A.

Mi vida se convirtió en una serie de éxitos y fracasos. El primer negocio que prosperó fue el de carteras de nailon y velcro para surfistas, negocio que después fracasó y me dejó con una deuda de casi un millón de dólares.

¿Por qué los bancos adoran a los deudores?

En el sistema bancario moderno, por cada dólar que guardes en el banco como ahorro, el banco puede prestar cuatro. Cada vez que invierto en bienes raíces, le estoy ayudando al banco a prestarme dinero. Recuerda que mi dólar en ahorros es un pasivo para ellos; pero si pido dinero prestado, mis cuatro dólares de deuda se transforman en un activo para el banco.

¿De dónde salen los 4 dólares adicionales? De la nada, son de aire. Así es como los bancos más pequeños imprimen dinero. Se trata del sistema de reserva fraccionaria. Este sistema les permite a los bancos prestar más dinero del que tienen guardado; sin embargo, siempre tienen que conservar por lo menos una fracción que, en este caso, es un cuarto de los depósitos totales (por eso se llama reserva fraccionaria). Si nadie pide dinero prestado, entonces a los bancos no les sirve de nada que tú ahorres porque, de hecho, guardar tu dinero a ellos les cuesta. En el punto más álgido de la crisis financiera, los ahorradores ahogaron a los bancos con ahorros, pero como éstos no podían prestar, comenzaron a cobrarles a los ahorradores intereses para poder mantener el dinero seguro.

Para pagar la deuda me involucré en el mundo del *rock and roll* y comencé a fabricar productos con autorización para bandas como Duran Duran, Pink Floyd y The Police. El rápido despegue que tuve en el ámbito musical también tuvo un revés un poco más adelante. A pesar de que sabía que cada fracaso me hacía más astuto, el dolor de ver todo derrumbarse era demasiado.

Es por esto que la inteligencia emocional y la educación espiritual son elementos vitales en el proceso de aprendizaje. En muchas ocasiones quise renunciar, hacer trampa, mentir y hasta robar, pero me mantuve en el camino correcto y enfrenté cada día y cada problema como si fueran una nueva oportunidad de ser más inteligente, de adquirir experiencia y de desarrollar mi carácter legal, ético y moral.

Al final logré lo que quería, pero no lo habría hecho sin mi esposa Kim y los maravillosos amigos que tengo. Éste es un proceso de transformación, es como una pelea escolar cuando eres niño. Hoy puedo decir que *poseo* mi propia Reserva Federal.

Esto es lo que hago para ser la Fed:

1. Imprimo mi propio dinero por decreto

En 1996, Kim y yo fundamos Rich Dad Company. Para hacerlo reunimos 250 000 dólares que recibimos de inversionistas. En cuanto la compañía estuvo lista y en funcionamiento, pagamos a los inversionistas con intereses (en dinero).

Hoy en día nuestro negocio imprime su propio dinero *fiat* por medio de su operación en 55 países de donde se reciben ingresos netos por millones de dólares y, además, genera empleos en todo el mundo.

Usted no puede hacer eso

Cada vez que explico cómo imprimimos dinero, aparece alguien que dice: "Usted no puede hacer eso" o "No puede hacer eso aquí en mi país."

Entonces yo le aseguro a esa persona que esto sucede en todos los países. Mi respuesta es: "Quizá tú no puedas, pero hay alguien en tu país que ya lo está haciendo. Así es como funcionan las leyes en casi todas las naciones del mundo libre. Así que, la próxima vez que veas un gran edificio de oficinas, un hotel o un proyecto residencial, recuerda que los dueños de esos edificios también imprimen su propio dinero." Pero, ¿cómo lo hacen?

Todos los recursos que recibimos son retornos infinitos porque el dinero que invertimos originalmente en el negocio —el que les pertenecía a los inversionistas y el nuestro— ya fue pagado de vuelta. El retorno infinito es el equivalente a imprimir dinero como lo hace la Fed. Cada año nosotros diseñamos productos nuevos y, una vez más, comenzamos a recibir dinero. Si Rich Dad Company cerrara, el efectivo seguiría fluyendo gracias a nuestras licencias internacionales para libros y juegos.

2. Invierto en bienes raíces con dinero de reserva fraccionaria

Los bienes raíces son una gran inversión porque les encantan a los banqueros. De hecho, es mucho más sencillo conseguir un préstamo para adquirir bienes raíces que para iniciar un negocio. La inversión en estos bienes es como manejar dinero de reserva fraccionaria porque, por cada dólar que invierta en bienes raíces como edificios de departamentos o propiedades comerciales, el banco me puede prestar otros cinco dólares. El radio es de 1:4.

Al dinero de reserva fraccionaria le llamo el levantón de *uno a cinco* porque, con él, puedo expandir mi suministro personal de dinero en un 500 por ciento. Algunos le llaman a esto *apalancamiento*, y hay quienes le llaman OPM (Dinero de Otras Personas). También hay algunas personas que lo consideran deuda: una palabra de cinco letras que, para muchos, no tiene nada de negativo.

Nuestro objetivo es recuperar nuestros dólares, nuestro dinero por decreto. Eso significa que vamos de un radio de 1:4 de participación a deuda, a uno de 0:5. El radio de 0:5 permite que en la propiedad mi participación sea igual a cero y que la deuda esté financiada con el dinero del banco al 100 por ciento. Si pedimos prestado 1 dólar, cambiamos de dinero de reserva fraccionaria a puro dinero *fiat*. De esta manera la propiedad de bienes raíces imprime nuestros recursos usando el 100% del dinero del banco. Así pues, si en la inversión no hay ni un centavo nuestro, entonces los retornos se vuelven infinitos, lo cual es, en efecto, como si imprimiéramos dinero por decreto al 100 por ciento.

LA LEY DE LA COMPENSACIÓN

En 1973, después de tomar un seminario de inversión en bienes raíces de tres días, adquirí mi primera propiedad por 18 500 dólares. Di 10% de enganche, es decir, 1 850 dólares. Para eso usé mi tarjeta de crédito, y así, realicé mi primera inversión financiada al 100 por ciento.

Para 2005, Kim, nuestros socios Ken McElroy y Ross McAllister y yo, ya estábamos armando nuestra primera inversión multimillonaria financiada al 100 por ciento. Kim y yo dimos un millón de dólares como enganche, luego remodelamos la propiedad y le añadimos departamentos. Las rentas subieron y, con base en el nuevo ingreso que se generó, los bancos refinanciaron nuestro préstamo para la propiedad (en inversiones modestas de bienes raíces, los bancos prestan el dinero de acuerdo con la solidez financiera de la propiedad más que de la del inversionista).

¿De qué forma el dinero cambia los cuadrantes?

Cada vez que hago dinero en el cuadrante D, invierto más en el cuadrante I. Lo hago porque esto me ayuda a minimizar —aún más— los impuestos sobre los ingresos que obtengo en D.

Si gastara mi dinero en D, no sería tan rico y pagaría más impuestos.

Por ejemplo, si logro hacer 100 000 dólares en el cuadrante D, puedo invertir en un proyecto de bienes raíces o en un proyecto de petróleo y gas. De esa manera, no sólo adquiriré más activos, también tendré un mayor flujo de efectivo y, te repito, reduciré los impuestos por pagar.

Con el nuevo préstamo que recibimos por la propiedad, Kim y yo recuperamos nuestra inversión de 1 millón de dólares libres de impuestos porque era deuda. Si hubiera sido ingreso ordinario, habríamos pagado aproximadamente 500 000 dólares en impuestos estatales y federales.

La propiedad sigue siendo nuestra. Está financiada al 100% por el banco, y nosotros seguimos recibiendo el flujo de efectivo mensual que está gravado con la tasa más baja para ingreso pasivo. El banco es el socio que proveyó el 100% del dinero invertido, pero nosotros recibimos el 100% de la apreciación, amortización y depreciación. El banco nos devolvió nuestra inversión de 1 millón de dólares, la cual reinvertimos en otro proyecto de departamentos aplicando el mismo proceso. Por eso adoro a los bancos: pueden ser los mejores socios de negocios, siempre y cuando tú también lo seas para ellos. El servicio tributario también puede ser un gran socio si hacemos lo que el gobierno quiere, que es emplear gente, usar la deuda y proveer viviendas.

La velocidad del dinero

La mayoría de la gente, en particular la de los cuadrantes E y A, estaciona su dinero en ahorros, pólizas de seguros o en cuentas para el retiro. La gente de D e I pide prestado dinero y lo mantiene en movimiento por medio de la adquisición de activos. Luego saca el dinero del activo para invertirlo en otro activo, una y otra vez.

La motivación para estas personas es que, de esta manera, recibirán más ingresos y pagarán menos impuestos. Obtienen beneficios porque hacen lo que el gobierno desea: crean empleos, vivienda, alimentos, combustibles y, además, usan la deuda para hacer más dinero.

Dicho llanamente: la gente de E y A estaciona su dinero. La gente de D e I lo mantiene en movimiento. En términos financieros, mover el dinero significa adquirir más activos. A esto se le llama "la velocidad del dinero".

Los elementos fundamentales de la primera inversión que hice en 1973 y de las que ahora hago con Kim siguen siendo los mismos. Lo único que cambió fue la cantidad de ceros en las cifras. Éste es un buen ejemplo de la Ley de la Compensación en acción, la ley que dice que si la educación y la experiencia van en aumento, la compensación también lo hará.

Si mantenemos nuestro dinero en la inversión, el flujo de efectivo que recibiremos será dinero de reserva fraccionaria. En cambio, si no metemos dinero nuestro, y sólo encontramos la manera de que la propiedad esté financiada al 100% como deuda, el flujo de efectivo que recibiremos será puro dinero impreso. Nosotros somos la Fed.

LOS BANCOS SON LOS MEJORES SOCIOS

En lo que se refiere a socios de inversión, déjame decirte que los bancos son los mejores. Ellos ponen todo o casi el dinero y me permiten conservar las ganancias, así como las ventajas fiscales como amortización, apreciación y depreciación. Los socios en general siempre quieren una parte de las ganancias y de los incentivos fiscales, los bancos no.

Si los términos "amortización", "apreciación" y "depreciación" son nuevos para ti y no forman parte de tu vocabulario financiero, revisa el glosario al final del libro. También recuerda hablar con tu asesor profesional de impuestos para que te los explique con mayor detalle.

3. Convierto el flujo de efectivo en dinero de insumos o *commodities*

Hay muchos mal llamados expertos que consideran que el oro es una reliquia bárbara del pasado. Y están en lo correcto: es una reliquia que ha sobrevivido por miles de años.

Actualmente hay mucha gente que compra oro y plata para convertir su dinero *fiat* en *commodities*. El problema es que, al hacerlo, dejan de adquirir activos que produzcan flujo de efectivo. El dinero por decreto que tienen va en directo a un escondite... tal como sucedió con las reliquias bárbaras. Esto no le hace ningún bien a la sociedad ni a la economía porque son recursos que se quedan estacionados sin hacer nada.

Al convertirme en la Fed puedo imprimir mi propio dinero por decreto y adquirir activos como negocios, bienes raíces y pozos petroleros, activos que le sirven a la sociedad y que producen flujo de efectivo. Con el dinero que nos sobra compramos oro y plata, pero nunca ahorramos dinero por decreto del gobierno, es decir, dinero falso.

Como el dólar estadounidense ya no es dinero de verdad sino una divisa cuyo valor no deja de caer, me parece que no tiene caso ahorrarlo. Si necesitamos dólares en efectivo, usamos la liquidez del oro y la plata, y los cambiamos por dólares con facilidad.

Al convertirme en la Fed he logrado revertir la historia del dinero. Comienzo con el dinero *fiat* y vuelvo al dinero de insumos.

DOS PADRES

Tuve la fortuna de contar con dos figuras paternas en mi vida. Ambos fueron los mejores maestros; aprendí más de ellos que en la escuela. De mi Padre Pobre aprendí la importancia y el valor del estudio. De mi Padre Rico, el poder de la generosidad.

Mi educación en el mundo de los estudiantes de "6" o "C" —los capitalistas— comenzó cuando tenía 9 años y me dediqué a jugar *Monopolio* para aprender. Era un mundo que los estudiantes de "10" —los académicos— y de "8" —burócratas—, rara vez ven.

A medida que fui creciendo, hubo algo que se hizo tan evidente y cristalino como el agua: en el panorama general de la vida, las calificaciones ya no son importantes. La vida tiene que ver con lo que tú elijas estudiar.

ACCIONES PARA PADRES

EXPLORA Y EXPERIMENTA CON TUS HIJOS EL MUNDO REAL DEL DINERO.

Es importante que como padre enseñes a tus hijos a actuar y a aprender de manera directa.

En lo que se refiere al aprendizaje sobre lo monetario, lo mejor es hacer excursiones al mundo real. El dinero es parte de casi todas las decisiones que tomamos, como lo que cenamos, en dónde le ponemos gasolina al auto y cómo le pagamos al dentista.

Aquí tienes algunas opciones:

• Lleva a tus hijos de compras y habla sobre el presupuesto familiar y lo que cuesta alimentar a la familia.
• Llévalos a una agencia de bienes raíces para ver una propiedad, y hablen sobre cómo evaluar una oportunidad de inversión.
• Llévalos a una tienda de numismática en donde vendan oro y plata, y explícales cómo se definen los precios y por qué estos metales pueden representar buenas inversiones.
• Llévalos a la oficina de algún asesor financiero o corredor de bolsa y permite que escuchen tu conversación.
• Usa situaciones y problemas reales de la familia como oportunidades para el aprendizaje.

En casa de mi Padre Pobre nunca se hablaba de los problemas de dinero ni se admitía que se habían cometido errores financieros. Para mi Padre Pobre, admitir algo así era el equivalente a reconocerse como un estúpido o un fracasado. En otras palabras, llevó a casa la cultura escolar. En casa de mi Padre Rico, en cambio, todos los imprevistos económicos, incluso las equivocaciones, eran oportunidades para aprender.

Cuando haya dificultades económicas, tómate el tiempo necesario para hablar al respecto y aportar nueva información, puede ser de este libro o de otras fuentes. Busca la sabiduría en la otra cara de la moneda. Si haces esto, ayudarás a tus hijos a incrementar su inteligencia en todos los aspectos de la vida.

Mi Padre Pobre creía que bastaba con saber la respuesta correcta. Para él, saber que Cristóbal Colón descubrió América en 1492 era suficiente. Padre Rico creía que el conocimiento era acción, que sólo se sabía lo que se podía hacer. A Padre Rico le habría gustado más aprender a ser Colón, que memorizar la fecha en que inició su travesía.

El Cono del aprendizaje nos recuerda que vivir y simular la experiencia —actos orientados a la acción y al aprendizaje vivo— no sólo es más divertido sino también más memorable.

Cada vez que haya problemas económicos o se cometan errores en tu casa, tómate algo de tiempo para identificarlos y buscar nueva información —de este libro o de otras fuentes— que te ayude a ver el obstáculo desde la otra cara de la moneda. Si buscas sabiduría en todas las caras y tratas de ver todos los puntos de vista, le estarás enseñando a tus hijos a incrementar su inteligencia en todos los aspectos de la vida.

¿Quién le está enseñando a tus hijos a pescar?

Reflexiones finales

El hogar es un salón de clases… el lugar de aprendizaje más importante para los niños. En casa se construyen los cimientos de la vida,
pero por desgracia, hay millones de niños que crecen en hogares en
donde el ambiente no es sano ni propicio para aprender. Muchos niños
viven en entornos de abuso, drogas, mentiras, odio, prejuicio y adiccio-
nes.Y aquí me refiero a chicos ricos… los pobres crecen en el ambiente aún más difícil de la carencia.

Escribí este libro para los padres porque ellos son los maestros más
importantes. Un padre puede motivar el aprendizaje, aunque no cuente con educación académica; puede abrazar a sus hijos y hacerlos sentir
amados y a salvo, incluso si él mismo sufrió abuso o abandono. El amor
es un regalo que todos tenemos y podemos brindar, y no cuesta nada.
Además, puede llegar a cualquier hogar, rico o pobre.

Este libro es el más importante que he escrito jamás porque sabía
que sólo los padres que aman de verdad a sus hijos y se preocupan por
su educación y su futuro lo leerían. Me esforcé por hacerlo sencillo.

No puedo enfatizar de manera suficiente cuán importante es entender las tres caras de la moneda, el valor de ver las situaciones desde varias perspectivas y de estar abiertos a otros puntos de vista. Los padres pueden incrementar la inteligencia de sus hijos si les enseñan a ver el panorama más amplio, en lugar de hacerlos creer que viven en un mundo en que todo es sólo correcto o equivocado.

Ya he destacado la importancia de la generosidad por encima de la codicia y también traté de explicar por qué el código fiscal de Estados Unidos recompensa el desinterés. Compartí contigo mi creencia de que la educación es un proceso permanente, y no sólo una calificación al final del semestre; y que fuimos diseñados para aprender de nuestros errores.

PARA SEGUIRLE EL PASO AL CAMBIO

Son muchas las causas de las crisis económicas que enfrenta el mundo. La falta de educación financiera en las escuelas es sólo una de tantas. Otra de ellas es el concepto conocido como *aceleración acelerada*, o la aceleración del cambio. Dicho de otra forma, las escuelas fallan a sus alumnos porque el sistema no puede seguirle el paso a la evolución. Nuestro sistema educativo actual se desarrolló en la Era Agrícola, en un tiempo muy alejado de la Era Industrial. En mi opinión, es por eso que carece de lo necesario para servirle a niños que viven en el vertiginoso y cambiante mundo de la Era Digital o de la Información.

En el contexto de la aceleración acelerada, lo que hoy parece novedad, en menos de dos años, podría ser ya obsoleto. La buena noticia es que los niños parecen estar programados para seguirle el paso a los cambios; la mala, que los maestros y las escuelas no lo están. No debería sorprendernos que a muchos niños se les diagnostiquen desórdenes de déficit de atención, sin embargo, creo que en muchos casos este término no es más que una forma nueva de llamarle al aburrimiento.

Estos hechos de la vida académica hacen que el papel de los padres como maestros sea más importante que nunca, y por eso, parece urgente preguntarse: ¿qué pueden hacer entonces para mantener a sus hijos interesados en el aprendizaje?

Una de las posibles respuestas sería: jugar. Los niños se pueden sentar a jugar por horas: en las computadoras, con consolas, tabletas y *smartophones*. Algunas de las lecciones más importantes que aprendí sobre los negocios y la inversión surgieron mientras jugaba *Monopolio*. Muchas empresas, incluyendo Rich Dad Company, están invirtiendo en herramientas y productos que proveen educación mediante formatos lúdicos para niños. Estoy convencido de que los niños *quieren* aprender. Todos los días descubren cosas nuevas y sorprendentes en su entorno… ideas e innovaciones, y gente que les fascina. Nuestra labor como maestros y padres es hacer que el aprendizaje sea divertido, emocionante y vívido, para que las enseñanzas se traduzcan a la vida real y sean relevantes y útiles.

El hecho es que tus hijos pueden aprender más en casa que en la escuela, y tú, como padre, puedes transformar tu hogar en el salón de clases más grande del mundo si logras abrir la mente de tus hijos para que reciban todo lo que la vida tiene para ofrecerles. Al ayudarlos a encontrar su genialidad y apoyar sus sueños, les estarás dando el más grande regalo posible.

¿Los iPhones y los iPads remplazarán a los maestros y las escuelas tradicionales? No lo creo, pero por ahora, un padre proactivo debe complementar y acelerar el aprendizaje de sus hijos con los dispositivos móviles y contenidos diseñados con este propósito. En un mundo en el que los costos por concepto de colegiaturas se han disparado hasta el cielo, y que los estudiantes sólo pueden aprender endeudándose, esta nueva forma electrónica de enseñanza ofrece una alternativa costeable al modelo educativo tradicional.

El mundo de la Era Digital o de la Información

En esta Era Digital o de la Información, el emperador de la educación en realidad anda desnudo por ahí; pero gracias a las innovaciones de los empresarios modernos, la educación se ha vuelto accesible tecnológicamente y asequible. Así como Henry Ford puso el automóvil al alcance de casi todo mundo, los capitalistas legítimos de hoy colocan a la educación en un lugar en donde todos pueden acceder a ella.

Los empresarios como Steve Jobs y Bill Gates convirtieron los hogares —ricos o pobres, del primer mundo o de las naciones de economías emergentes— en universidades de primer nivel. Ahora basta con apretar un botón o tocar una pantalla para tener acceso al mundo de la información. La tecnología cambió al mundo y, en mi opinión, lo hizo de una forma irreversible. Jamás habíamos vivido en un contexto como el actual, un mundo sin límites ni fronteras: y está abierto para tus hijos.

Oprah Winfrey encontró su genialidad gracias a la televisión. Thomas Edison lo hizo en un laboratorio. Tiger Woods en un campo de golf. Los Beatles lo hicieron en un club nocturno. Y ninguno de ellos acabó la escuela.

No suena descabellado que, de la misma manera en que la pólvora y el cañón derrumbaron los muros de los castillos de reyes y reinas de hace seiscientos años, los dispositivos móviles destruyan las huecas paredes de la educación tradicional que ahora conocemos. En lugar de que los gobiernos digan qué aprender, tus hijos podrán escoger y hacerlo desde cualquier parte del planeta en que estén. Así como Steve Jobs abandonó Reed College para tomar clases aisladas de lo que realmente quería aprender, tus hijos pueden atender el llamado de su corazón y, más adelante, el del espíritu que impulsa sus pasiones y sueños. Quizá ese camino los lleve a convertirse en empresarios con cuyos negocios puedan "imprimir su propio dinero" o en inversionistas que hagan trabajar sus recursos para sí mismos, en lugar de ser empleados en un mundo en el que no hay vacantes y los salarios son demasiado bajos.

Por suerte o desgracia, esto podría significar un caos global durante el proceso en que lo nuevo remplace a lo viejo. Las escuelas cambian muy lentamente y los sindicatos de maestros ni siquiera tienen intenciones de hacerlo; ellos quieren que todo siga igual porque eso les beneficia, aunque sea a costa de los niños y los contribuyentes.

El mundo cambió en 1971, cuando el presidente Nixon sacó al dólar del patrón oro y las reglas fueron modificadas. Por desgracia, nuestras escuelas nunca se adaptaron al cambio. Siguen enseñándoles a los niños a ahorrar dinero a pesar de que éste ya no tiene valor. Les recomiendan salir de deudas a pesar de que los ricos están aprovechándolas para hacer más dinero. Les insisten en "tu casa es un activo", a pesar de que el colapso del mercado de los bienes raíces diezmó los cimientos de millones de familias. Por si fuera poco, las escuelas programan a los niños para que crean que los impuestos son el "mayor gasto" familiar, cuando, en realidad, podrían aprovecharse como oportunidades e incentivos. Creo que las claves del futuro están en los padres como maestros, los salones de clase en el hogar —equipados con las nuevas tecnologías— y la genialidad de cada niño. En otras palabras, el futuro del mundo está en nuestras casas, nuestros corazones, y en la mente de nuestros hijos. Creo que nos encontramos al borde de la transformación humana más grande en la historia del mundo.

¿Habrá caos? Sí. ¿Violencia? Probablemente. ¿Miedo? Por supuesto. ¿Habrá nuevos empresarios que elijan aceptar el futuro y todas las opciones que ofrece? Absolutamente sí.

Pregunta: *¿Qué pueden hacer los padres?*

Respuesta: *Usar el tiempo que pasen en casa con sus hijos de una manera sensata. Los padres deben tener en mente las tres ventanas de aprendizaje, el concepto de las inteligencias múltiples, el Cono del aprendizaje, la importancia de los juegos y la Jerarquía de las necesidades de Maslow. Recuerda que incluso los primeros y más pequeños pasos hacia la creación de un ambiente que celebre el aprendizaje y te permita aplicar lo que has aprendido, te colocarán, junto a tus hijos, en el camino hacia un mayor control de su futuro financiero.*

Es importante que los padres hagan que el ambiente de aprendizaje en el hogar sea propicio para cometer errores, intentar cosas nuevas, hacer preguntas y admitir que nadie sabe todas las respuestas pero, sobre todo, para aprender en familia. Promueve un entorno abierto al cambio porque recuerda que vivimos en un vertiginoso mundo de aceleración acelerada.

Lo más importante quizá sea que te conviertas en un ejemplo de apertura para tus hijos. Sé alguien que se pueda colocar en el canto de la moneda —ya sea en cuanto a una idea, problema, declaración o cualquier cosa que se te ocurra—, y sea capaz de ver *ambas* caras. Ése es el tipo de inteligencia que puede significar un impacto en el futuro financiero y en la aceleración de la vida de tus hijos.

Mucha gente sale de la escuela viendo el mundo desde la perspectiva de que todo es correcto o incorrecto, blanco o negro, como si sólo hubiera una respuesta correcta en la vida. Pero la verdad es que nuestra existencia es como un examen de opción múltiple en que cualquier respuesta podría ser la idónea.

Escribí este libro para expandir la visión que tienen los padres del mundo; para permitirles ver las distintas caras de la moneda. Esto es lo mejor para acrecentar la inteligencia de cualquier persona. También recuerda que, aunque hay muchos que tienen preparación académica abundante, son menos inteligentes porque viven en un mundo demasiado inflexible.

Por ejemplo, la gente que dice, "Hay que cobrarle impuestos a los ricos", no ve la otra cara de la moneda. No se da cuenta de que cuando el gobierno aumenta los impuestos, no lo hace para los ricos, sino para los pobres y la clase media.

Otro ejemplo sería cuando la gente dice, "Los ricos son codiciosos", ya que no se percata de su propia codicia ni de que los ricos tal vez sean generosos. Y cuando los padres recomiendan a sus hijos "Ir a la escuela y conseguir un buen empleo", en realidad serían más inteligentes si les enseñaran cómo generar empleos para otros.

Creo que uno de los mayores problemas de la educación es que las escuelas enseñan a los niños a trabajar por dinero en lugar de hacer que el dinero trabaje para ellos.

En vez de que los chicos aprendan a hacer que el dinero trabaje a su favor, en las escuelas se les enseña a entregarlo a bancos, compañías de fondos mutualistas, corredores de bienes raíces y fondos de retiro; es decir, a la misma gente que provocó el colapso. Con esto no quiero decir que la industria de los servicios financieros sea buena o mala, sino que la falta de educación financiera es el punto neurálgico de la crisis.

Los niños tienen interés, atracción y curiosidad por el dinero, que resulta natural. ¿Por qué no aprovechar esto para estimular su genialidad?

Tu alma a la venta

"Mientras necesites dinero, siempre habrá una parte de tu alma que esté a la venta."

Anónimo

Los políticos acechan a los pobres con sus programas de subsidios como Seguridad Social, Medicare y, ahora, Obamacare. Así es como obtienen votos.

Los ejecutivos de empresas de la industria alimentaria venden grasas, azúcar y sal a la población obesa para conservar sus excesivamente bien pagados empleos, bonos y pensiones.

Los banqueros ofrecen tarjetas de crédito, fondos mutualistas y préstamos estudiantiles a gente que carece de educación financiera, y de esa manera pueden cobrar más por tarifas, intereses y comisiones.

EL CONSEJO GENERAL DE EDUCACIÓN

En 1902, John D. Rockefeller fundó el Consejo General de Educación. Al parecer creó este consejo para apoderarse del sistema educativo de Estados Unidos, por lo que en varias ocasiones he pensado que tal vez ésta es la razón por la que en las escuelas no se imparte educación financiera.

Todo indica que capitalistas como John D. Rockefeller, J. P. Morgan, Cornelius Vanderbilt, Washington Duke y Lelan Stanford, también conocidos como los "Robber Baron", o industriales decimonónicos, se apoderaron de la educación para identificar a los niños más brillantes de las familias pobres y de clase media. Luego los educaron y los contrataron como empleados y capitalistas gerenciales para que dirigieran sus empresas. Estos personajes no querían que sus alumnos supieran mucho sobre el dinero porque temían que inspiraran a una generación de empresarios a enfrentarse al constante flujo de trabajadores que los Robber Baron necesitaban como empleados y gerentes.

¿Por qué los estudiantes de "10" y "8" trabajan para los de "6"?

En términos más sencillos, o tomando en cuenta la nomenclatura de letras para calificar, los estudiantes de "10" o "A" son los académicos, especialistas como médicos, contadores, ingenieros y periodistas. Los de "8" o "B" son estudiantes de la burocracia y a veces trabajan como administradores. Tanto los estudiantes de "A" como los de "B" sólo ven una de las caras de la moneda.

Los estudiantes de "6" o "C", en contraste, son capitalistas legítimos y tienen que ver *las tres caras de la moneda*. Por eso muchos estudiantes de "10" y de "8" terminan trabajando para los de "6".

"Tengo derecho a..."

Me parece obvio que la falta de educación financiera es la causa principal de la propagación de la mentalidad del subsidio. Desde nuestros funcionarios elegidos, hasta los servidores públicos, los trabajadores sindicalizados, el personal militar, empleados corporativos y gente pobre... cada vez más gente se arroja a la carreta de los subsidios con la creencia de que la sociedad tiene que mantenerla. Asimismo, a medida que el poder adquisitivo del dólar continúe cayendo, muchas de las personas de la clase media que alguna vez fueron productivas y autosuficientes, podrían irse resbalando hacia abajo y pasar a formar en filas de la clase pobre.

El emperador de la educación está desnudo

Desde mi perspectiva, más que una crisis *económica*, lo que enfrentamos ahora es una crisis educativa y de mentalidad de subsidios.

Si se toman en cuenta los billones de dólares que hay en pasivos sin fondos como Seguridad Social, Medicare y pensiones de empresas y del gobierno, resulta obvio que tenemos una crisis provocada por lo disfuncional y obsoleto que es el sistema educativo. Es probable que Estados Unidos y el mundo entero estén imprimiendo billones de dólares que sólo están respaldados por la fe de algunos, y de esa forma traten de arrojarle pescado a la gente en lugar de enseñarle a pescar. Mientras tanto, muchos se rehúsan a aceptar que el emperador de la educación desfila desnudo.

Todas las monedas tienen tres lados. Si les enseñas a tus hijos a verlos, también les estarás enseñando a pescar. Es un proceso de toda la vida, pero tiene el poder de transformar a niños pobres o de la clase media, en empresarios de clase mundial con la capacidad de hacer llegar ideas, productos y servicios novedosos a todo el planeta.

Hoy en día el papel de los padres en la educación de los hijos es más importante que nunca. Por eso te agradezco personalmente que la educación y el futuro financiero de tus hijos te preocupen lo suficiente para hacer todo lo necesario y darles la ventaja del ganador. Espero que para muchos padres la lectura de este libro sea el primer paso fuera de la zona de comodidad, el primer paso en la apertura mental a otros puntos de vista y al compromiso con ellos mismos para educarse más en el aspecto financiero.

Todo niño tiene el potencial necesario
para crecer y volverse una persona rica,
pobre o de clase media.

Los padres tienen el poder de influir
en esta decisión.

Gracias por leer este libro y por adoptar un papel activo en la educación financiera de tus hijos, la cual tiene la capacidad de transformar sus vidas.

El amor más grande de todos

"Creo que los niños son nuestro futuro,
enséñenles cosas buenas y permitan que nos guíen.
Muéstrenles toda la belleza que hay en su interior.
Bríndenles orgullo propio..."

De la canción, *The Greatest Love of All*
Escrita por Michael Masser y Linda Creed

Epílogo

Obama se encuentra con Jobs

El estudiante de "10" se encuentra con el de "6"

Cuando Steve Jobs luchaba contra el cáncer en el otoño de 2010, sostuvo una reunión de 45 minutos con el presidente Barack Obama.

A continuación se presentan fragmentos del libro *Steve Jobs*, de Walter Issacson.

"La administración debería ser más perceptiva en lo que se refiere a los negocios. (Steve) describió lo sencillo que era construir una fábrica en China y dijo que en Estados Unidos en ese mismo tiempo era casi imposible debido a las regulaciones y los costos innecesarios."

"Jobs atacó al sistema educativo estadounidense; mencionó que era demasiado anticuado y que se encontraba deteriorado por las reglas de los sindicatos. Hasta que los sindicatos no desaparecieran, prácticamente no habría espe-

ranza de una reforma educativa. Los maestros deberían ser tratados como profesionales, dijo, no como obreros de una línea de ensamblaje. Los directores deberían ser capaces de contratar y despedirlos con base en su desempeño."

"Es absurdo —añadió— que los salones de clase estadounidenses todavía funcionen con maestros parados junto a un pizarrón y libros de texto. Todos los libros, asesorías y materiales de aprendizaje deberían ser digitales e interactivos, diseñados según las necesidades de cada estudiante, y capaces de proveer retroalimentación en tiempo real."

Gracias, Steve Jobs.

Robert Kiyosaki

Conoce a la
Familia Lannon

Josh y Lisa Lannon
Haley, 10 años, y Jake, 7 años

Muchas familias, incluyendo la nuestra, esperan que el sistema escolar se ocupe bien
de sus hijos. Los enviamos a la escuela con
los más altos niveles de confianza… y luego
nos preguntamos: ¿es confianza o, en oca-
siones, vil ignorancia? Porque, aunque las escuelas dicen enseñar habilidades básicas, sus programas están enfocados en producir empleados.

Un día, Haley, nuestra hija de 9 años, llegó muy desilusionada de la
escuela. "¿Qué sucede Haley?", le preguntamos, y ella nos contestó que
su maestra les había asignado a todos los alumnos elegir un empleo.
Todos sus compañeros obedecieron y eligieron empleos de la lista que
se colocó en el pizarrón.

"Cuando llegó mi turno le dije a la maestra que quería ser dueña
de una tienda", nos explicó.

Al principio no entendíamos por qué Haley estaba tan abatida. Nos pareció que su elección de ser dueña de una tienda era genial.

Pero luego nos dijo que uno de los empleos era trabajar en la tienda del salón. En cuanto los chicos comenzaran a ganar dinero en sus trabajos, podrían comprar artículos en ella; era como un sistema de recompensas. Las otras ocupaciones en la lista incluían: banquero, intendente, oficial de policía, empleado de la tienda, etcétera. Haley vio la tienda y dijo que quería ser la dueña.

La maestra le dijo: "No, Haley, tienes que elegir un empleo para trabajar. No hay 'dueño de la tienda.'" Entonces Haley le preguntó, "¿Por qué no? Quiero ser la dueña. Mis padres tienen un negocio y me están enseñando a ser dueña".

Haley nos dijo que sabía que estaba haciendo enojar a su maestra. Sus compañeros se empezaron a reír entre dientes y le hicieron sentir que hacía algo malo. La maestra insistió: "Haley, TIENES QUE ELEGIR UN EMPLEO." Nuestra hija nos dijo que le incomodó mucho que todos los niños se le quedaran viendo.

Entonces le preguntamos: "¿Y qué hiciste?"

"Elegí ser policía", dijo. "¿Por qué?", insistimos.

"Porque mamá era policía antes de que ustedes construyeran los centros Journey Healing", dijo Haley con su dulce vocecita de niña de 9 años.

Nuestra hija estaba molesta; continuó hablando sobre cómo le fue en la escuela ese día. Nos dijo que habría trabajado mucho para hacer que la tienda luciera bien. Sabía que podía ser la dueña; fue un golpe duro verla tan alicaída.

Pero la situación también nos dio una gran oportunidad para hablar sobre el sistema escolar y el hecho de que en las escuelas se les enseñaba a los niños a ser empleados. Ésa es la mentalidad de las instituciones de educación: elegir una profesión, especializarse en la universidad y luego conseguir un buen empleo.

Le dijimos a Haley que en casa enseñamos de una manera distinta y que queríamos ver ambas caras de la moneda. Necesitamos que ella entienda el sistema escolar y lo que éste predica, pero también que sepa que hay un panorama más amplio; que si ella así lo desea, puede ser la dueña de una tienda en la vida real.

Nos sentimos sumamente agradecidos, como padres, de que Haley confiara en nosotros y nos contara lo que había sucedido en la escuela.

Le dijimos que elegir ser policía había sido una excelente segunda opción. No sólo porque mamá lo había sido también, sino porque así aprendería liderazgo. Tendría la experiencia de lo que significa hacer cumplir la ley, tener oposición al hacerlo y cómo manejarla. Hablamos de que éstas eran habilidades indispensables para cualquier empresario.

Como Haley estaba en quinto grado, y en una edad en la que el sentido de pertenencia es importante, su experiencia fue una gran oportunidad para aprender sobre liderazgo desde una perspectiva distinta. Le dijimos que estaba bien mantenerse firme y cuestionar lo que no le parecía lógico. Su molestia se transformó en una excelente oportunidad de aprendizaje para nuestra familia.

Lo que nos preocupa es que hay padres que no siempre ven las oportunidades que presentan incidentes como éste porque… fueron educados para tener mentalidad de empleados.

Las escuelas no sólo no le están enseñando a nuestros hijos a ser empresarios, también están destrozando los sueños y exigiéndoles que se conformen. De nosotros como padres depende motivarlos para que crean que cualquier cosa es posible, incluso aunque los maestros no estén de acuerdo.

Nota del autor: Josh y Lisa Lannon son asesores de Padre Rico y buenos amigos nuestros. Son los autores del libro *The Social Capitalist*, de la serie de Asesores de Padre Rico.

Conoce a la
Familia McElroy

Ken y Laura McElroy
Kyle, 14 años y Kade, 11 años

Kyle y Kade, nuestros dos hijos de 14 y 11 años, son niños comunes. En la escuela se enfrentan a varias materias como todos los demás chicos; a veces, trabajar con ellos para que terminen sus tareas escolares, puede ser toda una batalla.

Como padres, creemos que la responsabilidad de enseñarles y guiarlos es nuestra, no del sistema. Nosotros somos los encargados. Los sistemas escolares no producen niños con confianza en sí mismos y tampoco tienen la obligación de hacerlo. Lo que les ayuda a los chicos a desarrollarse y crecer independientes y seguros de sí mismos es el tiempo que sus padres pasen con ellos.

Mi esposa Laura y yo conversamos sobre las maneras en que podemos ayudar a nuestros hijos a aprender. Las charlas nos condujeron a concluir que los niños no siempre saben por qué tienen que ir a la escuela. Concluimos que si podíamos encontrar la manera de hacerles entender la importancia de lo que les enseñan ahí, quizá tal vez ellos intuirían la forma en que podrán aplicar esas enseñanzas más adelante en sus vidas. Estábamos seguros de que el proceso de aprendizaje sería más sencillo si lográbamos infundirle emoción, y si les ayudábamos a los chicos a ver el panorama completo.

A mí siempre me intrigó el hecho de que los niños aprendieran con tanta facilidad cuando algo en verdad les agradaba. Me di cuenta de que les era sencillo y rápido encontrar la lógica de las materias sobre las que querían aprender; y entonces noté que pasaba lo mismo conmigo: aprendía más cuando estaba interesado.

Llegamos a la conclusión de que el proceso de aprendizaje sería más significativo si ayudábamos a Kyle y a Kade a crear su propio negocio. Eso nos daría la oportunidad de enseñarles acerca de la forma en que el mundo real se vinculaba con las materias que estaban estudiando en la escuela. Como beneficio adicional, la estrategia les daría la oportunidad de ganar su propio dinero.

Jamás nos imaginamos cuán exitosa sería nuestra idea. Con el paso de los años los chicos iniciaron tres negocios y las lecciones que aprendieron han sido invaluables. Este nuevo conocimiento e independencia financiera les brindaron confianza en sí mismos. Ya no tienen que vernos como la fuente de recursos para comprar cosas que les lleguen a interesar. Pero la enseñanza más sorprendente para nosotros como padres fue ver cuán cuidadosos son con el dinero que ganan. Sus dólares parecen durar más tiempo porque los ganaron ellos mismos.

Una de las claves para que Kyle y Kade tuvieran éxito en este proceso empresarial fue permitirles que se arriesgaran y cometieran errores. La mayoría de la gente le teme demasiado a equivocarse. La libertad para errar y aprender de los errores es lo que conduce a la sabiduría, el conocimiento y la experiencia; es parte importante del proceso de aprendizaje. El fracaso debería ser bien recibido a todos los niveles y usarse como herramienta didáctica. La mayoría de los sistemas educativos actuales les enseñan a nuestros mejores estudiantes a estar en contra del riesgo, lo cual puede resultar desalentador para cualquiera.

En nuestro proceso han surgido oportunidades de impartir varias lecciones de vida, como enseñarles a nuestros hijos a pagarse primero y a retribuir a la sociedad. También los instruimos en cuanto a la inversión en activos contra la inversión en pasivos; y les dijimos cómo usar su dinero para generar más dinero en el futuro.

Abrimos cuentas bancarias para los chicos y les enseñamos a realizar presupuestos con ingresos y gastos. También les hablamos sobre el interés simple y el compuesto.

En la actualidad, artículos como los *smartphones* más sofisticados, laptops, ropa de diseñador, zapatos de 125 dólares y juegos de video, parecen ser cosa de todos los días en la escuela. Los padres deben tomar decisiones y establecer expectativas que determinarán si las "cosas" que los niños quieren o necesitan fortalecerán su carácter o no.

Todos los niños poseen dones especiales, una genialidad peculiar... sin embargo, la educación tradicional rara vez da la libertad necesaria para que ellos se desarrollen y luzcan. Los padres involucrados pueden reconocer y alimentar la genialidad de sus hijos, y ayudarlos a construir el camino hacia una vida extraordinaria en la que harán lo que les guste y apasione.

Nota del autor: Ken McElroy es asesor de Padre Rico, amigo y socio de negocios. Ken es el autor del libro *El ABC de la inversión inmobiliaria* de la serie Asesores de Padre Rico.

Acerca del autor
Robert Kiyosaki

Robert Kiyosaki es mejor conocido como el autor de *Padre rico Padre pobre*, el libro sobre finanzas personales número uno de todos los tiempos, que ha desafiado y modificado la manera en que decenas de millones de personas de todo el mundo piensan acerca del dinero. Es empresario, educador, e inversionista, y cree firmemente que el mundo necesita más empresarios que creen empleos.

Debido a sus opiniones, a menudo en oposición a las creencias tradicionales acerca del dinero y las inversiones, Robert se ha ganado la reputación de un autor franco, irreverente y valeroso; y se ha convertido en un defensor apasionado y candoroso de la educación financiera.

Robert y Kim Kiyosaki son los fundadores de Rich Dad Company, una empresa de educación financiera, y creadores de los juegos *CASHFLOW*®. En 2013, la empresa apalancará el éxito global de los juegos Padre Rico con el lanzamiento de una novedosa y avanzada oferta de juegos en línea y para dispositivos móviles.

Robert ha sido proclamado como un visionario con el don de simplificar conceptos complejos —como ideas relacionadas con el dinero, las finanzas y la economía—, y ha compartido su viaje personal hacia la libertad financiera de maneras que conmueven a públicos de todas las edades y antecedentes. Sus mensajes y filosofías principales —"Tu casa no es un activo", "Invierte para obtener flujo de efectivo" y "Los ahorradores se convirtieron en perdedores"— han detonado una tormenta de crítica y burla… para después reaparecer en el escenario económico mundial de la década pasada, en maneras que resultan proféticas y perturbadoras.

Desde su punto de vista, los "viejos" consejos de estudiar, conseguir un buen empleo, ahorrar dinero, salir de deudas, invertir a largo plazo y diversificarse, se han vuelto obsoletos en la vertiginosa Era de la Información en que vivimos ahora. Los mensajes y la filosofía de Padre Rico desafían al *status quo*. Sus enseñanzas motivan a la gente a educarse en el aspecto financiero y a asumir un papel activo en la inversión para el futuro.

Robert es autor de diecinueve libros, incluyendo el éxito internacional *Padre Rico Padre Pobre*. Se ha presentado en medios de todo el mundo, como CNN, BBC, Fox News, Al Jazeera, GBTV y PBS, a Larry King Live, Oprah, *Peoples Daily, Sydney Morning Herald,* The Doctors, Straits Times, Bloomberg, NPR, USA TODAY y cientos más; sus libros han estado en los primeros lugares de listas de *best-sellers* por más de una década. Continúa enseñando e inspirando a públicos de todo el mundo.

Sus libros más recientes son *La ventaja del ganador: El poder de la educación financiera, El toque de Midas* —segundo libro escrito en colaboración con Donald Trump—, y *Por qué los estudiantes de "10" trabajan para los de "6"*.

Para conocer más, visita RichDad.com

Agradecimientos

En cuanto comencé a escribir este libro supe que sería el más importante de mi vida. En los últimos dos años hice cuatro borradores completos. Como todo, fue un proceso largo.

Le agradezco especialmente a Mona Gambetta. Aunque hemos hecho otros libros juntos, éste puso a prueba su paciencia y nuestra amistad. Mona no se quejó en ningún momento de esos cuatro años; y como siempre, ella y todo el equipo de Plata Publishing se esforzaron por darle vida a este trabajo. Les agradezco a todos.

También quiero agradecer a los padres que compartieron conmigo sus reflexiones y preocupaciones acerca de la educación y lo que es importante para ellos y sus hijos.

Quiero agradecer en especial a mi adorada Kim por soportar mi ausencia como esposo en esta desafiante prueba de escritura que duró dos años. Aunque vivimos en la misma casa y viajamos juntos, sé que no siempre estuve presente.

Y lo más importante, te agradezco a ti, lector, por interesarte en una materia tan vital e importante: la educación financiera.

Material adicional

Fragmento de libro

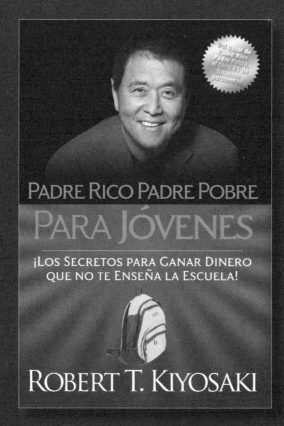

Padre Rico
Padre Pobre
Para jóvenes

LOS SECRETOS DEL DINERO
QUE NO TE ENSEÑAN
EN LA ESCUELA

ROBERT T. KIYOSAK

Índice

Tu viaje a la libertad financiera comienza aquí

✍ *Contesta este cuestionario*

✔ ¿A veces sientes que lo que aprendes en la escuela no tiene nada que ver con tu vida?

    Yes ___   **No** ___

✔ ¿Sientes que la escuela no te está preparando para el mundo real?

    Yes ___   **No** ___

✔ Cuando quieres comprar algo que es importante para ti, ¿por lo general tus padres te dicen que no pueden pagarlo?

    Yes ___   **No** ___

✔ ¿Te preocupa en secreto no poder vivir como quieres cuando estés solo?

    Yes ___   **No** ___

✔ ¿En verdad quieres aprender acerca del dinero pero nadie habla al respecto en tu casa o escuela?

    Yes ___   **No** ___

Si contestaste "Sí" a dos o más de las preguntas anteriores, entonces este libro es para ti. Yo me enfrenté a estas mismas situaciones cuando era joven. No siempre me fue bien en la escuela; estuve a punto de reprobar en secundaria. Pero ahora tengo exactamente la vida que quiero: una vida de libertad financiera total.

Es probable que ya te encuentres luchando para alcanzar la libertad financiera y la independencia en todos los aspectos de tu vida. A pesar de que quizá no tengas que pagar renta ni ponerle gasolina al auto de la familia, es posible que ya estés pensando en formas de cubrir los gastos de tu vida social.

Tal vez ya estés ahorrando para algo grande como una computadora nueva o un auto. Si ése es el caso, este libro te ayudará a hacer que tu dinero crezca con mayor rapidez y obtengas lo que quieres más pronto. Es posible que ya te preguntes qué hacer para ir al cine una vez a la semana, comprar CD's, o un regalo para alguien especial.

O quizá eres uno de los muchos jóvenes cuyo ingreso es *necesario* porque sus padres no pueden cubrir los gastos de toda la familia. Muchos adultos aprendieron reglas pasadas de moda para tener seguridad financiera, y luego se sorprendieron y se quedaron abatidos cuando esas reglas cambiaron. Por desgracia, también hay muchos niños que sufren como resultado de esto.

Padre Rico Padre Pobre para jóvenes: Los secretos del dinero que no te enseñan en la escuela, cubre algunos temas muy importantes que aprendí cuando era chico. Mi padre me enseñó a recibir la educación mediante el trabajo escolar. El padre de Mike, mi mejor amigo, me dio un empleo y me enseñó acerca de otro tipo de educación que se aprende en el mundo real.

Recibí mucho de mis dos padres; ambos creían en la educación pero tenían visiones completamente distintas respecto al dinero. A uno le importaba mucho (el padre de Mike) y al otro casi nada (mi verdadero padre). A uno siempre le preocupaba no tener suficiente (mi padre), y el otro pensaba mucho acerca del dinero y cómo tener más control sobre el mismo (el padre de Mike).

Mi verdadero padre contaba con una educación académica muy sólida pero, a pesar de eso, solía insistir en que jamás sería rico. Decía, "El dinero no importa." El papá de Mike decía: "El dinero es poder." Mi padre siempre tuvo problemas para que el dinero nos alcanzara. El de Mike siempre tuvo bastante. Yo necesité de ambos para llegar al lugar en que me encuentro ahora. Me enseñaron que hay muchas formas de ser rico. La educación es una de ellas. La riqueza financiera es otra.

PADRE RICO PADRE POBRE

A lo largo de mi carrera he hecho suficiente dinero en los negocios, bienes raíces y en activos de papel para retirarme joven y disfrutar por completo de las grandes cosas que la vida ofrece. También he escrito bastantes libros. El primero de ellos, *Padre Rico Padre Pobre*, es acerca de mi educación financiera personal. En ese libro llamé "Padre Pobre" a mi verdadero padre y "Padre Rico" al de Mike; sin embargo, con estas denominaciones no era mi intención criticarlos de manera alguna. Sólo quería señalar de forma dramática las distintas maneras en que las personas piensan respecto al dinero y los objetivos que se fijan.

Padre Rico me decía con frecuencia: "Si quieres hacer algo —y vaya que creo que puedes hacerlo—, lo más probable es que lo logres." Siempre creyó que él podía llegar a ser rico, y así lo hizo. Escribí *Padre Rico Padre Pobre* para ayudarle a cumplir sus objetivos financieros a la gente que en verdad quiere volverse rica. El libro tuvo éxito y se hizo muy popular. En él presenté algunas opiniones respecto al dinero que son muy distintas a lo que todo mundo está acostumbrado a escuchar, pero que reflejan las realidades de la cambiante economía de hoy. La información resulta lógica para gente con distintos antecedentes, contextos y tipos de experiencias.

Hoy en día viajo y comparto el mensaje de *Padre Rico Padre Pobre* y de los otros libros que he escrito desde entonces. A menudo la gente se acerca a mí y me pide sugerencias sobre cómo enseñarles a sus hijos acerca del dinero. Por eso escribí *Niño Rico Niño Listo*. Ahora decidí publicar un libro especialmente dedicado a los jóvenes, y es éste que ahora tienes entre las manos.

¡Felicidades por elegirlo! *Padre Rico Padre Pobre para jóvenes* te enseñará una de las materias más importantes que no se enseñan en las escuelas: la educación financiera. Cuando la gente habla de educación, por lo general se refiere a todo lo que se puede aprender en los libros. Pero hay mucho más. La educación tiene que ver con ser bueno en algo específico; yo diría que se relaciona con aprender el lenguaje de cierta materia. Hablar del dinero, por ejemplo, exige conocimientos y un nuevo lenguaje. Este libro te ayudará a tener ambos.

Hay muchas maneras de hacerse bueno en una materia específica, pero en el caso del dinero, no se trata de algo sencillo. Tienes que aprender y practicar. Podrías estudiar economía en la escuela o incluso aprender a sacar los saldos de una chequera en una clase de contabilidad, pero quizá eso sea lo máximo que te puedan enseñar. Además, mucho de lo que se imparte en el sistema educativo es material teórico, no información que te pueda ayudar en situaciones de la vida real. En la escuela por lo general se estudia, no se *practica*.

Este libro tomará el asunto en donde la escuela lo abandona. Te proveerá el lenguaje y el entendimiento que necesitas para adquirir confianza y hacerte cargo de tu vida financiera. No importa si se trata de iniciar tu propio negocio o tan sólo de ser capaz de sostener una conversación con alguien que podría llegar a ser tu mentor financiero, tu propio "Padre Rico". Mientras algunos de tus amigos pasen el rato acostados en el sillón frente a la televisión sin ir a ningún lugar, tu podrías encontrarte revisando tu estado financiero, siguiendo el desempeño de tus acciones de la Bolsa de Valores en Internet, o aportando montones de ideas en una reunión con algunos amigos que, al igual que tú, quieren poseer activos en lugar de pasivos.

¿Ya estás asintiendo con la cabeza? ¿O te quedaste boquiabierto con los términos que acabo de mencionar? No importa cuánto sepas en este momento, para cuando termines de leer el libro, serás capaz de hablar con mayor fluidez el lenguaje del dinero. Comenzarás a entender cómo funciona y cómo puedes hacerlo trabajar a tu favor. Tu viaje a la educación financiera comienza aquí y ahora.

Yo, de hecho, empecé a aprender sobre dinero cuando tenía sólo 9 años. Fue cuando el papá de Mike, mi Padre Rico, se convirtió en mi mentor. Ahora voy a compartir contigo lo que me enseñó.

Piensa en números

Hay otros libros que te describen en detalle cómo abrir una cuenta bancaria, sacar los saldos de una chequera, verificar el precio de acciones del Mercado o conseguir un préstamo para un automóvil, pero no te dicen cómo *pensar* en el dinero. Los adultos a menudo consideran que el dinero es un "mal necesario", algo que se necesita para pagar las facturas, para contar y volver a contar... algo para preocuparse y obsesionarse. Es el cuento de nunca acabar pero, nos guste o no, el dinero siempre estará presente en tu vida, y por eso tienes que aprender a sentirte cómodo con él, y dejar de temerle como lo hacen muchos adultos. Si recibes educación respecto a la forma en que funciona, podrás tener poder sobre él y comenzar a construir tu propia *riqueza*.

La educación financiera te permite dejar de temerle a los asuntos monetarios y ser capaz de ver el verdadero valor del dinero. La riqueza legítima va más allá y se mide en algo más que en billetes. Asimismo, el éxito en la vida es más que éxito financiero.

Esto es lo que yo aprendí de niño. Ahora es mi misión darle este mensaje a toda la gente joven que me sea posible para que las nuevas generaciones sean responsables y cuenten con información en torno a este tema.

La escuela es sólo el principio

A menos de que planees ser médico o abogado, o tener otra profesión que exija un título específico, quizá no tengas que recibir ningún entrenamiento especial al terminar la preparatoria o la universidad para ganar dinero, tal vez sólo necesites encontrar un empleo que te brinde muy buenas oportunidades de aprendizaje. De hecho, podrías recibir un sueldo mientras aprendes en el mundo real, en lugar de tener que pagar enormes colegiaturas para aprender sentado en un salón. Tu educación financiera te entrenará en el trabajo.

¿Estoy diciendo que la educación no es importante? En absoluto. La educación es la base del éxito. Lo que quiero decir es que la escuela es sólo un lugar para aprender. Vamos ahí para desarrollar habilidades académicas y profesionales, pero, en su mayoría, las habilidades financieras se obtienen en el mundo real.

¿Te acuerdas de cuando aprendiste a andar en bicicleta? Lo más probable es que hayas comenzado con rueditas de entrenamiento, y que, luego, un buen día ya estuvieras listo para deshacerte de ellas y soltarte. Y claro, lo que sí tuviste que hacer fue subir a la bicicleta muchas veces e intentar mantener el equilibrio a prueba y error, y con el poder de tu mente.

¿No te parece que habría sido extraño que tus padres te llevaran a una escuela especial en donde te enseñaran a andar en bicicleta? Habría sido un desperdicio de dinero. Hay cosas que se aprenden en la escuela y otras que se aprenden en la vida: como caminar, amarrarte las agujetas, andar en bicicleta y casi todo lo que tiene que ver con el dinero.

Estoy hablando sobre un *nuevo* tipo de educación. Quizá el mejor doctor del mundo cuente con la mejor educación en medicina, pero lo más probable es que no sepa nada de finanzas. Podría salvar una vida en el quirófano, pero tal vez tenga problemas para dirigir un consultorio que en realidad genere dinero.

¿No te parece sorprendente pensar que podrías adquirir conocimientos que tal vez ni tus padres ni tu médico tengan? ¡Eso es poder!

Diario: ¿Qué es lo que quiero?

Tú sabes de diarios. A veces escribes uno en la escuela para la clase de inglés. Sin embargo, los mejores diarios son los que escribes para ti mismo: esos en los que viertes tus pensamientos más profundos sobre la vida. Se siente bien plasmar los sentimientos en papel, y, además, a veces ayuda a expresar algo que te molesta y que ni siquiera sabías que estaba ahí porque se encontraba demasiado enterrado en tu interior.

Si escribes sobre tus sentimientos y experiencias en relación al dinero, podría ayudarte a entender en dónde te encuentras y hasta dónde quieres llegar en el aspecto financiero. Un diario puede convertirse en un lugar en donde no te tengas que sentir culpable ni raro por hablar del dinero. Recuerda que parte de mi objetivo es hacerte sentir cómodo y en control respecto a una materia que suele ser tabú en casa y en la escuela. Al escribir un diario podrías hacer que algo que te parece abstracto se vuelva más real.

Consigue una libreta. Que sea verde, ya que ése es el color con el que se identifica al dinero en muchos ámbitos. También asegúrate de tener plumas de distintos colores cuando leas este libro. Tu "Diario de Padre Rico" te puede ayudar a planear tu propio viaje financiero a la par que vayas conociendo el viaje que yo realicé.

¿Por qué no comienzas a escribir todas las cosas que quieres? Deja que tu cerebro se inunde de ideas. Será como hacer una lista de cumpleaños. Escribe con plumas de distintos colores porque eso te ayudará a ser más creativo. También haz dibujos si quieres. ¡Los garabatos son geniales!

La lista que hagas no tiene que estar relacionada con el dinero. Claro que puedes escribir "coche", pero también puedes incluir, "pertenecer al equipo de basquetbol", "entrar al equipo de porristas" o "ser aceptado en la obra de teatro escolar". Mantén tu diario cerca durante el día para que puedas anotar las ideas que se te ocurran. ¿Qué quieres en la vida?

Escribir en tu diario también te va a ayudar a marcar tu progreso conforme vayas leyendo este libro. Recuerda que escribes para ti y no tienes que darte calificaciones. Además, nadie te está juzgando. Tu diario es un lugar muy seguro.

PRIMERA PARTE

El lenguaje del dinero

Capítulo uno

Una nueva manera de aprender

ERES INTELIGENTE

Antes que nada, vamos a aclarar algo: ¡eres inteligente! Quiero asegurarme de que lo sepas desde el principio. Cuando era niño, mi padre me decía que todos nacemos siendo inteligentes y que todos los niños tienen una especie de genialidad. A mí me encantaba la idea de que así fuera. No siempre me iba bien en la escuela, pero creo que siempre supe que en realidad no tenía que ver conmigo. Yo no era estúpido, era sólo que aprendía de una manera distinta a la que mi maestra esperaba que lo hiciera.

Mi padre me enseñó que debía tener una buena actitud respecto al aprendizaje. Me mostró cómo identificar la manera más conveniente de aprender para mí. Si no hubiera hecho eso, habría seguido reprobando en la preparatoria y la universidad. Tal vez tampoco me habría podido preparar para la vida financiera, y tampoco habría ganado la confianza que necesitaba para llegar a ser quien soy ahora.

Todos aprendemos de manera distinta. El truco está en encontrar cuál es la tuya. En cuanto lo hagas, verás que podrás revelar tu propia genialidad.

Un genio es una persona que es excelente en algo, pero no necesariamente tiene que ser buena en todo. De hecho, los genios suelen tener habilidades especiales en áreas específicas y un desempeño regular en todas las demás.

¿Sabías que a Albert Einstein, quien desarrolló la teoría de la relatividad ($E = mc^2$), nunca le fue bien en la escuela? No era bueno para memorizar pero creció y se convirtió en uno de los pensadores de la física más grandes de todos los tiempos. Su cerebro se enfocaba en ideas más que en hechos. Los hechos, solía decir, estaban en los libros, por eso nunca sintió la necesidad de guardarlos en su cabeza. Él quería tener la cabeza libre para pensar de manera creativa.

La escuela nos ayuda a mantener los datos en la cabeza, pero al salir de ahí, usualmente tenemos que saber en dónde se guardan para poder buscarlos, ¡o saber a quién llamar cuando los necesitamos!

La forma en que el desempeño se mide en la escuela no tiene nada que ver con cuán inteligente o exitoso seas o puedas llegar a ser. Por lo general se trata sólo de una medición de qué tan bien nos va en los exámenes. Este sistema de evaluación no puede medir la genialidad con que naciste.

✍️ Todo mundo nace siendo genio

Saca otra vez tu cuaderno y haz una lista de veinte personas que conozcas. Trata de reunir veinte nombres. Incluye a gente de la escuela, a amigos y miembros de la familia. Escribe tu nombre al principio de la lista. Luego, junto a cada nombre escribe en qué es buena esa persona, lo que quiera que esto sea. ¿Tienes un amigo que no se puede estar quieto y siempre lleva con el pie un ritmo que sólo él trae en la cabeza? Escríbelo. ¿Tu hermana puede hacer un crucigrama en diez minutos con pluma y sin consultar el diccionario ni una vez? También escríbelo. ¿Tú puedes reparar casi cualquier problema de computadoras? Escríbelo en la lista.

Todo mundo nace siendo genio
(continuación)

Este ejercicio te ayudará a hacer dos cosas. Será la primera vez en tu viaje financiero que se te pedirá que veas algo de lo que no te habías percatado; que lo veas desde una nueva perspectiva. El identificar los talentos de otros te permitirá identificar los tuyos. El primer paso hacia el éxito es reconocer tus fortalezas. Asimismo, verás que reconocer las cualidades de otros es una habilidad muy necesaria porque la creación de un equipo de trabajo sólido y confiable es fundamental para desarrollar negocios.

El mito del IQ y de la inteligencia

Recuerdo que a veces en la escuela teníamos exámenes especiales. Se les conocía como exámenes para estandarizar. A mí me intrigaba mucho esto. Si todas las personas son distintas y únicas, ¿por qué calificarlas con exámenes que parecen cortadores de galletas? La verdad es que todos somos diferentes.

Más delante me enteré de que con los exámenes se medía nuestro IQ, que son las siglas en inglés de *Intelligence Quotient:* coeficiente intelectual. Se supone que el número del IQ representa la habilidad de una persona para aprender hechos, habilidades e ideas, pero en realidad, todo se resume a que es el número que muestra la relación entre la "edad mental" (medida de acuerdo con el examen estandarizado) y su edad cronológica o real. Luego este número se multiplica por cien; el resultado te da el IQ. Cuando yo era niño la gente creía que el IQ era el mismo durante toda la vida de una persona, ¡cuán limitante es eso! Por suerte, esa noción ha ido cambiando.

Con el paso de los años he hecho muchas lecturas e investigación sobre la inteligencia y, en particular, sobre la forma en que aprende la gente. El IQ se relaciona con lo académico, pero también con otros ámbitos, como el deportivo. Cuando yo era niño tenía un IQ alto para el beisbol. Mi amigo Andy tenía un IQ académico muy alto. A Andy le era más sencillo aprender en la escuela porque aprendía por medio de la lectura. Yo primero tenía que practicar y luego leer. Para Andy funcionaba una fórmula, y para mí, otra diferente, pero cada uno desarrolló su sistema para tener un desempeño excelente.

Todos tienen un estilo distinto para aprender

En aquellos exámenes de IQ que se aplicaban en la escuela, sólo se medía un tipo de inteligencia: el que contemplaba las aptitudes o los talentos de una persona para manejar las palabras. Pero, ¿y si alguien no era bueno en eso? A mí no me gusta mucho leer, entonces, ¿significa que me voy a quedar con un IQ bajo para siempre? La respuesta es: "no". En 1983, un psicólogo llamado Howard Gardner publicó un libro llamado *Teoría de las inteligencias múltiples*. En él describe siete tipos distintos de inteligencias, no sólo uno. Gardner también habla sobre el hecho de que el IQ de la gente puede modificarse.

La lista de inteligencias o estilos de aprendizaje presentó un nuevo mapa para el aprendizaje de habilidades e información, independientemente de que se trate de aprender física nuclear, de ensartar hilo en una aguja o de recibir educación financiera.

¿Cuál es tu estilo de aprendizaje?

Mira esta lista. Al leerla piensa en los métodos que mejor describen tu forma de aprender. No es un examen, te repito, *¡no es un examen!* No hay respuestas ni buenas ni malas; tampoco calificaciones altas ni bajas. Es sólo una perspectiva sobre qué forma de aprendizaje te resulta más cómoda.

En una escala del 1 al 5, encierra el número que mejor describa tu forma de aprender.

1 es lo más distinto y 5 es lo más parecido a ti.

Inteligencia lingüística-verbal

Si siempre tienes un libro en la mochila, encierra el 5. Este tipo de inteligencia está relacionado con la lectura, la escritura y el lenguaje. Es de la gente que es "hábil con las palabras".

1   2   3   4   5

Inteligencia lógica-matemática

Si eres de esas personas que pueden resolver un problema matemático en la cabeza, encierra el 5. Esta inteligencia se encuentra en personas a las que se les facilita entender datos y números. Son gente ecuánime; pensadores racionales.

1   2   3   4   5

Inteligencia corporal-kinestésica

Si garabatear te ayuda a escuchar cuando estás en clase, o si solamente ves en una fotografía las cosas que te gustan, encierra el 5. Esta inteligencia se usa para identificar patrones, diseños y espacios. La tienen muchos artistas, arquitectos y coreógrafos que pueden visualizar objetos de dos o tres dimensiones y hacerlos concretos.

1   2   3   4   5

Inteligencia musical

¿Estás llevando el ritmo con el pie o con un lápiz ahora mismo? Entonces encierra el 5. Este tipo de inteligencia está relacionada con los sonidos, el ritmo y la armonía.

1   2   3   4   5

Inteligencia física

Si te encanta la clase de educación física o si tu cuarto parece tienda deportiva, entonces posees inteligencia física. Este tipo de personas tienen conciencia de cómo usar su cuerpo, como los atletas y los bailarines.

1   2   3   4   5

Inteligencia interpersonal

¿Te es muy sencillo hacer amistades? (encierra el 5) ¿O socializar te parece de lo más complicado? (encierra el 1) ¿Siempre (o nunca) sabes lo que piensan tus amigos? ¿O más o menos? Apúntalo. Este tipo de inteligencia se refiere a la forma en que una persona se lleva con los demás. Es la de la gente que "tiene buen trato".

1   2   3   4   5

Inteligencia intrapersonal

Si la inteligencia interpersonal es la del "buen trato con la gente", la intrapersonal es la de "buen trato con uno mismo" o de la conciencia personal. También se llama inteligencia emocional porque está relacionada con la forma en que manejas tus emociones, como el miedo o el enojo. ¿Entiendes tus propias reacciones antes las distintas situaciones? ¿Puedes controlarlas? ¿Piensas antes de hablar? ¿Eres paciente con tus propias limitaciones? ¿Cuidas de tu autoestima?

1   2   3   4   5

Hace poco, el doctor Gardner presentó una nueva inteligencia:

Inteligencia de la naturaleza

Esta inteligencia describe la sensibilidad de una persona respecto al mundo que la rodea. Si disfrutas de las excursiones de fin de semana o participas en grupos escolares o comunitarios que se preocupan por el ambiente, encierra el número 5.

1   2   3   4   5

He hablado mucho con una psicóloga que enseña aprendizaje innovador en la Universidad de Arizona. Hemos conversado sobre las distintas formas de aprendizaje y cómo éstas nos ayudan a lograr el éxito personal y financiero. Después de platicar con la psicóloga añadí otra inteligencia:

Inteligencia de visión

La visión es lo que determina quién será un líder y quién será seguidor. Los grandes líderes pueden ver cómo se desarrollará una situación y actuar en consecuencia. Winston Churchill, primer ministro de Inglaterra en la Segunda Guerra Mundial, fue uno de los dirigentes mundiales que se opuso a los nazis desde el principio. Fue como si pudiera prever las terribles cosas que sucederían si conservaban el poder. Quienes sean sensibles a los sucesos futuros, encierren el 5.

1   2   3   4   5

¿Notaste algún patrón en los números que encerraste? ¿En dónde tuviste la calificación más alta?

Si te calificaste entre 4 y 5 para inteligencia lingüística-verbal, lo más probable es que la lectura y la escritura sean las herramientas que te ayuden a aprender. Si te calificaste con 4 o 5 para inteligencias física, musical o natural, tal vez te sea más fácil aprender por medio de la práctica.

A ti te convienen más las actividades de entrenamiento práctico como internados o participación en clubes escolares o comunitarios. Si te calificaste con 4 o 5 para las inteligencias espacial o lógica-matemática, tal vez aprendas mejor con la realización de dibujos, gráficas y diagramas, la construcción de maquetas y cualquier cosa que se haga con las manos. Si te calificaste con 4 o 5 para las inteligencias interpersonal, lingüística-verbal o de visión, tal vez te resulte más sencillo aprender hablando con amigos o adultos acerca de sus experiencias. También te sirven los debates y las presentaciones. Verás que la inteligencia intrapersonal es útil en cualquier tipo de entrenamiento porque te ayuda a ser paciente y a proteger tu autoestima frente a los desafíos.

También es posible que hayas tenido calificación alta en varias áreas. Eso significa que estarás más cómodo si puedes combinar los distintos tipos de habilidades relacionados con las formas en que se te facilita aprender.

¿Pero qué pasa si no tuviste calificación alta en *ninguna* área? ¿Estás destinado al fracaso? Para nada. Este ejercicio fue diseñado para ayudarte a analizar la forma en que *piensas*. Las personas que piensan en el futuro y tienen visión, por ejemplo, pueden convertirse en buenos líderes de negocios, pero eso no significa necesariamente que lo sean *ahora*. No tienes por qué angustiarte si te parece que no tienes visión *ahora mismo*, siempre puedes "echarle galleta" a cualquier área. Sólo tienes que estar dispuesto a ejercitar tu cerebro como Padre Rico me indicó que lo hiciera cuando era niño.

Hay muchas cosas que puedes hacer para tener equilibrio si descubres que eres más fuerte en un área que en las otras. Aquí tienes algunas sugerencias. ¿Qué más se te ocurre?

Habla sobre dinero en casa y con tus amigos *(inteligencias lingüística-verbal e interpersonal)*.

¡Lee sobre el tema! Hay muchas revistas que se enfocan en el tema del dinero y las finanzas. Te enseñan cómo funciona el sistema en la vida real, en lugar de remitirte a un libro de texto. Entre más aprendas ahora acerca de la forma en que los expertos administran e invierten su dinero, más inspirado te sentirás para administrar el tuyo *(inteligencias lingüística verbal y lógica-matemática)*.

¡Escribe al respecto! Aprovecha tu diario de Padre Rico para explorar ideas sobre el papel que el dinero juega en tu vida ahora y el que tendrá en el futuro *(inteligencias intrapersonal, lingüística-verbal y de visión)*.

Toma en serio tu mesada. Considera que tu mesada es parte de tu ingreso. Haz un recibo para tus padres. Piensa en formas de invertirla. Administra tu dinero, no lo uses como si se tratara de un regalo *(inteligencias lógica-matemática e interpersonal)*.

Haz tu propia auditoría. Una vez a la semana haz un recuento en el que identifiques en qué gastaste tu dinero *(inteligencia lógica-matemática)*.

Hazte responsable de tu futuro. Adopta una actitud positiva respecto al dinero. Imagina cómo será tu futuro *(inteligencias intrapersonal y de visión)*.

ENCUENTRA LA FÓRMULA IDEAL

Por desgracia, el estilo de aprendizaje que se enseña en la escuela puede no ser el que más te convenga. Tienes que encontrar la fórmula ideal, la combinación adecuada de formas de aprendizaje para ti.

Permíteme volver al ejemplo de mi amigo Andy. Como ya lo mencioné, a mí me encantaba jugar beisbol. Tenía inteligencia física alta. También me gustaba saberme las estadísticas de los jugadores. También contaba con inteligencia lógica-matemática alta. Después de aprender todo lo que pude sobre beisbol con la práctica, y de que investigué todo lo posible acerca de los jugadores preguntándoles a mis amigos (inteligencia interpersonal), descubrí que esa era la combinación adecuada para mí. Es decir, primero practiqué y después leí sobre el tema. Ésta es la fórmula ideal en mi caso y la sigo usando hasta la fecha.

La fórmula de Andy comenzaba con los libros. Su inteligencia era lingüística-verbal; le fascinaba leer y estudiar las cosas antes de probarlas en la práctica. Tal vez él habría sido un buen entrenador de beisbol y yo un buen jugador. Éramos distintos y, por eso, tuvimos que averiguar qué funcionaba mejor para cada uno.

Desarrolla tu IQ

¿Has comenzado a detectar que cualquier temor o bloque que tengas respecto al dinero podría estar relacionado con la forma en que aprendes? Si la inteligencia lingüística-verbal no es lo tuyo, entonces tal vez se te facilite aprender con la práctica, como a mí. Más adelante hablaré sobre el aprendizaje práctico, y verás algunos conceptos que prefiero explicar con imágenes y diagramas. La lectura de este libro también te ayudará a desarrollar tu inteligencia intrapersonal porque tendrás que analizar tus temores y pensar en tus objetivos. Asimismo, te permitirá trabajar en el fortalecimiento de tu autoestima.

El camino a un IQ alto consiste en trabajar con tus habilidades monetarias aplicando las inteligencias que te funcionan a ti y desarrollando las otras para que tu cerebro funcione de una manera equilibrada. Ve probando los distintos tipos de aprendizaje. Tal vez no sea sino hasta la segunda o tercera ocasión que intentes algo, que empezarás a sentir que encontraste la combinación adecuada.

Saca tu Diario de Padre Rico y haz una lista de todas las actividades que realizas al salir de la escuela y de las materias en que te va bien. Lo más probable es que puedas identificar la conexión entre lo que haces bien y lo que te agrada hacer. Quizá también encuentres que hay una o dos inteligencias de la listas de actividades con las que te identifiques más. Éstas serán tus fortalezas. El siguiente punto sería encontrar la manera de aprovecharlas al máximo para conseguir el éxito financiero por medio de una buena oportunidad de negocio.

Cuestionario

Pregunta

¿Qué tienen que ver los estilos de aprendizaje y las fórmulas con volverse rico?

Respuesta

Podría apostar que los estudiantes por los que la gente vota en el anuario escolar como "Los que más oportunidades tienen de triunfar", son también los que tienen mejores calificaciones. Algunos de ellos alcanzarán el éxito en algún momento, pero habrá quienes no. Esto podría deberse a que no desarrollen su inteligencia financiera. A muchos de ellos los superará gente como tú, que está decidida a alcanzar la libertad en el aspecto económico. El primer paso para tener confianza es identificar tu estilo de aprendizaje y tu genialidad. La confianza en ti mismo te permitirá detectar y concretar oportunidades, así como correr riesgos.

CRÉELO

Mañana escúchate al hablar con otras personas durante el día. ¿Cómo te parece que suenas? ¿Decidido? ¿Titubeante? ¿Crees en lo que dices o parece que no?

La mejor manera de conseguir lo que quieres es creer que puedes obtenerlo. Los pensamientos son muy poderosos, así que, si estás decidido a conseguir algo, lo harás.

Ahora te diré algo que puedes hacer para observar cuánto crees en ti mismo. Escribe en un papel o en una tarjeta una frase que describa lo que sientes respecto al dinero. Puede ser algo como, "Jamás seré rico". Usa el papel como separador y, a medida que vayas leyendo el libro, vuelve a pensar qué sientes respecto a la frase. Tal vez a la mitad del libro escribas, "Voy a ser rico". Para cuando termines podrías muy bien tachar lo anterior y escribir algo como, "Ahora *soy* rico".

☒ *Pon tu cerebro a trabajar*

Di la siguiente frase: "No puedo pagar las cosas que quiero."
Ahora di: "¿Qué puedo hacer para pagar las cosas que quiero?"

Una de las frases te impide pensar. La otra reorganiza tu cerebro y te pone en marcha. Si me dijeras la primera frase, pensaría que en algún momento cambiarías esa forma de pensar. Pero si primero preguntaras, "¿Qué puedo hacer para pagar las cosas que quiero?", pensaría que eres una persona seria en lo que se refiere a encontrar soluciones. Me parecería que eres fuerte y positivo.

Cuando Padre Rico era mi mentor, me decía: "Mi cerebro se fortalece todos los días porque lo uso. Entre más fuerte es, más dinero puedo generar." Este libro es para poner tu cerebro en marcha.

Un fragmento de *Padre Rico Padre Pobre para jóvenes...*
www.richdad.com

Glosario

Definiciones de Padre Rico

Activo: es algo que lleva dinero a tu bolsillo, trabajes o no.

Apreciación: incremento en el valor de un activo en el tiempo. El incremento puede deberse a varias razones, incluyendo el aumento en la demanda, el debilitamiento del suministro, o el resultado de fluctuaciones en la inflación o las tasas de interés. El término apreciación se puede usar para referirse a un incremento de cualquier tipo de activo como acciones, bonos, divisas o bienes raíces. La apreciación es lo contrario a la depreciación.

Banco de la Reserva Federal: asociación global de banqueros particulares que controla el suministro económico de Estados Unidos. Fue creado en 1913, pero no es federal, ni es banco, y además, no tiene reservas.

Baratija: término de los juegos de *CASHFLOW* que significa "pasivos", es decir, artículos superfluos que deseamos tener pero que no son fundamentales.

Bienes raíces: son los bienes inmobiliarios, es decir, que no se pueden mover. En inglés se dice *Real Estate* y significa, literalmente, "propiedad de la realeza".

Campesino: persona que trabaja la tierra, proviene del francés *paisant*.

Canario en la mina: conocida advertencia de lo malo que puede suceder. Como el canario tiene la capacidad de detectar pequeñas concentraciones de gas, los mineros exploraban las nuevas vetas de carbón con un canario enjaulado. Mientras el ave continuara cantando, se podía dar por hecho que el suministro de aire era suficiente. Si moría, se debía evacuar la mina de inmediato.

Capital: activos o recursos financieros… Viene de la palabra en inglés *cattle*, que significa ganado. El ganado fue en algún tiempo el "capital" usado para comerciar.

Capitalista: persona que imprime su propio dinero; empresario que crea empleos.

CBO: *Congressional Budget Office of the United States*, Departamento de Presupuesto del Congreso de Estados Unidos.

CEO: *Chief Executive Officer*. En español, se conoce como director ejecutivo, pero también se emplea con frecuencia el acrónimo en inglés, CEO.

Commodities o insumos: Fueron el primer tipo de dinero. Artículos tangibles como oro, plata, petróleo, gas, sal y ganado. Se siguen usando hasta la fecha.

Depreciación: se puede definir de dos maneras. La primera es como el incremento en el valor de un activo, provocado por condiciones desfavorables del mercado. La otra es como un método de asignación de costo de un activo tangible sobre su vida útil. Los negocios deprecian los activos de largo plazo con el propósito de obtener beneficios fiscales y contables. La divisa y los bienes raíces son dos ejemplos de activos que se pueden depreciar o perder valor.

Derivado: producto (o subproducto) que proviene de algo más. El jugo de naranja es un derivado de la naranja. Una definición más técnica de derivado sería: valor cuyo precio depende o se deriva de uno o más activos subyacentes. El derivado en sí mismo es sólo un contrato entre dos o más partes. A su valor lo determinan las fluctuaciones del activo subyacente.

Deuda:

Deuda mala: implica pedir dinero prestado para comprar baratijas (pasivos), dinero que solo tú tendrás que pagar sin la ayuda de nadie.

Deuda buena: también se le conoce como apalancamiento y significa usar el dinero de otras personas para comprar activos. Las otras personas, como los inquilinos de una propiedad en renta, son quienes te pagan a ti.

Dinero:

De commodity o insumo: bienes tangibles como oro o plata.

De reserva: pago contra una nota o crédito.

De reserva fraccionaria: es la capacidad que tienen los bancos para prestar más dinero del que tienen en su posesión.

Por decreto o fiat: es un pagaré; dinero falso que se puede fabricar en cantidades infinitas.

Dinero de otras personas: *Other People's Money* (OPM, por sus siglas en inglés). Término que se utiliza en Rich Dad Company para referirse a recursos que no son los propios.

Dinero por decreto oficial o divisa *fiat:* papel moneda impreso por el gobierno y respaldado por nada, excepto la fe en el gobierno que lo emite. El dinero por decreto oficial siempre se devalúa a cero con el tiempo y a medida que se imprime más y más del mismo.

Divisa: forma de dinero aceptada en general que incluye monedas y billetes que emite el gobierno y circulan en la economía. Se usa como medio de intercambio de bienes y servicios, y es la base para el comercio y el intercambio.

Educación: viene de la palabra *educe* que significa "extraer". Nuestro sistema educativo parece definir educación como: poner cosas —ideas, hechos, información— *en* las cabezas de nuestros hijos.

Empresarios: personas que se arriesgan para resolver problemas.

Eras:
   Agrícola –cuando el rey era dueño de la tierra y la propiedad, y los siervos o agricultores trabajaban la tierra.

   Industrial: De 1500 a 2000, cuando los nuevos ricos eran dueños de la producción (fábricas) y los agricultores se volvieron obreros (empleados).

   De la Información o Digital: De 2000 a la fecha: ahora que los nuevos ricos (empresarios) son dueños de los negocios y generan propiedad intelectual (PI).

ERISA: Siglas en inglés de la Ley de Seguridad de Ingresos de Jubilación para el Empleado *(Employee Retirement Income Security Act)*. Esta

466

ley fue aprobada en 1974 y condujo al establecimiento de los planes 401(k). Marcó el inicio de la era en que los empleados tuvieron que empezar a responsabilizarse por su propio retiro.

Escotoma: "punto ciego" en el que la visión queda bloqueada, deficiente o nula.

Esquema Ponzi: es una estafa. Se le llama así por Charles Ponzi. Este esquema utiliza el dinero de nuevos inversionistas para entregar retornos altos a los primeros participantes. Con el tiempo, todo el sistema falla y los últimos inversionistas en involucrarse pierden todo su dinero. (A Seguridad Social a veces se le considera un esquema Ponzi patrocinado por el gobierno.)

Estados financieros: son nuestras "boletas de calificaciones" en la vida real. El estado financiero muestra cómo fluye el efectivo entre el balance general (activos y pasivos) y el estado de ingresos (ingreso y gasto).

Flujo de efectivo: dinero que produce un activo y que llega a tu bolsillo.

Ganancias de capital: En términos sencillos, significa comprar a bajo precio y vender a alto. La inversión en ganancias de capital es algo similar a "apostar"... a especular que el precio de algo aumentará de valor.

Genio: se refiere a la genialidad; implica que lo que hacemos sea magia. A nuestra genialidad la conforman dones y talentos... Con frecuencia es posible encontrar que la genialidad de un niño proviene de sus sueños.

GSE: *Government Sponsored Enterprises*, o Empresas patrocinadas por el gobierno, en español. Son organizaciones como Fannie Mae y Freddie Mac.

HFT: *High Frequency Trading*. Intercambio de alta frecuencia, en español. Estrategia uztilizada en el Mercado de Valores. Es un sistema computarizado que puede realizar más de 9 000 transacciones por minuto.

Hiperinflación: periodo de inflación rápida que despoja a la divisa de un país prácticamente de todo su valor.

Ingreso:

Ingreso ordinario: es, por lo general, el dinero del "cheque de nómina" en que se recibe salario, comisión o tarifas. Es el ingreso por el que se pagan más impuestos y significa que tú eres quien trabaja por el dinero.

Ingreso de portafolio: también se le conoce como "ganancias de capital". La mayoría de los inversionistas lo reciben al comprar a bajo precio y vender a un precio mayor.

Ingreso pasivo: también conocido como "flujo de efectivo". Es, por lo general, el ingreso por el que se pagan menos impuestos. Cuando recibes ingreso pasivo, el dinero es el que trabaja para ti.

Integridad: significa ser completo, pleno; tener entereza.

Inteligencias múltiples: teoría de Howard Gardner que expone que todas las personas poseen una combinación única de inteligencias. Las siete originales se identifican como lingüística-verbal, lógica-matemática, corporal-kinestésica, espacial, musical, interpersonal e intrapersonal.

Inversión:

Básica: juego *CASHFLOW 101*.

Técnica: juego *CASHFLOW 202*, en que se usan opciones y opciones de compra y venta para tener mayor control.

Ley de la compensación: dice que tu compensación aumenta en la misma medida que tu experiencia y aprendizaje.

Maestría en administración de negocios: MBA, por sus siglas en inglés. Título muy valorado por quienes quieren ascender en el escalafón corporativo.

Pasivos: cosas que hacen que salga dinero de tu bolsillo.

PIB: siglas de Producto Interno Bruto. Representa el ingreso de una nación (antes de restar los gastos).

Programa de rescate de activos comprometidos: *Troubled Assets Relief Program.* (TARP, por sus siglas en inglés.) Fue aprobado por el presidente George W. Bush en 2008 para proveer estímulos del gobierno a la economía.

Propiedad intelectual: nueva forma de riqueza, una forma de imprimir tu propio dinero.

"Puerco": programas de bienestar para los ricos.

Radio deuda-BIP: deuda pública de un país —la cantidad de efectivo que sale—, como porcentaje del Producto Interno Bruto, o la cantidad de flujo que ingresa al país. Entre más bajo es el porcentaje, más sana es la economía.

Redes de mercadeo: es una forma de recibir entrenamiento de ventas en un sistema de negocio que ya fue desarrollado. Es una actividad de bajo riesgo.

Regla de oro: en el sentido tradicional significa que debes "tratar a otros como desearías que te trataran a ti". Otra definición sería: "El que posee el oro, hace las reglas."

Ricos: personas a quienes pertenecen la propiedad y la producción. Se enfocan en los activos y hacen que el dinero trabaje para ellas.

Riqueza: según la definición de Padre Rico, es el número de días que puedes sobrevivir sin trabajar.

Sociedad de responsabilidad limitada (SRL): *Limited Liability Company.* (LLC, por sus siglas en inglés). Es una entidad legal que sirve para proteger un negocio o inversión.

Talento o tiempo de otras personas: Other People's Talent or Time (OPT, por sus siglas en inglés). Término que se utiliza en Rich Daddy Company para referirse a recursos no monetarios que no son los propios.

401(k): plan de retiro patrocinado por el gobierno y financiado con las deducciones que se hacen de los cheques de nómina de los empleados. Por lo general, los ingresos se invierten en fondos mutualistas. Al ser retirados, el ingreso de estos planes se grava con la tasa más alta de intereses.

Fuentes

CUADRANTE DEL FLUJO
DE EFECTIVO

TRIÁNGULO D-I

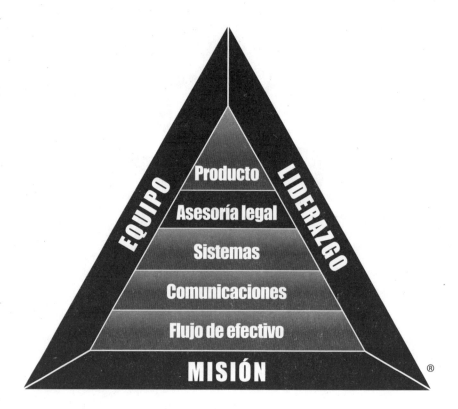

El Cono del Aprendizaje

El cono del aprendizaje		
Después de dos semanas recordamos		Clase de participación
90% de lo que decimos y hacemos	Vivir la experiencia	Activa
	Simular la experiencia	
	Hacer una dramatización	
70% de lo que decimos	Dar una plática	
	Participar en una discusión	
50% de lo que escuchamos y vemos	Ver cómo se realiza la actividad en su entorno real	Pasiva
	Ver una demostración	
	Asistir a una exposición	
	Ver una película	
30% de lo que vemos	Ver imágenes	
20% de lo que escuchamos	Escuchar palabras	
10% de lo que leemos	Leer	

Fuente: Cono del aprendizaje adaptado de Dale (1969).

ESTADO FINANCIERO

Profesión _____   **Jugador** _____

Objetivo: sal de la carrera de la rata logrando que tu ingreso pasivo sea mayor que tus gastos totales.

ESTADO FINANCIERO

Ingresos

Descripción	flujo de efectivo
Salario:	
Intereses / dividendos	
Negocio de bienes raíces	

Auditor _____

(La persona que está a tu derecha)

Ingreso pasivo: $ _____
(Flujo de efectivo
de intereses / dividendos
+ bienes raíces / negocios)

Ingreso total $ _____

Gastos

Impuestos	
Pago hipotecario:	
Pago escolar:	
Autofinanciamiento:	
Pago de tarjetas de crédito:	
Gastos menores:	
Otros gastos:	
Gastos de los niños:	
Pago préstamo:	

**Número
de niños** $ _____
(Comienza el juego sin niños)

Gasto por niño $ _____

Gasto total $ _____

Flujo de efectivo mensual (NÓMINA) $ _____
(Ingreso total – gasto total)

BALANCE GENERAL

Activos

	# de acciones	costo / acción:
Ahorros:		
Acciones / fondos / CD		

	enganche:	costo:
Bienes raíces / negocios		

Pasivos

	Hipoteca / pasivo
Pago hipotecario	
Préstamo escolar:	
Autofinanciamientos:	
Tarjetas de crédito:	
Deuda menor:	
Bienes raíces / negocios:	
Préstamo	

Notas

OTROS LIBROS *BEST-SELLER* DE ROBERT KIYOSAKI

Padre Rico Padre Pobre
Qué les enseñan los ricos a sus hijos, ¡que las clases media y pobre no!
Cuadrante del flujo de dinero
Guía de Padre Rico hacia la libertad financiera

Guía para invertir de Padre Rico
En qué invierten los ricos. ¡A diferencia de las clases media y pobre!

Niño Rico Niño Listo
Cómo dar a sus hijos una educación financiera sólida

Retírate joven y rico
¡Cómo volverse rico pronto y para siempre!

La profecía de Padre Rico
Por qué la más grande caída de la Bolsa de
Valores está aún por llegar…
¡Y cómo puedes prepararte para sacar provecho!

Historias de éxito
Experiencias verdaderas de personas que siguieron las
lecciones de Padre Rico

Guía para hacerse rico sin cancelar las tarjetas de crédito
Convierta la deuda mala en deuda buena

¿Quién se llevó mi dinero?
Por qué los inversionistas lentos pierden
¡y el dinero rápido gana!

Padre Rico Padre Pobre para jóvenes
Los secretos del dinero que no te enseñan en la escuela

Escape de la Carrera de la rata
¿Cómo volverse un niño rico siguiendo los consejos de Padre Rico?

Antes de renunciar a tu empleo
Diez lecciones de la vida real que todo empresario debe aprender
sobre cómo construir un negocio multimillonario

Incrementa tu IQ financiero
Sé más listo con tu dinero

La conspiración de los ricos
Las 8 nuevas reglas del dinero

La ventaja del ganador
El poder de la educación financiera

Por qué los estudiantes de "10" trabajan para los de "6"
Guía de Padre Rico de la educación financiera para padres

Esta obra se terminó de imprimir en septiembre de 2013
en los talleres de Edamsa Impresiones S.A. de C.V.
Av. Hidalgo No. 111, Col. Fracc. San Nicolás Tolentino,
Del. Iztapalapa, C.P. 09850, México, D.F.